U0829636

权威·前沿·原创

皮书系列为

“十二五”“十三五”国家重点图书出版规划项目

人力资源蓝皮书

BLUE BOOK OF
HUMAN RESOURCES

中国人力资源发展报告（2019）

ANNUAL REPORT ON THE DEVELOPMENT OF CHINA'S HUMAN RESOURCES (2019)

主　编／余兴安
副主编／李志更

社会科学文献出版社
SOCIAL SCIENCES ACADEMIC PRESS (CHINA)

图书在版编目(CIP)数据

中国人力资源发展报告.2019／余兴安主编.--北京：社会科学文献出版社，2019.10
（人力资源蓝皮书）
ISBN 978-7-5201-5674-5

Ⅰ.①中… Ⅱ.①余… Ⅲ.①人力资源管理-研究报告-中国-2019 Ⅳ.①F249.21

中国版本图书馆CIP数据核字（2019）第213966号

人力资源蓝皮书
中国人力资源发展报告（2019）

主　　编／余兴安
副 主 编／李志更

出 版 人／谢寿光
责任编辑／宋　静

出　　版／社会科学文献出版社·皮书出版分社（010）59367127
地址：北京市北三环中路甲29号院华龙大厦　邮编：100029
网址：www.ssap.com.cn
发　　行／市场营销中心（010）59367081　59367083
印　　装／天津千鹤文化传播有限公司

规　　格／开 本：787mm×1092mm　1/16
印 张：20.5　字 数：304千字
版　　次／2019年10月第1版　2019年10月第1次印刷
书　　号／ISBN 978-7-5201-5674-5
定　　价／128.00元

《中国人力资源发展报告（2019）》
编　委　会

主　　编　余兴安

副 主 编　李志更

编委会成员　（按姓氏音序排列）

柏良泽　蔡学军　范　巍　冯喜良　何凤秋
金维刚　赖德胜　李建忠　李　普　李志更
梁玉萍　刘　霞　柳学智　苗月霞　莫　荣
潘小娟　庞　诗　乔立娜　任文硕　苏永华
孙　锐　唐志敏　田永坡　萧鸣政　熊　缨
熊通成　杨伟国　袁　娟　郑东亮　周建华

主要编写人员　（按姓氏音序排列）

曹　佳　陈　敬　丁晶晶　范青青　奉　莹
葛　婧　郭小青　黄　梅　贾瑶瑶　李　普
李学明　李志更　林　彤　刘　洋　刘军仪
孙　锐　孙一平　田永坡　佟亚丽　王　梅
王晓辉　肖鹏燕　谢　晶　闫丽娜　余兴安
赵欣彤　左晓利

编　　务　柏玉林　王　伊　王秋蕾

主要编撰者简介

余兴安　全国政协委员，中国人事科学研究院院长，研究员。历任中国人事科学研究院研究室主任、人事部人才流动开发司副司长、人力资源和社会保障部人力资源市场司副司长、山东省日照市副市长。兼任国际行政科学学会副主席、中国人才研究会常务副会长、中国行政管理学会副会长等。主要从事行政管理体制改革、人事制度改革与人才资源开发等研究。

李志更　中国人事科学研究院副院长，研究员，中国人才研究会常务理事。曾任中国人事科学研究院电子政务与绩效管理研究室主任、就业创业与政策评价研究室主任，长期从事就业创业、人才发展、人事管理、公共政策评价等方面的研究。

中国人事科学研究院简介

中国人事科学研究院（简称“人科院”）隶属于中华人民共和国人力资源和社会保障部，是我国干部人事改革、人才资源开发、人力资源管理和公共行政学研究的唯一国家级专业研究机构，是中央人才工作协调小组办公室命名的“人才理论研究基地”。

人科院肇端于1982年6月国家劳动人事部成立的人才资源研究所、1984年11月成立的行政管理科学研究所及1988年9月国家人事部成立的国家公务员研究所，在经多次机构改革与职能调整后，于1994年7月正式成立。历经三十余年的发展，人科院积累了丰富的科研资源，培养了一支素质优良的科研队伍，形成了较完备的学术研究体系，产生了一大批具有较大影响力的科研成果，发挥了应有的参谋智囊作用，同时也成为全国人事与人才科学研究的合作交流中心。王通讯、吴江等知名学者曾先后担任院长之职，现任院长为全国政协委员余兴安研究员。

多年来，人科院围绕大局、服务中心，研究领域涉及行政管理体制改革、人才队伍建设、公务员制度、事业单位人事制度改革、企业人力资源管理、收入分配制度改革、就业与创业、人才流动与人力资源服务业发展等多方面。曾参与《公务员法》《事业单位人事管理条例》《国家中长期人才发展规划纲要》等重大政策法规的调研与起草，推动了相关领域诸多重大、关键性改革事业的发展。人科院每年承担中央单位和各省市下达或委托的数十项课题研究任务，出版十余部著作，发表百余篇学术论文，并编辑出版《中国人事科学》（月刊）、《国际行政科学评论》（季刊）、《中国人力资源发展报告》（年度出版）、《中国事业单位发展报告》（年度出版）、《中国人力资源市场分析报告》（年度出版）、《中国企业人力资源发展报告》（年度出版)、《中国人事科学研究报告》(年度出版) 等学术期刊和年度报告。

人科院是我国在国际行政科学学术交流与科研合作领域的重要组织与牵头单位，是国际行政科学学会 (IIAS)、东部地区行政组织 (EROPA) 及亚洲公共行政网络 (AGPA) 的中国秘书处所在地。通过多年努力，人科院在国际行政科学研究领域的作用与地位不断提升，2016 年承办了国际行政科学学会 (IIAS) 联合大会，余兴安院长当选为国际行政科学学会副主席。

人科院注重与国家部委、地方政府、高等院校和科研院所的交流与合作，积极搭建学术交流平台，成立了“全国人事与人才科研合作网”，建立了十余家科研基地，每年举办多场有一定规模的学术研讨会，组织科研协作攻关。还与中国人民大学、首都经济贸易大学等院校联合招收硕士、博士研究生，设有公共管理学科博士后工作站。

摘　要

《人力资源蓝皮书：中国人力资源发展报告（2019）》以2018年下半年至2019年上半年为主要研究时段，有些重要制度建设和举措追溯到十九大以来的新情况。该报告凝结了来自人力资源研究领域20多位专家学者的最新研究成果，展现了一年来中国人力资源发展的总体情况，分析了今后一段时期人力资源发展面临的挑战与任务。全书由总报告和六组专题报告组成。总报告对2018年以来我国人力资源基本状况以及人才工作、公共部门人事制度改革、就业创业、收入分配、社会保障、劳动关系、人力资源服务业等方面的情况进行了系统梳理，对当前和今后一段时间人力资源发展的形势任务进行了分析研判。六个专题分别为人力资源状况篇、人才工作篇、公共部门人事管理篇、就业创业与劳动关系篇、社会保障篇、人力资源服务业篇，均分别从基本情况、面临的问题和未来展望着手，梳理总结了本领域的新举措、新特点和新趋势。

人力资源状况篇主要介绍了我国人力资源的基本状况，新时代我国科技人才、卫生人才的发展状况以及城镇劳动者的科学素质与技能状况。人才工作篇主要分析了我国地方人才工作的趋势与特点、人才评价制度的改革与发展趋势、职业资格制度的发展状况。公共部门人事管理篇主要关注了公务员管理改革进展、事业单位人事制度改革进展、国有企业人事制度改革的特点与趋势。就业创业与劳动关系篇主要梳理了我国的就业状况和劳动关系治理状况、城乡就业融合发展状况。社会保障篇主要总结了我国社会保险发展的总体状况以及基本养老保险、工伤保险、基本医疗保险制度的具体运行和改革进展情况。人力资源服务业篇主要关注了我国人力资源服务市场发展现状、人力资源培训服务发展趋势以及人力资源服务企业经营状况。

目　录

Ⅰ　总报告

Ⅱ　人力资源状况篇

Ⅲ　人才工作篇

Ⅳ 公共部门人事管理篇

Ⅴ 就业创业与劳动关系篇

Ⅵ 社会保障篇

Ⅶ 人力资源服务业篇

皮书数据库阅读**使用指南**

总 报 告

General Report

B.1
2018年中国人力资源状况及事业发展

余兴安 李志更 刘 洋 王 梅*

摘 要： 2018 年是改革开放四十周年，中国人力资源发展成效显著。人力资源总量基本稳定，城镇化率和户籍人口城镇化率稳中有升，人才发展体制机制改革不断深化，公共部门人事制度改革持续进行，就业创业总体发展态势稳中向好，城乡就业结构日益改善，第三产业成为吸纳就业主力军，工资收入分配趋向合理，社会保障制度公平性和持续性进一步提升，劳动关系和谐稳定。本报告从人力资源基本状况、人才工作进展、公共部门人事制度改革、就业创业、收入分配、社会保障、劳动关系、人力资源服务业等方面介绍了 2018 年我国人

* 余兴安，中国人事科学研究院院长，研究员；李志更，中国人事科学研究院副院长，研究员；刘洋，博士，中国人事科学研究院人才战略与政策研究室助理研究员；王梅，博士，中国人事科学研究院工资福利研究室助理研究员。

力资源发展的新动态、新举措和新要求，并对当前和未来一段时间人力资源发展面临的新挑战和新要求做了展望。

关键词： 人力资源 人才 就业创业 社会保障

一　人力资源基本状况

2018 年，我国人口总量基本稳定，劳动年龄人口数量及其占总人口的比重七连降；城镇常住人口城镇化率和户籍人口城镇化率均持续上升；新增就业数量大幅增加，就业人口总量首次下降；留学回国人员数量有所增加。

（一）人口总量基本稳定，劳动年龄人口数量及其占比连续七年“双降”

根据《中华人民共和国 2018 年国民经济和社会发展统计公报》，截至 2018 年底，全国大陆总人口 139538 万人，[①] 比上年末增加 530 万人，增长率为 0.38%。2018 年末，全国 16～59 岁（含不满 60 周岁）的人口数量为 89729 万人，比 2017 年减少 470 万人，占总人口的 64.3%，较上年占比下降 0.6 个百分点，劳动年龄人口数量及其占总人口的比重自 2012 年起连续七年双降，七年间减少了 2600 余万人。

（二）城镇常住人口城镇化率和户籍人口城镇化率均上升

根据《中华人民共和国 2018 年国民经济和社会发展统计公报》，截至 2018 年末，全国城镇常住人口 83137 万人，较上一年增长 1790 万人，占总人口的 59.58%（常住人口城镇化率），较上年增加了 1.06 个百分点。户籍人口城镇化率为 43.37%，比上年末提高 1.02 个百分点。

① 国家统计局：《中华人民共和国 2018 年国民经济和社会发展统计公报》，2019。

（三）新增就业大幅增加，就业人口总量首次下降

根据《2018 年度人力资源和社会保障事业发展统计公报》，2018 年末，全国就业人员总量为 77586 万人，较 2017 年末减少 54 万人，同比减少 0.007%。[①] 其中，城镇就业人员 43419 万人，同比增加 957 万人，增长率为 2.2%。[②] 第一产业就业人员总数为 20257.7 万人，比上一年减少 686.3 万人；第二产业就业人员总数为 21390.5 万人，比上一年减少 433.5 万人；第三产业就业人员总数为 35937.8 万人，比上一年增加 1065.8 万人。截至 2018 年末，三大产业就业人员占比分别为 26.1%、27.6%、46.3%，第三产业就业人员占比较上一年增加 1.4 个百分点。

（四）留学回国人员数量有所增加

2018 年，我国各类留学回国人员总数为 51.94 万人,比 2017 年多 3.85 万人。改革开放至 2018 年底，我国累计有 365.14 万人选择在完成学业后回国发展。

二　人才工作推进情况

2018 ~2019 年，人才管理制度不断完善，人才体制机制改革持续创新：不断完善干部选拔任用机制，进一步深化党政领导干部考核机制，深入推进人才评价机制改革，大力促进人才顺畅流动，建立健全技能人才培养机制。人才队伍建设稳步推进：专业技术人才队伍持续发展，高技能人才队伍培训力度加大，社会工作人才队伍规模不断扩大。

（一）人才管理制度不断完善，人才体制机制改革持续创新

1. 不断完善干部选拔任用机制

2019 年 3 月，中共中央印发新修订的《党政领导干部选拔任用工作条

① 人力资源和社会保障部：《2018 年度人力资源和社会保障事业发展统计公报》，2019。
② 人力资源和社会保障部：《2018 年度人力资源和社会保障事业发展统计公报》，2019。

例》（以下简称《干部任用条例》）。把政治纪律和政治规矩作为选任干部的底线，保证干部队伍的政治纯洁性，坚定干部的政治信仰。《干部任用条例》在突出政治标准方面，进一步强化和明确了干部选拔任用的政治标准和政治要求；在落实从严要求方面，增加“凡提四必”等要求，明确不得提交会议讨论的八种情形；在激励干部担当作为方面，着眼调动和保护干部队伍积极性，增加了激励干部担当作为的有关内容。在基本条件中增加“主动担当作为”“有斗争精神和斗争本领”等内容；在拓宽选人用人视野方面，增加“注意从企业、高等学校、科研院所等单位以及社会组织中发现选拔党政领导干部”等内容；在体现精准科学方面，增加“事业为上、人岗相适、人事相宜”原则等内容；在推动干部工作更加务实高效方面，着眼提高干部工作效能，对有关程序和要求做出适当改进完善；在分析研判和动议方面，将“动议”一章的标题修改为“分析研判和动议”，增加“加强日常了解和分析研判”条款；对“公开选拔、竞争上岗”做修改，由原来“党政领导干部选拔任用的方式之一”调整为“产生人选的一种方式”，不再单列为一章，将相关内容调整到动议环节，并对改进完善工作程序等提出原则性要求；对民主推荐做调整，改进民主推荐方式，将“个别谈话推荐”改为“谈话调研推荐”，取消二次会议推荐等。

2. 不断健全党政领导干部考核机制

2019 年 4 月，中共中央办公厅印发《党政领导干部考核工作条例》（以下简称《干部考核条例》）。《干部考核条例》的颁布实施，对于进一步发挥干部考核的指挥棒、风向标、助推器作用，激励引导广大干部以更好的状态、更实的作风贯彻落实党中央决策部署，推动全党统一意志、统一行动、步调一致前进，具有重要意义。《干部考核条例》共十一章五十七条。考核方式主要包括平时考核、年度考核、专项考核、任期考核；考核工作坚持党管干部，德才兼备、以德为先，事业为上、公道正派，注重实绩、群众公认，客观全面、简便有效，考用结合、奖惩分明原则；领导班子考核内容主要包括政治思想建设、领导能力、工作实绩、党风廉政建设、作风建设，领导干部考核内容主要包括德、能、勤、绩、廉。

3. 深入推进人才评价机制改革

（1）在工程技术领域实现高技能人才与工程技术人才职业发展贯通机制

2018 年 11 月，人力资源和社会保障部出台《关于在工程技术领域实现高技能人才与工程技术人才职业发展贯通的意见》（以下简称《意见》）。《意见》支持工程技术领域高技能人才参评工程系列专业技术职称，技工院校中级工班、高级工班、预备技师（技师）班毕业，可分别按相当于中专、大专、本科学历申报评审相应专业职称。获得高级工职业资格或职业技能等级后从事技术技能工作满 2 年，可申报评审相应专业助理工程师；获得技师职业资格或职业技能等级后从事技术技能工作满 3 年，可申报评审相应专业工程师；获得高级技师职业资格或职业技能等级后从事技术技能工作满 4 年，可申报评审相应专业高级工程师。鼓励专业技术人才参加职业技能评价。专业技术人才在技能岗位工作，可按有关规定申请参加与现岗位相对应职业（工种）的职业技能评价。专业技术人才在取得现从事职业（工种）职业资格或职业技能等级 1 年后，可按累计工作年限申报现从事职业（工种）晋级评审。助理工程师在取得现从事职业（工种）高级工 1 年后，其累计工作年限达到技师申报条件的，可申报技师考评；工程师在取得现从事职业（工种）技师 1 年后，其累计工作年限达到高级技师申报条件的，可申报高级技师考评。

（2）深化工程技术人才职称制度改革

2019 年 2 月，人力资源和社会保障部、工业和信息化部印发的《关于深化工程技术人才职称制度改革的指导意见》提出：增设正高级工程师，高级职称分设副高级和正高级，初级职称分设员级和助理级；建立专业设置动态调整机制；实现职称制度与职业资格制度有效衔接，工程技术人才取得的工程领域职业资格，可对应相应层级的职称，可作为申报高一级职称的条件；打通高技能人才与工程技术人才职业发展通道，按照两类人才贯通大体平衡、适当向高技能人才倾斜的原则，搭建高技能人才与工程技术人才成长立交桥；工程技术人才各层级职称分别与事业单位专业技术岗位等级相对应。

（3）深化自然科学研究人员职称制度改革

2019年5月，人力资源和社会保障部、科技部印发《关于深化自然科学研究人员职称制度改革的指导意见》。该意见的主要内容包括如下几点。完善评价标准：坚持德才兼备，实行分类评价，推行代表作制度，实行国家标准、地区标准和单位标准相结合。创新评价机制：丰富职称评价方式，畅通职称评价渠道，建立职称评审绿色通道。促进职称制度与用人制度有效衔接：坚持以用促评，加强聘后管理。加强职称评审监督和服务：加强职称评审委员会建设，进一步下放职称评审权限，严肃职称评审工作纪律，优化职称评审服务。

（4）出台职称评审管理暂行规定

2019年7月，人力资源和社会保障部印发《职称评审管理暂行规定》（以下简称《规定》）。《规定》共44条，明确了职称评审管理的主要规定和程序，为规范职称评审管理提供了重要依据。《规定》还明确，企业、事业单位、社会团体、个体经济组织等以及自由职业者开展专业技术人才职称评审工作，适用于本规定。《规定》强调：各地区、各部门以及用人单位等开展职称评审工作应当申请组建职称评审委员会，国家对职称评审委员会实行核准备案管理制度。《规定》指出：申报人及工作单位、职称评审委员会及组建单位、办事机构工作人员、评审专家等按照规定履行相应职责，并承担相应义务，违反规定的要追究相应法律责任。《规定》还强调，要建立职称评价服务平台，加强职称评审信息化建设，推广在线申报评审，探索实行电子证书，为广大专业技术人才提供便捷化职称评审服务。

4. 大力促进人才顺畅流动

（1）发挥市场作用促进人才顺畅流动

2019年1月，人力资源和社会保障部印发《关于充分发挥市场作用促进人才顺畅有序流动的意见》。该意见从健全人才流动市场机制、畅通人才流动渠道、规范人才流动秩序、完善人才流动服务体系四个方面提出十六条有针对性的措施。在健全人才流动市场机制方面：健全统一规范的人力资源市场体系，完善人才市场供求、价格和竞争机制，全面落实用人主体自主权。在畅通人才流动渠道方面：健全党政机关和企事业单位人才流动机制，畅通人才跨所有制流动渠道，完善人才柔性流动政策，构建更加开放的国际人才交流合作机制。在规范人才流动秩序方面：强化人才流动的法制保障，引导鼓励人才向艰苦边远地区和基层一线流动，深化区域人才交流开发合作，维护国家重点领域人才流动秩序，建立完善政府人才流动宏观调控机制。在完善人才流动服务体系方面：推进人才流动公共服务便民化，加快发展人力资源服务业，创新急需紧缺人才目录编制发布制度，优化人才流动政策环境。

（2）鼓励引导人才向艰苦边远地区和基层一线流动

2019年6月，中共中央办公厅印发的《关于鼓励引导人才向艰苦边远地区和基层一线流动的意见》指出，要进一步完善人才培养吸引流动和激励保障机制，鼓励引导更多优秀人才到艰苦边远地区和基层一线贡献才智、建功立业：要发挥产业和科技项目集聚效应，搭建人才到艰苦边远地区和基层一线干事创业平台；要完善人才管理政策，畅通人才向艰苦边远地区和基层一线流动渠道；要坚持从艰苦边远地区和基层一线实际出发，因地制宜、分类施策，完善编制管理、职称评审、人才招录和柔性流动政策，为人才引得进、留得住、用得好提供制度保障；要实施人才支持项目，健全人才帮扶协作机制，重点围绕产业优势和民生项目加大人才支持力度，进一步吸引和补充当地经济社会发展急需紧缺人才。

5. 建立技能人才培养机制

（1）全面推行企业新型学徒制

2018年10月，人力资源和社会保障部、财政部印发的《关于全面推行企业新型学徒制的意见》提出，学徒培训以与企业签订一年以上劳动合同的技能岗位新招用和转岗等人员为培训对象；学徒培养目标以符合企业岗位需求的中、高级技术工人为主；培养期限为1～2年，特殊情况可延长到3年。意见还提出要建立企校双师联合培养制度，学徒培养实行弹性学制和学分制，健全企业对学徒培训的投入机制，完善财政补贴政策。

（2）全面提升劳动者就业创业能力

2018年10月，人力资源和社会保障部印发《技能人才队伍建设工作实施方案》（以下简称《实施方案》）。《实施方案》明确了技能人才队伍建设的重点举措：加强技能人才激励保障；大规模开展职业技能培训；大力发展技工教育；深化技能人才评价制度改革，改革完善技能人才评价制度，建立职业技能等级制度；推动职业技能竞赛发展；加大技能扶贫工作力度。

（3）加强职业技能培训

2019 年 5 月，国务院办公厅印发《职业技能提升行动方案（2019 ~ 2021)》（以下简称《行动方案》）。《行动方案》提出，2019 ~ 2021 年三年共开展各类补贴性职业技能培训 5000 万人次以上。其中，2019 年培训 1500 万人次以上，到 2021 年底技能劳动者占就业人员总量的比重达到 25% 以上，高技能人才占技能劳动者的比重达到 30% 以上。《行动方案》明确了实施职业技能提升行动的政策措施。关于提高培训针对性：大力开展企业职工技能和转岗转业培训；对就业重点群体开展职业技能提升培训和创业培训；加大贫困劳动力和贫困家庭子女技能扶贫工作力度。关于增加培训供给：支持企业兴办职业技能培训；推动职业院校扩大面向职工、就业重点群体和贫困劳动力的培训规模；鼓励支持社会培训和评价机构开展职业技能培训和评价工作；创新培训内容与培训方式；加强职业技能培训基础能力建设。关于培训经费保障：落实职业培训补贴政策，支持地方调整完善职业培训补贴政策，加大资金投入力度并强化资金使用监管。

（二）人才队伍建设稳步推进

1. 专业技术人才队伍建设持续发展

2018 年，全国 1495 万人报名参加专业技术人员资格考试，较上一年增加 385 万人；292.3 万人取得资格证书，较上一年增加 34.5 万人。截至 2018 年底，全国累计有 2912 万人取得各类专业技术人员资格证书，较上一年增加了 292 万人。截至 2018 年末，全国享受政府特殊津贴专家 18.2 万人，较上一年增加 0.5 万人，国家百千万人才工程入选者 5700 多人。2018 年，深入开展万名专家服务基层工作，遴选实施 60 项专家服务基层示范项目，遴选设立 20 个国家级专家服务基地，2470 多名专家深入基层一线，培训指导基层专业技术人员 3.9 万多人。2018 年，全国累计招收培养博士后 20.7 万人，较上一年增加了 2 万多人，博士后科研工作站 3728 个，较上一年增加了 332 个，博士后科研流动站 2994 个。

2018 年新建国家级专业技术人员继续教育基地 20 家，继续教育基地总数已达到 160 家。专业技术人才知识更新工程继续推进，全年举办 300 期高级研修班，培训高层次专业技术人才 2.1 万人次，开展急需紧缺人才培养培训和岗位培训 108.8 万人次。

2. 科技人才总量居世界首位，人才质量整体提升

近年来，我国科技人力资源总量持续增加，2017 年我国科技人力资源总量达到 8705 万人，比上年增长 4.9%。其中大学本科及以上学历的科技人力资源总量为 3934 万人，比上年增长 7.1%。我国本科及以上学历科技人力资源测算口径与美国的科学家工程师大体一致。自 2009 年以来，我国科学家工程师总量一直高于美国。①

从受教育水平来看，我国 R&D 人员中近 2/3 都具有本科以上学历，高学历人员比重不断增加。2017 年我国 R&D 人员总数为 621.4 万人，比 2016 年增加 38.3 万人，增长 6.6%，其中，博士 41.7 万人，硕士 92.0 万人，本科 271.2 万人，本科及以上学历的人数占 R&D 人员总量的 65.2%。近几年数据显示，博士、硕士、本科毕业人才占比均有不同程度提高，其中本科毕业人员数量增加最多。博士毕业人员占比由 2010 年的 5.7% 提高到 2017 年的 6.7%，硕士毕业人员占比由 2010 年的 14.0% 提高到 2017 年的 14.8%，本科毕业人员占比则由 2010 年的 30.8% 提高到 2017 年的 43.6%，增加 12.8 个百分点。

3. 高技能人才队伍培训力度加大

2018 年，全国共有技工院校 2379 所，在校学生 341.6 万人。全年技工院校面向社会开展培训 420.6 万人次。年末全国共有就业训练中心 2298 所，

① 科技部：《2017 年我国科技人力资源发展状况分析》，http://www.most.gov.cn/cxfzs/gongzdt/。

民办培训机构21565所。全年共组织各类职业培训1651万人次，其中就业技能培训853万人次，岗位技能提升培训552万人次，创业培训201万人次，其他培训45万人次。全年各类职业培训中，培训农民工831万人次，培训城镇登记失业人员210万人次，培训城乡未继续升学的初高中应届毕业生42万人次，培训高校应届毕业生104万人次。

2018年末，全国共有职业技能鉴定机构8912个，职业技能鉴定考评人员25万人。全年共有1135万人参加职业技能鉴定，903万人取得职业资格证书，其中35万人取得技师、高级技师职业资格。

2018年组织开展国家一类职业技能大赛8项，涵盖52个世界技能大赛参加项目和28个职业（工种），开展国家级二类职业技能竞赛51项，覆盖104个职业（工种），有1000多万人才参加比赛。

4. 社会工作人才队伍规模不断扩大

截至2018年底，各地在城乡社区、相关事业单位和社会组织等共开发设置了38.3万个社工专业岗位，比2017年增加了3.7万个，全国社会工作服务站已经达到5.1万个。2018年，全国社会工作者职业水平考试报名人数首次突破40万人，较上一年增长30%。截至2018年底，全国有助理社会工作师和社会工作师439266人。其中，广东持证社会工作者超过8万人，江苏超过5万人，浙江超过4万人，北京、上海、山东超过2万人，有力推动了社会工作职业化进程。2018年，各地社会工作资金投入61.12亿元，较上年增长19.6%。其中，上海、广东资金投入超过14亿元，北京超过5亿元，天津、江苏、浙江、河南、重庆超过2亿元。①

三　公共部门人事制度改革与发展

当前，新修订的《中华人民共和国公务员法》已经于2019年6月1日正式实施，职务与职级并行管理制度基本确立；事业单位工作人员工作突出

① 《2018年度中国社会工作发展报告》，2019。

有奖励，申诉案件办理有规则，事业单位转制改革人员安置有保障；中央企业领导人员管理制度基本确立。

（一）公务员管理制度改革主要措施

1. 修订《中华人民共和国公务员法》

2018 年 12 月 29 日，十三届全国人大常委会第七次会议表决通过了《中华人民共和国公务员法》（以下简称《公务员法》），习近平主席签发第二十号主席令予以公布，于 2019 年 6 月 1 日实施。新修订的《公务员法》共十八章，包括总则，公务员的条件、义务与权利，职务、职级与级别，录用，考核，职务、职级任免，职务、职级升降，奖励，监督与惩戒，培训，交流与回避，工资、福利与保险，辞职与辞退，退休，申诉与控告，职位聘任，法律责任及附则。新修订的《公务员法》较之前共作了 70 多处修改，为建设高素质专业化公务员队伍提供更有力更有效法律保障。修订后的《公务员法》取消了“非领导职务”的表述，取而代之的是“职务”与“职级”并行的运行模式，明确了综合管理类公务员职级序列。此外，新修订的《公务员法》还对工作表现突出，有显著成绩和贡献，或有其他突出事迹的公务员或者公务员集体，给予奖励。新修订的《公务员法》更充实了从严管理干部的有关规定，将第九章名称改为“监督与惩戒”，增加了有关加强公务员监督的规定，围绕激励公务员新时代新担当新作为，还进一步完善了公务员激励保障制度相关规定。

2. 公务员职务与职级并行管理制度基本确立

2019 年 3 月，中共中央办公厅印发《公务员职务与职级并行规定》。该规定共七章三十四条，分别对职务与职级序列、职级设置与职数比例、职级确定与升降、职级与待遇、管理与监督作出明确的规定。规定指出：领导职务层次分为国家级正职、国家级副职、省部级正职、省部级副职、厅局级正职、厅局级副职、县处级正职、县处级副职、乡科级正职、乡科级副职；综合管理类公务员职级序列分为一级巡视员、二级巡视员、一级调研员、二级调研员、三级调研员、四级调研员、一级主任科员、二级主任科员、三级主任科员、四级主任科员、一级科员、二级科员。规定要求公务员职务与职级并行制度实施工作，由各级党委（党组）及其组织（人事）部门分级负责。中央公务员主管部门负责全国公务员职务与职级并行制度组织实施的宏观指导。县级以上地方各级公务员主管部门具体指导本辖区内公务员职务与职级并行制度的组织实施工作。

（二）事业单位人事管理制度改革主要举措

截至2018年末，事业单位聘用制度基本实现全覆盖，工作人员聘用合同签订率为95%。事业单位岗位设置管理制度进一步完善，岗位设置完成率为97%。公开招聘制度全面推行，2018年全国公开招聘事业单位工作人员106.6万人，其中中央事业单位10.3万人，地方事业单位96.3万人。

1. 事业单位工作人员工作突出有奖励

2018年12月，中共中央组织部、人力资源和社会保障部印发的《事业单位工作人员奖励规定》明确：对事业单位工作人员、事业单位工作人员集体（以下简称“事业单位工作人员和集体”）在完成本职工作和履行社会责任中表现突出、有显著成绩和贡献的给予嘉奖、记功、记大功、授予称号等奖励。根据工作需要和队伍建设实际开展定期奖励，一般以年度或者聘（任）期为周期，以年度考核、聘（任）期考核结果为主要依据。除定期奖励外，对在应对重大突发事件、完成重大专项工作等方面作出显著成绩和贡献的事业单位工作人员和集体，应当及时给予奖励。

2. 事业单位工作人员申诉案件办理有规则

2019年2月，中共中央组织部办公厅、人力资源和社会保障部办公厅印发《事业单位工作人员申诉案件办理规则》。该规则共七章三十四条，要求各级事业单位人事综合管理部门和主管部门应当分别组建事业单位工作人员申诉公正委员会，负责办理事业单位工作人员的申诉、再申诉案件。申诉和再申诉案件中的证据包括：申诉人的陈述和被申诉单位的意见、书证、物证、视听资料、电子数据、证人证言、鉴定意见、勘验笔录、现场笔录。受理单位应当自决定受理之日起60日内作出处理决定。案情复杂的，经申诉公正委员会主任或者副主任批准，可以适当延长，但是延长期限不得超过30日。

3. 事业单位转制改革人员安置有保障

2018年12月，《国务院办公厅关于印发文化体制改革中经营性文化事业单位转制为企业和进一步支持文化企业发展两个规定的通知》，对文化体制改革中经营性文化事业单位转制为企业作出了规定，转制后的人员按照企业收入分配制度执行，建立健全以岗位工资为主的基本工资制度，对转制时距国家法定退休年龄五年以内的原事业编制内人员，经本人申请及转制单位批准的，可以提前离岗，离岗期间的工资福利等基本待遇不变。转制时，按照国家相关法律规定，企业自登记注册之日起与在职职工全部签订劳动合同。转制企业应当切实保障职工的合法权益。转制后，在职人员按企业办法参加社会保险，以前在事业单位工作的工龄视同缴费年限，不用补缴保险费。对于分流人员应支付经济补偿。转制时涉及的费用可从评估后的净资产中预留或从国有产权转让收入中优先支付，净资产不足的，财政部门也可给予一次性补助。

（三）完善国有企业人事管理的主要举措

2018年9月，中共中央办公厅、国务院办公厅印发了《中央企业领导人员管理规定》。该规定共十章六十六条，包括总则、职位设置、任职条件、选拔任用、考核评价、薪酬与激励、管理监督、培养锻炼、退出、附则，明确了中央企业领导人员管理的基本原则、基本要求，相关内容覆盖了中央企业领导人员管理的全过程和各环节。规定对高素质专业化中央企业领导人员队伍建设提出具体要求。一是在选拔任用的基本条件中强调中央企业领导人员必须旗帜鲜明讲政治。二是强调选拔任用中央企业领导人必须突出政治标准和专业能力，树立正确选人用人导向。在考察工作中应当突出考察政治表现，全面考察人选素质、能力、业绩和廉洁从业等情况，防止“带病提拔”。三是强调加强对中央企业领导人员的综合考核评价、经营业绩考核、党建工作责任制落实情况考核，强化抓改革、强党建、促发展导向，引导中央企业领导人员做到忠诚干净担当。四是强调以强化忠诚意识、拓展国际视野、提高战略思维、增强创新精神、提升治企能力、锻造优秀品行为重点，加强对中央企业领导人员的教育培训和实践锻炼。

四　就业创业状况及工作进展

2018 年，城镇新增就业六连增；城乡就业结构不断改善，第三产业成为吸纳就业主力；市场主体继续增加，营商环境不断改善。

（一）就业创业持续发展

1. 就业总量不断增加，城镇新增就业六连增

截至 2018 年底，我国就业总量达到 77586 万人。[①] 近六年，就业总量从 76977 万人增加到 77586 万人，增加 609 万人。2018 年城镇新增就业 1361 万人，比上年增加 10 万人；我国城镇新增就业人数近六年均保持在 1300 万人以上，分别是 1300 万人、1322 万人、1312 万人、1314 万人、1351 万人、1361 万人；2018 年城镇新增就业增长率较上一年有所放缓，增长率为 0.7%。2018 年，城镇失业人员再就业人数为 551 万人，较上一年减少 7 万人，就业困难人员就业 181 万人，较上一年增加 4 万人。[②] 2018 年末，城镇登记失业人数为 974 万人，城镇登记失业率为 3.80%，较上一年降低 0.1 个百分点。2018 年，各月全国城镇调查失业率保持在 4.8% ~5.1%，实现了低于 5.5% 的预期目标。

2018 年，全国农民工总量达到 28836 万人，[③] 较上一年增加 184 万人。近六年来，农民工总量从 26894 万人增加到 28836 万人，增加 1942 万人。外出农民工 17266 万人，较上一年增加 81 万人，增长率为 0.5%；本地农民

① 人力资源和社会保障部：《2018 年度人力资源和社会保障事业统计公报》，2019。

② 人力资源和社会保障部：《2018 年度人力资源和社会保障事业统计公报》，2019。

③ 国家统计局：《中华人民共和国 2018 年国民经济和社会发展统计公报》，2019。

工 11570 万人，增长率为 0.9%。

2. 城乡就业结构不断改善，第三产业成为吸纳就业主力

2018 年，第一产业就业人数为 20257.7 万人，比 2013 年第一产业就业人数减少 3913.3 万人；第二产业就业人数为 21390.5 万人，比 2013 年第二产业就业人员减少 1779.5 万人；第三产业就业人数为 35937.8 万人，比 2013 年增加了 6301.8 万人。近六年，我国第一和第二产业就业人数总量和占比逐年下降，第三产业就业人数总量和占比显著增加，已成为吸纳就业的主力。我国三次产业就业人数占比已从 2013 年的 31.4∶30.1∶38.5 转变为 2018 年的 26.1∶27.6∶46.3。

2018 年，我国城镇就业人数为 43419 万人，乡村就业人数为 34167 万人。与 2013 年相比，城镇就业人数增加 5179 万人；乡村就业人数减少 4570 万人。2013～2018 年，城镇就业人数占比从 49.7% 增加到 56.0%，乡村就业人数占比从 50.3% 下降为 44.0%。

3. 市场主体继续增加，营商环境不断改善

到 2018 年底，全国实有市场主体 1.1 亿户，其中企业 3474.2 万户。2018 年新增市场主体 2149.98 万户，同比增长 11.7%；新增企业 670 万户，同比增长 10.3%，平均每天新增企业 1.83 万户。[①] 2018 年世行评价营商环境，我国排名第 46 位，比上年上升了 32 位；企业开办时间指标排名第 28 位，较上年上升了 65 位。

（二）促进就业创业工作具体举措

2018～2019 年，坚持深入实施就业优先战略和积极的就业改革，统筹推动重点群体就业，持续打造“双创”升级版，大力开展就业扶贫，全方位保障就业服务，促进就业创业工作全面推进。

1. 全方位保障公共就业服务

2018 年 12 月，人力资源和社会保障部、国家发展改革委、财政部印发

① 数据来源于国家市场监督管理总局。

《关于推进全方位公共就业服务的指导意见》。该意见指出要优先保障基本公共就业服务，加大公共资源向农村、贫困地区、重点群体倾斜力度，坚持政府主导、多元参与，健全政府和社会、管理和服务、统一和分级分类相结合的工作机制，形成推进全方位公共就业服务合力。意见还提出，各级公共就业服务机构要免费提供10项基本服务，包括就业创业和劳动用工政策法规咨询、相关扶持政策受理；人力资源供求、市场工资指导价位、职业培训、见习岗位等信息发布；职业介绍、职业指导和创业开业指导；公共就业服务专项活动；对就业困难人员实施就业援助；办理就业登记（劳动用工备案）、失业登记等事务；办理高等学校、中等职业学校、技工学校毕业生接收手续；流动人员人事档案管理服务；劳动关系协调和劳动权益保护；县级以上人民政府确定的其他服务等。

2. 稳定和扩大高校毕业生就业

2018年9月29日，人力资源和社会保障部召开高校毕业生就业创业工作电视电话会议，深入贯彻党中央、国务院关于稳定和扩大就业及促进高校毕业生就业创业工作的重要决策部署，落实就业工作座谈会精神，动员部署做好下一阶段高校毕业生就业创业工作。会议要求各地增强对做好稳就业工作重要性的认识，密切监测就业形势变化，制定政策措施，做好稳岗帮扶，确保就业大局稳定，确保就业目标任务完成。会议强调，要把高校毕业生就业摆在就业工作首位，以实施就业创业促进计划和基层成长计划为抓手，全面落实实名制就业管理服务，全面推进全方位公共就业服务，千方百计稳定高校毕业生就业。

2019年5月13日，全国就业创业工作暨普通高等学校毕业生就业创业工作电视电话会议在京召开。中共中央政治局常委、国务院总理李克强作出重要批示。批示指出：促进就业创业特别是高校毕业生就业创业，是实现经济持续健康发展、民生改善和社会大局稳定的重要保障。要全面加强就业服务，精准施策抓好高校毕业生、退役军人、农民工等重点群体就业创业，加大对就业困难人员的就业帮扶。会议强调：要加强毕业生信息衔接，拓宽就业渠道，做好就业创业服务，强化就业兜底保障，精准施策促进高校毕业生就业创业。会议指出，做好高校毕业生就业创业工作，要聚焦重点、综合施策，千方百计拓展就业岗位，提高就业服务精准度。

3. 做好除高校毕业生外的重点群体就业创业工作

2018 年，在促进农民工就业方面，人力资源和社会保障部与国务院扶贫办、全国总工会、全国妇联于 2 ~ 3 月在全国开展“2018 年春风行动”，针对春节后农村劳动力集中外出求职就业，通过组织政策宣讲、开设专场招聘、加强服务、培训、维权等方式，帮助农村劳动力转移就业和返乡下乡创业。

2018 年，在鼓励退役军人就业创业方面，退役军人事务部等军地 12 个部门于 8 月联合印发《关于促进新时代退役军人就业创业工作的意见》，从提升就业创业能力、加大就业支持力度、积极优化创业环境、建立健全服务体系、切实加强组织领导等五个方面提出了促进退役军人就业创业的具体措施。

4. 稳步开展就业扶贫

2018 年，人力资源和社会保障部会同财政部、国务院扶贫办等相关部门，出台了一系列政策文件。3 月，人力资源和社会保障部和国务院扶贫办联合印发《关于做好 2018 年就业扶贫工作的通知》。8 月，为贯彻落实党中央、国务院关于打赢脱贫攻坚战三年行动的部署安排，人力资源和社会保障部、财政部联合印发《关于进一步加大就业扶贫政策支持力度　着力提高劳务组织化程度的通知》。9 月，人力资源和社会保障部印发《打赢人力资源社会保障扶贫攻坚战三年行动方案》，提出全力推进就业扶贫。

5. 推动创新创业高质量发展，打造“双创”升级版

2018 年 9 月，国务院印发《关于推动创新创业高质量发展打造“双创”升级版的意见》。该意见提出，要简政放权释放创新创业活力，放管结合营造公平市场环境，优化服务便利创新创业，加大财税政策支持力度，完善创新创业产品和服务政府采购等政策措施，加快推进首台（套）重大技术装备示范应用，建立完善知识产权管理服务体系；持续推进创业

带动就业能力升级，鼓励和支持科研人员积极投身科技创业，强化大学生创新创业教育培训，健全农民工返乡创业服务体系，完善退役军人自主创业支持政策和服务体系，提升归国和外籍人才创新创业便利化水平，推动更多群体投身创新创业；深入推动科技创新支撑能力升级，增强创新型企业引领带动作用，推动高校科研院所创新创业深度融合，健全科技成果转化体制机制；大力促进创新创业平台服务升级，提升孵化机构和众创空间服务水平，搭建大中小企业融通发展平台，深入推进工业互联网创新发展，完善“互联网+”创新创业服务体系，打造创新创业重点展示品牌；进一步完善创新创业金融服务，引导金融机构有效服务创新创业融资需求，充分发挥创业投资支持创新创业作用，拓宽创新创业直接融资渠道，完善创新创业差异化金融支持政策，加快构筑创新创业发展高地，打造具有全球影响力的科技创新策源地，培育创新创业集聚区，发挥“双创”示范基地引导示范作用，推进创新创业国际合作；切实打通政策落实“最后一公里”，强化创新创业政策统筹，细化关键政策落实措施，做好创新创业经验推广。

五　工资收入分配状况及工作进展

2018 年，全国居民人均可支配收入较上一年有所增长。全国城镇非私营单位就业人员年平均工资高于全国城镇私营单位就业人员年平均工资水平。东部、西部、中部、东北地区的城镇非私营单位就业人员年平均工资和城镇私营单位就业人员年平均工资依次递减，与上一年情况相同。最低平均工资标准有所增长，多地上调企业工资指导线，公立医院薪酬制度改革进入议程，中央企业工资实行总额管理。

（一）工资收入分配基本情况

2018 年全年全国居民人均可支配收入为 28228 元，比上年增加 2254 元，增长 8.7%，扣除价格因素，实际增长 6.5%，较上年增加了 0.2 个百分点。[1] 城镇居民人均可支配收入39251元，比上年增加2855元，较上一年增长7.8%，扣除价格因素，实际增长5.6%。城镇居民人均可支配中位数36413元，较上一年增加了2579元，增长7.6%，较上一年提高了0.4个百分点。农村居民可支配收入14617元，比上年增加1185元，增长8.8%，较上一年增加0.2个百分点，扣除价格因素，实际增长6.6%。农村居民人均可支配收入中位数13066元，增加了1097元，增长9.2%，较上一年增加了1.8个百分点。[2] 2018年，全国农民工人均月收入3721元，比上年增长6.8%。

2018年，全国城镇非私营单位就业人员年平均工资82461元，比上年增加8143元，名义增长11.0%，较上年提高了1个百分点，扣除物价因素，实际增长8.7%，较上一年提高了0.5个百分点。[3] 从四大区域看，年平均工资由高到低依次是：东部地区93253元，西部地区75755元，中部地区68969元，东北地区65411元。同比名义增长率由高到低依次为：中部地区12.7%，西部地区10.9%，东部地区10.0%，东北地区9.9%。最高和最低区域的平均工资之比为1.4，与2017年持平。[4] 从行业门类看，年平均工资最高的三个行业分别是信息传输、软件和信息技术服务业，金融业，科学研究和技术服务业，分别为147678元、129837元、123343元，与上一年排序一致，分别为全国平均水平的1.79倍、1.57倍、1.5倍；平均工资最低的三个行业是农、林、牧、渔业，住宿和餐饮业，居民服务、修理和其他服务业，分别是36466元、48260元、55343元，分别为全国平均水平的44%、59%、67%。最高与最低行业平均工资之比为4.04，与上年相比差距扩大0.39。从增长速度看，年平均工资增速最高的三个行业依次为采矿业、科学研究和技术服务业以及批发和零售业，增长率分别为17.2%、14.4%和

① 国家统计局：《中华人民共和国2018年国民经济和社会发展统计公报》，2019。
② 国家统计局：《中华人民共和国2018年国民经济和社会发展统计公报》，2019。
③ 数据来源于国家统计局网站。
④ 数据来源于国家统计局网站。

13.1%。[①] 增速最低的三个行业依次为农、林、牧、渔业，租赁和商务服务业以及住宿和餐饮业，增长率分别为 -0.1%、4.6%和5.5%。[②]

2018 年，全国城镇私营单位就业人员年平均工资为 49575 元，比上年增加 3814 元，增长 8.3%，较上一年提升了 1.5 个百分点。扣除物价因素，实际增长 6.1%，较上一年提升了 1.1 个百分点。[③] 从四大区域来看，年平均工资由高到低依次是：东部地区 55230 元，西部地区 43842 元，中部地区 41047 元，东北地区 37071 元。同比名义增长率从高到低依次为东部、中部、东北、西部地区，分别为 9.2%、8.8%、6.9%、6.3%。最高和最低区域的平均工资水平之比为 1.49，比上年扩大 0.03。[④] 从行业门类来看，年平均工资最高的三个行业分别是信息传输、软件和信息技术服务业，金融业，科学研究和技术服务业，分别为 76326 元、62943 元、61876 元，分别为全国平均水平的 1.54 倍、1.27 倍、1.25 倍。年平均工资最低的三个行业分别是农、林、牧、渔业，住宿和餐饮业，居民服务、修理和其他服务业，分别为 36375 元、39632 元、41058 元，分别为全国平均水平的 73%、80%、83%。从增长速度来看，年平均工资增速最高的三个行业依次为金融业，卫生和社会工作以及交通运输、仓储和邮政业，增长率分别为 20.4%、10.7% 和 10.2%。增速最低的三个行业依次为水利、环境和公共设施管理业，租赁和商务服务业以及农、林、牧、渔业，增长率分别为 3.3%、3.9% 和 6.1%。[⑤]

（二）工资收入分配制度改革工作进展

1. 最低工资标准有所增长

截至 2018 年底，全国有 15 个省（区、市）调整最低工资标准。这 15 个地方分别是北京、辽宁、上海、江苏、安徽、江西、山东、河南、广东、

---

① 数据来源于国家统计局网站。
② 数据来源于国家统计局网站。
③ 数据来源于国家统计局网站。
④ 数据来源于国家统计局网站。
⑤ 数据来源于国家统计局网站。

广西、海南、四川、云南、西藏、新疆。上海、广东、北京、天津、江苏、浙江6个地方，月最低工资标准均超过2000元。其中，上海月最低工资标准达到2420元，为全国最高。北京、上海、安徽等地还在最低工资标准中剔除了个人缴纳的社会保险费和住房公积金，以增加最低工资标准的“含金量”。进入2019年，重庆率先迎来最低工资标准调整。重庆市从2019年1月1日起，两档最低工资标准分别比原标准每月1500元和每月1400元提高了300元。目前，河北执行的最低工资标准是2016年7月的标准；陕西、青海、云南执行的最低工资标准为2017年5月的标准；甘肃执行的最低工资标准为2017年6月的标准。

2. 多地上调企业工资指导线

截至2018年12月6日，河南、北京、山西、江西、福建、上海等22个省份公布了2018年企业工资指导线。除了吉林6.0%、青海6.0%外，其余20个省份的基准线都在7.0%以上。河南居于首位，为12%，北京、山西两地基准线以8.5%并列第二。2018年与2017年的企业工资指导线相比，除了上海、辽宁外，多地企业工资指导线的基准线、上线和下线有所上调。与2017年相比，山西、河南、陕西、安徽、甘肃等5省份对基准线进行了上调，其中河南由7.5%上调至12%。在上线方面，江西和上海均不设上线，山西、河南、安徽和甘肃4省份对上线进行了上调。从下线来看，安徽、海南、甘肃、宁夏等4省份下线上调，安徽和甘肃上调幅度较大，提高了1个百分点。已公布企业工资指导线的22个省份中，只有内蒙古的上线、基准线、下线均有所下降。

3. 制定公立医院薪酬制度改革的指导性文件

2019年5月，国务院办公厅印发的《深化医药卫生体制改革2019年重点工作任务》提出，2019年12月底前制定公立医院薪酬制度改革的指导性文件。2019年6月14日，国家卫生健康委体改司巡视员朱洪彪在发布会上介绍，全国2800多家公立医院将开展薪酬制度改革试点，落实“两个允许”（允许医疗卫生机构突破现行事业单位工资调控水平，允许医疗服务收入扣除成本并按规定提取各项基金后主要用于人员奖励），探索建立符合医疗行业特点的薪酬制度。

4. 明确中央企业工资总额管理办法

2018 年 12 月 11 日，国务院国有资产监督管理委员会（以下简称“国资委”）第 158 次主任办公会议审议通过了《中央企业工资总额管理办法》。该办法明确界定了适用该办法的中央企业为国资委履行出资人职责的企业，工资总额是指由企业在一个会计年度内直接支付给与本企业建立劳动关系的全部职工的劳动报酬总额，包括工资、奖金、津贴、补贴、加班加点工资、特殊情况下支付的工资等。办法还指出工资总额管理应当坚持市场化改革方向、效益导向、分级管理、分类管理原则。国资委根据有关法律法规履行出资人职责，制定中央企业工资总额管理制度，根据企业功能定位、公司治理、人力资源管理市场化程度等情况，对企业工资总额预算实行备案制或者核准制管理。主业为充分竞争行业和领域的商业类中央企业原则上实行工资总额预算备案制管理；主业处于关系国家安全、国民经济命脉的重要行业和关键领域，主要承担重大专项任务的商业类中央企业原则上实行工资总额预算核准制管理；公益类中央企业实行工资总额预算核准制管理。中央企业以上年度工资总额清算额为基础，根据企业功能定位以及当年经济效益和劳动生产率的预算情况，参考劳动力市场价位，分类确定决定机制，合理编制年度工资总额预算。

六　社会保险状况与工作进展

2018 年，我国社会保险制度的覆盖面持续扩大，各项保险基金积累额均有增加，缴费费率持续降低，待遇水平稳步提升，经办服务更加便捷高效，多层次社保体系建设逐步完善，制度公平性和持续性得到进一步提升。

（一）社会保险总体情况①

1. 制度覆盖面持续扩大

2018 年，全国参加基本养老保险的人数为 94293 万人，比上年末增加

① 人力资源和社会保障部：《2018 年度人力资源和社会保障事业发展统计公报》，2019；《2017 年度人力资源和社会保障事业发展统计公报》，2018。

3%；基本医疗保险参保人数为 134452 万人，比上年末增长 14.3%，参保覆盖率稳定在 95%以上；失业保险参保人数为 19643 万人，比上年末增长 4.6%；工伤保险参保人数为 23874 万人，比上年末增加 5.1%；生育保险参保人数为 20435 万人，比上年末增长近 6%。

2. 基金规模持续增加

2018 年，我国各项社会保险基金的累计结余呈持续增长的趋势。社会保险基金总收入 78935 亿元，比上年增加 17.5%；基金总支出 67553 亿元，较上年增长 18.2%。

其中，基本养老保险基金收入 55005 亿元，支出 47550 亿元，较上年分别增长 18.0%和 17.6%；基本医疗保险基金收入 21090 亿元，支出 17608 亿元；失业保险基金收入 1171 亿元，支出 915 亿元，增长率分别为 5.2%和 2.3%；工伤保险基金收入 913 亿元，支出 742 亿元，增长率分别为 6.9%和 12.1%；生育保险基金收入 756 亿元，增加 16.4%，总支出 738 亿元，比上年下降 3.2%。

3. 信息技术提升社保服务效率

2018 年，全面取消社保待遇资格集中认证，构建以信息比对为主、退休人员社会化服务与远程认证服务相结合的认证服务模式。

电子社保卡的签发取得了从零到有的突破性进展。截至 2019 年 1 月 23 日，电子社保卡已在 26 个省份 230 座城市签发。预计 2019 年要在所有地市实现签发应用全国统一标准的电子社保卡。

（二）社会保险制度改革进展[①]

1. 持续降低社会保险缴费费率

人力资源和社会保障部、财政部下发通知，继续执行阶段性降低养老保险、失业保险、工伤保险缴费费率的政策。自 2018 年 5 月 1 日起，企业职

① 人力资源和社会保障部：《2018 年度人力资源和社会保障事业发展统计公报》，2019；国家医保局：《2018 年医疗保险事业发展统计快报》，2019。

工基本养老保险单位缴费比例超过19%的地区，以及2016年以来单位缴费比例已经降至19%的地区、基金累计结余可支付月数高于9个月的地区，单位缴费比例可继续按照19%执行；实施失业保险总费率1%的地区，继续按此费率执行；工伤保险基金累计结余可支付月数在18（含）至23个月的统筹地区、累计结余可支付月数在24个月（含）以上的统筹地区，可将现行费率分别下调20%、50%。上述政策的执行日期至2019年4月30日。

2. 提高退休人员基本养老金待遇水平

2018年，继续提高退休人员基本养老金水平，调整标准为2017年退休人员平均养老金的5%左右。采取定额调整、挂钩调整与适当倾斜相结合的方式，适当向高龄退休人员和企业军转干部中基本养老金低于2340元的人员倾斜。

3. 建立企业职工基本养老保险基金中央调剂制度

2018年7月1日，企业职工基本养老保险基金中央调剂制度开始实施，使用各省份养老保险基金上解建立的中央调剂基金来对各省份的养老保险基金进行适度调控。上解额的基数按照在职应参保人数和各省份职工平均工资的90%确定，制度初期上解比例为3%，以后逐步提高。中央调剂基金按照人均定额拨付，根据各省份离退休人数确定拨付资金数额。

中央调剂基金纳入中央级社会保障基金财政专户，实行收支两条线管理，专款专用。采取先预缴预拨后清算的办法，资金按季度上解下拨，年终统一清算。

4. 完善城乡居民基本养老保险待遇确定和正常调整机制

2018年3月26日，人力资源和社会保障部、财政部出台建立城乡居民基本养老保险待遇确定机制、基础养老金正常调整机制的有关指导意见，文件提出五项主要任务。

一是完善待遇确定机制，中央确定全国基础养老金最低标准，地方可根据实际适当提高基础养老金标准；二是考虑城乡居民收入增长、职工基本养老保险标准和物价变动等因素，建立基础养老金正常调整机制；三是参考城乡居民收入增长情况，建立个人缴费档次标准调整机制；四是根据经济发展、财力状况和个人缴费标准提高等情况，动态调整基本养老保险缴费补贴；五是开展城乡居民基本养老保险基金委托投资，实现基金保值增值。

5. 提高城乡居民基本养老保险基础养老金最低标准

2018 年 1 月 1 日起，全国城乡居民最低基础养老金标准由每人每月 70 元提高至每人每月 88 元。为保证全国各地统一达到此最低标准，中央财政将对提高补助标准所需资金给予补助，中西部地区全额补助，东部地区补助 50%。

6. 实施个人税收递延型商业养老保险试点

2018 年 5 月 1 日起，在上海市、福建省和苏州工业园区开展为期一年的试点，对试点地区个人通过个人商业养老资金账户购买符合规定的养老保险产品的支出，允许在一定标准内从税前工资中扣除；个人养老资金账户产生的投资收益，暂免征个人所得税；对个人符合规定条件领取的商业养老金，25% 部分免税，其余 75% 按照 10% 的税率计征个人所得税。

7. 启动城乡居民基本养老保险基金委托投资

2018 年 8 月，人力资源和社会保障部、财政部联合下发通知，要求各省（区、市）从 2018 年起按年分批启动实施居民养老基金委托投资工作，将 2017 年及以后年度的各地新增养老基金结余的 80% 进行委托投资。到 2018 年末，已经有 9 个省（区、市）正式启动并完成了建设目标，并确定 9 个省（区、市）为预计于 2019 年展开养老基金委托工作的省份。

8. 城乡居民基本医疗保险制度逐步完善

2018 年 7 月 11 日，《关于做好 2018 年城乡居民基本医疗保险工作的通知》下发，对推进统一的城乡居民医保制度、提高财政补助和个人缴费标准、全面推进和完善居民医保门诊统筹、做好贫困人口医疗保障工作等重点工作进行部署。

一是城乡居民基本医疗保险财政补助和个人缴费标准同步提高，每人每年的财政补助标准不低于 490 元，个人缴费标准达到每人每年 220 元；二是推进统一的城乡居民医保制度；三是完善门诊统筹保障机制；四是加强贫困人口医疗保障工作；五是改进管理服务，巩固完善市级统筹，逐步探索省级统筹，实现市或省范围内就医统一报销，提高城乡居民医疗服务公平性。

9. 失业保险金标准逐步提高

人力资源和社会保障部、财政部发布文件，要求各省根据社会经济的发展、物价水平的提升和居民收入的增长，适当提高失业保障水平，逐步将失业保险金标准提高到最低工资标准的90%。2018 年全国失业保险金月人均水平 1266 元，比上年增长 13.9%。

10. 将流动就业农民工、短期雇佣员工纳入工伤保险参保范围

2018 年 1 月，人力资源和社会保障部、交通运输部、水利部、能源局、铁路局、民航局联合下发文件，要求公路、铁路、水利能源以及机场工程建设项目等需结合各行业的用工特点，为相关从业人员提供工伤保险服务，加大力度将在各类工程建设项目中流动就业的农民工、短期雇佣工人纳入工伤保险保障范围，确保在各类工地上流动就业的农民工依法享有工伤保障。对建筑施工企业相对固定的职工、不能按用人单位参加工伤保险的职工，应当由各统筹地区按照“以支定收、收支平衡”原则，根据当地工伤保险基金的收支情况，科学合理确定费率。

11. 推进工伤认定和劳动能力鉴定相关服务便民化

人力资源和社会保障部办公厅下发文件，明确了推进工伤认定和劳动能力鉴定便民化服务工作的主要任务：全面下放省级人社部门工伤认定和劳动能力初次鉴定事项，全面推进工伤认定和劳动能力鉴定受理事项进驻大厅，切实清理取消重复提交的证明和材料，切实提高工伤认定和劳动能力鉴定效率，积极探索异地工伤认定和劳动能力鉴定委托合作、积极推进“互联网 + 认定鉴定”。

七　劳动关系状况与工作进展

2018 年，劳动合同签订率保持稳定，实行特殊工时制的企业数量有所下降；劳动人事争议立案受理案件数略微增加，案件调解成功率提升；劳动

保障监察执法力度继续加大；劳动关系协调员等16个国家职业技能标准颁布；保障农民工工资支付工作考核细则出台。

（一）劳动关系基本情况

1. 劳动合同签订率保持稳定，实行特殊工时制企业数量有所下降

2018年全国企业劳动合同签订率达90%以上。截至2018年末，全国报送人力资源社会保障部门审查并在有效期内的集体合同累计175万份，较上一年减少8万份，同比减少了5%，覆盖职工1.55亿人。[①] 截至2018年末，经各级人力资源社会保障部门审批且在有效期内实行特殊工时制度的企业8.3万户，较上一年减少6.2万户；涉及职工1300万人，较上一年减少20万人。[②]

2. 劳动人事争议立案受理案件数略微增加，案件调解成功率提升

2018年，劳动人事争议立案受理案件数量为89.4万件，较上年增加了10.9万件，立案受理案件涉及劳动者111万人，较上年增加了13.1万人。2018年，全国各地劳动人事争议调解仲裁机构共处理争议182.6万件，较上一年增加了16.1万件，增加了9.7%；涉及劳动者217.8万人，较上一年增加了18.7万人，增加了9.4%；涉案金额402.6亿元，较上年减少了13.8亿元，下降3.3%。全年办结争议案件171.5万件，较上年增加了14万件，增加了8.9%；案件调解成功率为68.7%，比上一年增加了0.8个百分点，仲裁结案率为95.1%。[③] 终局裁决13.6万件，较上一年增加了2.5万件，占裁决案件数的37.9%，较上一年增加了4.8个百分点。

3. 劳动保障监察执法力度继续加大[④]

2018年，全国各级劳动保障监察机构共主动检查用人单位138.1万户次，较上一年减少33.8万户次；涉及劳动者6240.3万人次，较上一年减少

---

① 人力资源和社会保障部：《2018年度人力资源和社会保障事业发展统计公报》，2019。
② 人力资源和社会保障部：《2018年度人力资源和社会保障事业发展统计公报》，2019。
③ 人力资源和社会保障部：《2018年度人力资源和社会保障事业发展统计公报》，2019。
④ 人力资源和社会保障部：《2018年度人力资源和社会保障事业发展统计公报》，2019。

670.4万人次。书面审查用人单位199.5万户次，涉及劳动者6792.5万人次。全年共查处各类劳动保障违法案件13.9万件。通过加大劳动保障监察执法力度，为168.9万名劳动者追发工资等待遇160.4亿元。共督促用人单位与劳动者补签劳动合同106.3万份，督促0.9万户用人单位办理社保登记，督促1.9万户用人单位为37.3万名劳动者补缴社会保险费9.3亿元。加强人力资源市场监管，依法取缔非法职业中介机构1235户。

（二）劳动关系工作进展

1. 劳动关系协调员等16个国家职业技能标准颁布

2019年3月，人力资源和社会保障部办公厅下发《关于颁布劳动关系协调员等16个国家职业技能标准的通知》。国家职业技能标准将劳动关系协调员定义为：从事劳动保障法律法规宣传、用人单位劳动标准和劳动规章制度制定、劳动合同管理，参与集体协商、劳企沟通、劳动争议预防与处理等工作的人员。职业技能等级分为：四级/中级工、三级/高级工、二级/技师、一级/高级技师。职业能力特征为：具有较好的调查、判断和分析能力，较好的表达、沟通和说服能力，较好的协调能力、化解冲突和应急处理能力。要求受教育程度为高中毕业（或同等学力）。职业技能鉴定对申报四级、三级、二级、一级劳动协调员从事工作的年限、学历、职业资格等作出了明确规定，并且规定鉴定方式分为理论知识考试、技能考核和综合评审。国家职业技能标准还对劳动协调员的职业道德、具备的基础知识作出了规定，并明确四个等级劳动协调员的具体技能要求和知识要求。

2. 保障农民工工资支付工作考核细则出台

2018年9月，解决企业工资拖欠问题部际联席会议关于印发《2018年度保障农民工工资支付工作考核细则》（以下简称《细则》）的通知。《细则》分为6个类别共18条，分别为：加强组织领导、工程建设领域欠薪源头治理、工资支付保障制度、工资支付诚信体系、依法处置欠薪案件、加强执法能力建设。其中，加强组织领导包括4个年度考核项目：落实省级政府负总责、市县级政府具体负责的工作体制，省级政府对下级政府治欠保支工作进行考核，省级政府对下级政府治欠保支工作实施督查，省级政府建立并落实治欠保支工作问责制度。工程建设领域欠薪源头治理包括2个考核项目：整顿规范建筑市场秩序、推进解决政府投资工程项目欠薪。工资支付保障制度有7个考核项目：健全欠薪预警机制；落实按月足额支付工资规定；加强劳动用工管理，工程建设领域推行实名制管理；建立并落实农民工工资专用账户管理制度；落实工资保证金制度；落实清偿欠薪责任；落实施工现场维权公示牌制度。工资支付诚信体系包括1个考核项目：加强工资支付诚信体系建设，落实失信联合惩戒。依法处置欠薪案件包括3个考核项目：加大执法力度，严厉查处欠薪行为；执法成效；欠薪突发事件应急处置。加强执法能力建设包括1个考核项目：落实《人力资源社会保障部中央编办财政部关于加强劳动保障督察执法能力建设的意见》。

八　人力资源服务业状况与工作进展

2018年，人力资源服务市场规模持续扩大，人力资源服务业发展质量进一步提升；公共就业和人才服务机构数量减少，经营性机构数量增长显著；人力资源市场配置能力进一步提升；人力资源服务业高端业态快速发展；人力资源服务活动有序开展。

（一）人力资源服务业基本状况

1. 人力资源服务市场规模持续扩大，人力资源服务业发展质量进一步提升

据人力资源和社会保障部统计，人力资源服务市场规模近三年持续扩大，2018年行业全年营业总收入达到1.77万亿元，同比增长22.69%，连续三年保持20%以上的年增长率，人力资源服务业已经成为支撑经济发展的重要动能。

人力资源服务业发展质量进一步提升。近三年来从业人员的人均营业收入均保持较高增长，人均营业收入2016年为214万元，至2018年已达275万元。

2. 公共就业和人才服务机构数量减少，经营性机构数量增长显著

截至2018年底，全国共有各类人力资源服务机构3.57万家，比上一年增长5541家。其中，公共人力资源服务机构5180家，比上一年减少79家；经营性人力资源服务机构30523家，比上一年增加5620家。这说明我国推进人力资源配置市场化效果显著，特别是2018年《人力资源市场暂行条例》实施以来，进一步放宽设立人力资源服务机构的准入条件，大力发展人力资源服务业，推动经营性人力资源服务机构数量较快增长。

3. 人力资源市场配置能力进一步提升

2018年，各类人力资源服务机构共帮助2.28亿人次实现就业择业和流动，为3669万家次用人单位提供了服务，同比分别增长12.52%、15.02%，体现了人力资源服务业在促进就业创业和优化人力资源配置方面正在发挥越来越重要的作用。

4. 人力资源服务业高端业态快速发展

2018年，高端业态呈现快速发展态势，全国各类人力资源服务机构为329万家用人单位提供人力资源管理咨询服务，同比增长27.52%；举办培训班37万次，同比增长15.63%；高级人才寻访（猎头）服务成功推荐选聘各类高级人才168万人，同比增长29.23%。根据人社部数据，2018年全国各类人力资源服务机构举办现场招聘会（交流会）23.48万次，同比增长5.29%；现场招聘会提供岗位招聘信息1.14亿条，同比增加9.37%；各类人力资源服务机构通过网络发布岗位招聘信息3.60亿条，同比增长16.84%；通过网络发布求职信息7.29亿条，同比增长16.29%。

（二）人力资源服务业工作进展

1. 全国人力资源市场建设工作座谈会顺利召开

2018年5月23~24日，全国人力资源市场建设工作座谈会在河南郑州召开。会议总结交流了党的十八大以来人力资源市场建设工作经验，研究部署了人力资源市场建设的重点工作。会议要求：第一，坚持充分发挥市场在人力资源配置中的决定性作用和更好发挥政府作用，以服务大局为根本，以

改革创新为动力，以法制建设为基础，紧紧围绕中心，更好发挥市场服务大局作用；第二，以贯彻实施《人力资源市场暂行条例》为契机，健全完善人力资源市场体系；第三，加快发展人力资源服务业，为经济高质量发展提供有效支撑；第四，建立健全高校毕业生基层服务工作机制，促进高校毕业生在基层就业创业、成长成才；第五，建立健全人才流动配置机制，不断提升人才服务水平；第六，加强调配工作科学化规范化建设，为重大战略提供精准服务。

2. 人社部召开电视电话会议部署《人力资源市场暂行条例》贯彻实施工作

2019 年 9 月 13 日，人力资源和社会保障部召开电视电话会议，对《人力资源市场暂行条例》贯彻实施工作进行部署。会议要求：各级人社部门要深入学习条例内容，准确把握条例立法的基本思路以及对适用范围和市场管理体制、政府培育和发展人力资源市场、落实“放管服”改革要求以及人力资源市场活动规范的有关规定，为贯彻实施好条例奠定坚实基础。

3. 开展人力资源服务理论与实践经验研讨

2018 年各级政府、高等院校、研究机构、人力资源服务协会、人力资源服务企业等多方合作组织召开了一系列人力资源服务相关理论研讨会与实践经验交流会，其中，较有代表性的如下。

“2018 中国人力资源服务战略发展大会”。会议由中国对外服务工作行业协会、北京人力资源服务行业协会、上海人才服务行业协会、亚太人才服务研究院以及王通讯人才工作室等共同主办，中国人事科学研究院等为指导单位，主题是“新起点、新高度、中国人力资源服务业回望与前瞻”。“第三届中国人力资源服务业博士后学术交流会”。会议由全国博士后管理委员会办公室、人力资源和社会保障部人力资源市场司主办，中国人民大学劳动人事学院承办，主题为“人力资本：新时代、新增长、新动能”。“第五届中国人力资源服务业创新大会”。会议由中国对外服务工作行业协会，北京、上海、江苏省人力资源服务行业协会等主办，主题为“产品是王道”。

4. 继续举办人力资源服务创新创业大赛

“2018 年中国（宁波）人力资源服务创新创业大赛决赛”。此活动由中国人事科学研究院和宁波市人民政府联合主办，宁波市人力资源和社会保障局、宁波人力资源行业协会承办。大赛始于2015年，是全国首个以“互联网+人力资源+资本”为主轴的国家级人力资源服务业创新创业大赛。本届大赛以“人力资本·创新共享·协同发展”为主题。从来自近20个城市的400余个参赛项目中，最终评选出20个决赛项目。大赛推进人力资源创新项目与资本对接融合的产业平台作用进一步加强，投融资机构与20个决赛项目全部达成投资合作意向，投资资金达到8150万元，同比增长8.5%。其中，薪太软、保准牛、在华外国人才网成为最高投资项目，意向投资金额达1500万元。

九　人力资源发展面临的挑战与任务

2018年，我国人力资源发展为创新发展和民生进步提供了坚实基础。今后一段时间，人力资源发展需要坚持贯彻新发展理念，有效预判并积极应对供给侧结构性改革深入实施、国际竞争环境不确定性增加、人口结构和劳动力结构持续变化等因素带来的挑战。

（一）深入推进人才发展体制机制改革和公共部门人事制度改革，着力打造量增质升的人才队伍，努力培育我国人才发展竞争优势

当前，我国人才队伍建设领域，仍然面临很多挑战，比如，“高精尖”人才短缺；地方人才政策不够协调，帽子多，引进轻质量重数量；技能人才与社会发展需要存在差距，尤其是高技能人才不足；艰苦边远地区和基层一线引才难、留才难；等等。因此，首先，要实施更加积极开放有效的人才政策，加大高层次人才引进和培养力度，尤其是前沿领域的高端人才，为创新人才队伍“输血”。其次，一方面，依托现有相关人才工程，加大紧缺人才和高技能人才培养，积极发掘和培养紧缺和高技能人才，强化产业和行业发展的人才支撑；另一方面，全面推行企业新型学徒制，做好工程技术领域高技能人才与工程技术人才职业发展贯通工作。再次，健全政策体系，强化引

导效应，特别是发挥产业和项目的人才集聚效应，鼓励人才向艰苦边远地区和基层一线流动。最后，强化人才发展保障，为各类人才发挥作用营造良好环境。

当前，我国人才发展体制机制改革取得了一系列成效，但总的来看，深化人才发展体制机制仍然是一项重要而艰巨的任务。具体而言，深化人才发展体制机制改革要做到“五要”。“一要”打开视野、不拘一格选人用人。坚持事业需要什么样的人就选什么样的人，岗位缺什么样的人就配什么样的人，不能论资排辈、平衡照顾；要正确把握事业发展需要和干部成长进步的关系，把合适的干部放到合适的岗位上。“二要”完善人才培养机制。遵循社会主义市场经济规律和人才成长规律，以国家发展需要和社会需求为导向，以培养人才创新精神和创新能力为重点。“三要”改进人才评价机制。避免简单以学术头衔、人才称号确定薪酬待遇、配置学术资源的倾向，推动人才“帽子”、人才称号回归学术性、荣誉性本质。“四要”创新人才流动机制。打破户籍、身份、学历、人事关系等制约，促进城乡、区域、行业人才协调发展，鼓励引导人才向艰苦边远地区和基层一线流动。“五要”健全人才激励机制。让机构、人才、市场、资金充分活跃起来，给人才提供发展通道，激励人才成长。

新时代对公务员队伍建设工作提出了新要求，《公务员法》的修订和《公务员职务职级并行规定》的出台强化了公务员管理的法律和制度保障。但在公务员制度改革过程中，还存在很多改革难点。一是如何完成非领导职务与职级的套改工作。随着职务职级并行规定的出台，对职务职级作出了新的规定，实现相关制度衔接，是当前公务员管理的一项重要任务。二是如何建立除综合管理类以外的公务员职级管理制度应从国家层面作出顶层设计。随着《公务员法》的出台，对综合管理类公务员作出了相关规定，但专业技术类和行政执法类公务员的职级制度尚未建立。三是加快公务员队伍专业化建设。适应新时代的新要求，应进一步强化公务员素质能力提升，建设忠诚干净担当的干部队伍。

坚持事业单位公益属性，更好地为社会服务是当前事业单位改革的宗旨，深化事业单位人事制度改革势在必行。一是继续深化事业单位岗位管理制度。真正实现事业单位能上能下、能进能出的岗位管理制度是事业单位改革的重中之重。二是推进事业单位绩效工资制度改革。利用绩效工资制度激发事业单位人员的活力，使人才为社会和经济发展服务。三是加快事业单位职员制建立。总结相关经验，尽快推进事业单位职员制建立，拓展事业单位人员职业发展空间。四是推进事业单位分类评价体系。根据不同行业和岗位特点，推进人员的分类评价。

（二）加大力度稳就业，坚持实施就业优先战略和更加积极的就业政策，做好公共就业服务

2018～2019年，我国就业形势保持总体稳定：城镇登记失业率和调查失业率都保持在较低水平，重点群体就业保持稳定，劳动力市场供求基本平衡，就业结构不断调整改善，减税降费等举措带动就业效应显著。当前和今后一个时期，劳动力供给仍将持续高位运行，结构性矛盾依然存在，就业质量仍须进一步提高。2019年政府工作报告将稳就业置于“六稳”之首，首次将实施就业优先政策置于宏观政策层面，这充分体现了就业既是经济发展“晴雨表”，也是社会稳定“压舱石”的重要地位和作用。在今后一段时间内，需要进一步加强研究，不仅要回答新形势下就业的重要性问题，更要研究如何稳就业的工具体系，把握新形势下就业的影响要素与影响机理。当前稳就业还是需要做好如下几个方面的工作。

一是健全政策体系强化政策落实，稳定就业增长。强化部门协同，扩大政策视野，强化产业、贸易和投资等各方面政策的就业促进功能。完善就业优先政策落实机制，推动扩大基层就业、企业吸纳就业、灵活就业等各项政策落地见效，尤其是要通过全面推进社保降费、失业保险返还等政策落地，支持企业吸纳就业，鼓励企业不裁员、少裁员。

二是突出重点群体就业。完善高校毕业生就业创业政策，开展专项活动，提高就业指导质量，促进高校毕业生就业创业。统筹推进退役军人、农民工、下岗失业人员、就业困难人员等群体的就业部署。

三是加强技能培训。全面推进技能提升行动，开展多种形式的培训，强化需求导向，在提高培训精准度上下功夫，提高培训质量，提高劳动者就业创业能力。

四是提高服务水平，做好公共就业服务。推行清单制度，推送政策清单、服务清单、服务机构联络清单等；推动公共服务标准化、智慧化、便民化，优化流程，简化手续，提高服务精准度和效率；支持人力资源服务机构提供公共就业创业服务。

五是做好就业帮扶兜底，提高就业帮扶质量，确保零就业家庭动态清零，保证收入来源。

六是加强就业形势分析，做好前瞻预判。

（三）持续推动社保制度改革发展，稳步提升劳动关系调处能力，加大力度治欠保支，助力创新发展环境优化

当前，社会保险制度体系进一步完善，扩面提水平降费率成效明显，对稳定发展和激发活力提供了良好保障。今后一段时间，仍然需要稳步推进制度建设，加强分析研判，保扩面保足额发放又要坚持降低费率，在开源提效方面下功夫。

和谐的劳动关系是企业创新发展的稳定器。当前我国的劳动关系总体保持和谐稳定，劳动人事争议案件调解仲裁效能不断提升，治理拖欠农民工工资力度进一步加大。面对形势发展，一是继续加强企业劳动用工指导和服务，稳妥推进集体协商和集体合同制度实施，优化三方机制，推进和谐劳动关系发展。二是加强调解仲裁工作。继续完善劳动人事争议仲裁办案机制、公共服务制度，研究建立健全办案指导制度，进一步提高争议处理效能。三是要强化组织领导和统筹协同，加大治欠保支力度。2019 年 8 月国务院决定成立国务院根治拖欠农民工工资工作领导小组，进一步加强了对根治拖欠农民工工资工作的组织领导和统筹协调。根治欠薪，是综合工程，需要以重点领域为突破口，在完善机制、营造环境上下功夫，切实落实企业主体责任。

（四）加强行风建设，切实提高人力资源公共服务水平

人力资源社会保障与民生紧密相关，当前人社领域“放管服”改革持续推进，公共服务便民化程度逐步提高，公共服务标准进一步完善，窗口经办队伍建设稳步加强。但是在具体公共服务过程中还存在证明材料多、排队时间久、办结时限长、设施不便民、热线不好打等问题。因此，加强公共服务任务仍然很重。一是要强化服务理念，深化放管服改革研究，完善服务清单（指南）编制发布及动态调整机制，不断提高服务便民程度。二是加强公共服务标准化建设，加大各地方、各区域公共服务标准建设支持力度，推动人社公共服务标准化建设。三是加强公共服务人员队伍建设，转变工作作风，逐步构建服务素质能力框架和服务标准体系，提升服务水平。四是加强公共服务平台建设，健全多级平台体系。五是充分利用“互联网+”技术，加强信息化建设，让系统跑路，提高公共服务效能。

人力资源状况篇

Current Situation of Human Resources

B.2

我国人力资源基本状况分析

李学明*

摘　要：随着我国经济社会发展进入新时代，人口质量与城镇化水平大幅提高，人力资源发展继续保持良好态势。人才队伍建设成效显著，科技、教育、卫生人才规模不断壮大，留学人才回国数量持续增长。当前，人力资源发展总体呈现出人口老龄化加速、劳动年龄人口持续减少、人力资源素质大幅提高的趋势性特征。有效应对人力资源发展变化，应适度拓展人力资源职业发展渠道与周期，大力发展“高精尖缺”人才队伍，着力完善职业教育和培训体系。

* 李学明，博士，中国人事科学研究院公共管理与人事制度研究室助理研究员，研究领域为政府公共管理与服务、公共政策、公务员管理、人事人才开发、非营利组织管理及公共危机管理等领域。

关键词： 人力资源　职业教育　人才队伍建设

一　人力资源基本状况

我国人口众多，人力资源丰富。随着新时代经济社会持续发展和民生事业不断改善，我国人口质量大幅提高，城镇化水平不断提升，人力资源发展继续保持良好态势，人才队伍建设取得显著成效，有效支撑和保障了经济社会可持续发展和综合国力的提升。

（一）人力资源总量保持基本稳定

1. 人口总量仍呈增长态势

我国人口总量居于世界前列，截至 2018 年底，我国大陆总人口 139538 万人，同比增长 0.38%。全年出生人口数量 1523 万人，出生率 10.94‰，同比下降 1.49 个千分点；死亡人口数 993 万人，死亡率 7.13‰，同比增长 0.02 个千分点，人口自然增长率 3.81‰，同比下降 1.51 个千分点。[①] 全国人户分离人口[②] 2.86 亿人，其中流动人口[③] 2.41 亿人，同比减少 300 万人，同比下降 1.23%，如表 1 所示。

自改革开放以来，我国人口总规模一直保持增长态势，但年均增幅却在逐步下降。2018 年，我国总人口比 1980 年增加 40833 万人，增长 41.4%，总体增幅明显，但年增长率却从 1980 年的 11.9‰下降至 2018 年的 3.8‰，如图 1 所示，增长率明显趋缓。从近 40 年来的人口发展趋势看，未来一段时期内人口总量仍可能呈现增长态势，这决定了在相当长时期内我国仍将是

① 国家统计局：《中华人民共和国 2018 年国民经济和社会发展统计公报》，2019。

② 人户分离的人口是指居住地与户口登记地所在的乡镇街道不一致且离开户口登记地半年以上的人口。

③ 流动人口是指人户分离人口中扣除市辖区内人户分离的人口。市辖区内人户分离的人口是指一个直辖市或地级市所辖区内和区与区之间，居住地和户口登记地不在同一乡镇街道的人口。

世界上人口最多的国家，仍将具有比较充足的劳动力供应。但长期的低生育率可能导致人口负增长时代的加速到来，[①] 从而影响到劳动力供应。

表 1　2018 年底我国大陆人口总量及其构成

单位：万人，%

指　标	年末数	比重	同比
全国总人口	139538	100.0	0.38
城镇	83137	59.6	1.1
乡村	56401	40.4	-1.1
男性	71351	51.1	-0.1
女性	68187	48.9	0.1
0～15 岁(含不满 16 周岁)[①]	24860	17.8	0
16～59 岁(含不满 60 周岁)	89729	64.3	-0.6
60 周岁及以上	24949	17.9	0.6
其中:65 周岁及以上	16658	11.9	0.5

注：2018 年底，0～14 岁（含不满 15 周岁）人口为 23523 万人，15～59 岁（含不满 60 周岁）人口为 91066 万人。

资料来源：国家统计局《中华人民共和国 2018 年国民经济和社会发展统计公报》，2019。

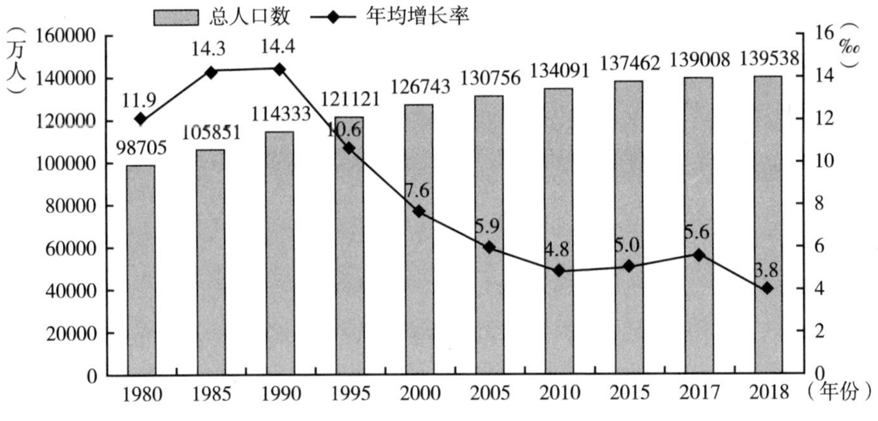

图 1　1980～2018 年我国人口总量情况

资料来源：国家统计局历年《中华人民共和国国民经济和社会发展公报》。

① 易富贤、苏剑：《2018 年：历史性的拐点——中国人口开始负增长》，《证券时报》2019 年 1 月 3 日。

2. 常住人口城镇化水平不断提高

城镇化是农村人口不断向城镇集中的过程。据《中国新型城镇化建设路径与投资战略规划分析报告》的结论，我国新型城镇化是世界最多人口的城镇化。截至 2018 年底，我国城镇常住人口 83137 万人，[①] 占总人口的 59.6%，同比增加 1790 万人，常住人口城镇化率同比提高 1.1 个百分点。2008～2018 年，我国城镇常住人口快速增长，总体增幅较大，常住人口城镇化率大幅提高了 13.9 个百分点，如图 2 所示，城镇化率稳步上升，城镇化水平不断提高。

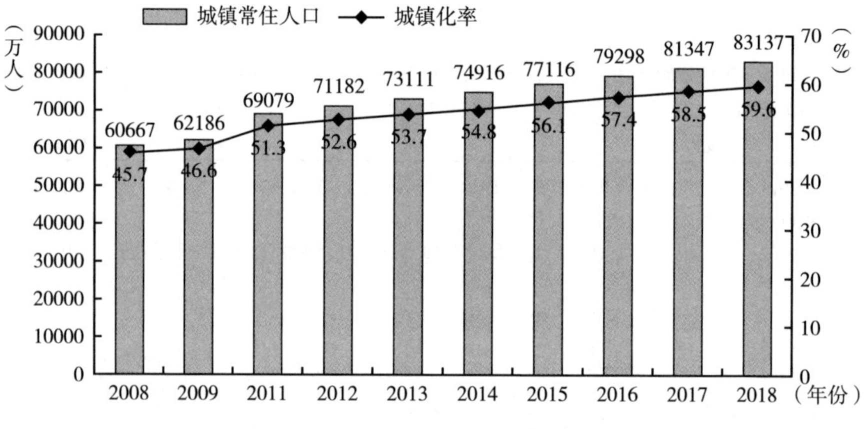

图 2　2008～2018 年我国城镇常住人口及城镇化率状况

资料来源：国家统计局历年《中华人民共和国国民经济和社会发展统计公报》。

3. 劳动年龄人口总量持续下降

我国人力资源的快速增长和充足供给曾是经济高速发展的重要条件。进入 21 世纪后，人力资源供给发生了重大变化，劳动年龄人口减少，人力资源供给总量开始下降。[②] 2007～2018 年，我国劳动年龄人口总体呈现下降趋势。近 12 年来，劳动年龄人口总量在 2011 年达到峰值，从 2012 年出现下

① 国家统计局：《中华人民共和国 2018 年国民经济和社会发展统计公报》，2019。

② 张车伟：《人口与劳动绿皮书：中国人口与劳动问题报告 No. 19》，社会科学文献出版社，2019。

降“拐点”，形成“七连降”的局面，如图3所示。总体来看，劳动年龄人口每年下降的绝对值在400万~500万人。在未来较长时期内，劳动年龄人口还可能持续加速减少。劳动年龄人口总量持续下降，势必在今后一段时期内引起劳动力总体规模的下降，进而导致劳动从业人口绝对值的下降。

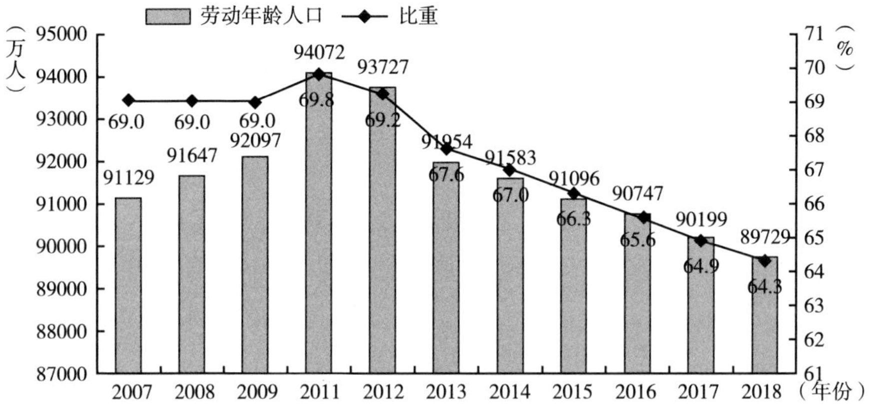

图3　2007~2018年我国劳动年龄人口情况

注：2007~2012年统计口径为15~59岁，2013~2017年统计口径为16~59岁。
资料来源：国家统计局历年《中华人民共和国国民经济和社会发展统计公报》。

（二）人力资源素质稳步提高

1. 劳动者平均受教育年限大幅提高

劳动者平均受教育年限是衡量人力资源受教育程度最重要的指标。2017年我国劳动者平均受教育水平以中等教育为主，年限达10.5年，比21世纪初有大幅提高，提高了2.53年，如图4所示，2000~2017年，年均增幅在1.9%以上。但劳动者平均受教育年限距离发达国家12年的标准还有一定差距，仍有较大提升空间。因此，大幅度对劳动人口开展教育培训，提升其素质，将是维持人口红利比较重要的手段。

2. 青年受教育程度稳步提高

劳动者整体素质大幅提升，很大程度上得益于青年群体受教育程度稳步提高。2018年，我国研究生、普通本专科、中等职业教育、普通高中的教

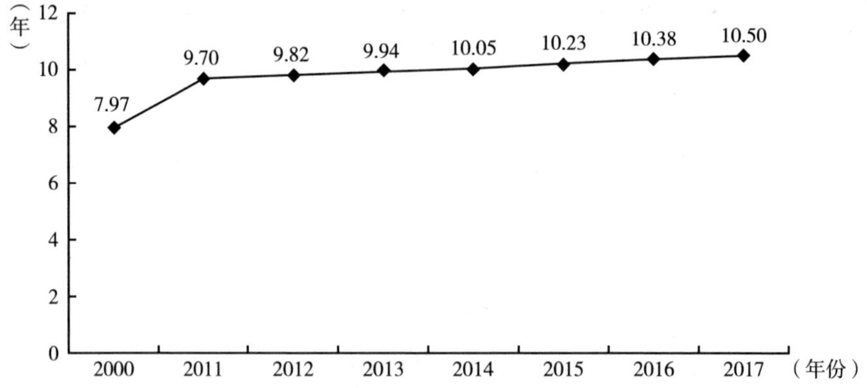

图 4　2000～2017 年我国劳动者平均受教育年限状况

资料来源：历年国务院政府工作报告与国家统计局《中华人民共和国国民经济和社会发展统计公报》。

育招生规模持续扩大。全国普通本专科在校生达 2831 万人，比 2014 年增加 280 多万人，年均增幅达 2.7% 以上。在校研究生规模达 273.1 万人，比 2014 年增加 88.3 万人，年均增幅达 11.9% 以上。但在校中等职业教育学生数量却从 2014 年的 1802.9 万人下降到 2018 年的 1555.2 万人，如图 5 所示，年均降幅 3.4%，呈现大幅下降趋向。

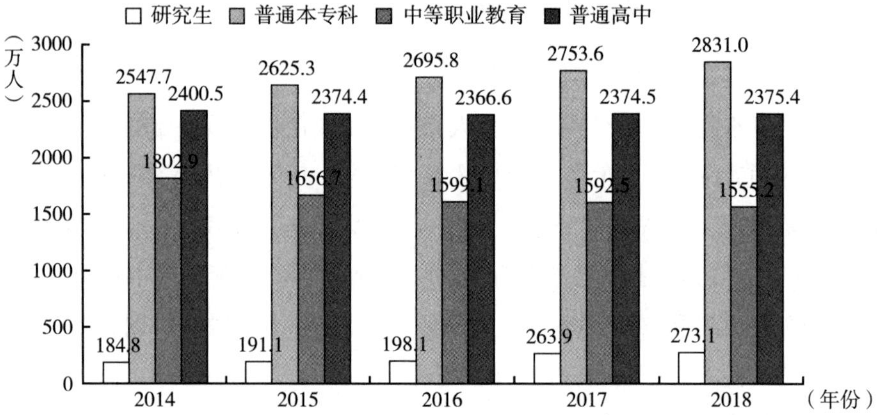

图 5　2014～2018 年我国青年在校生受教育规模状况

资料来源：国家统计局历年《中华人民共和国国民经济和社会发展统计公报》。

高校毕业生数量相应地逐年增长。2018 年我国普通本专科毕业生达 753.3 万人，比 2014 年增加近 94 万人，年均增幅达 3.5%。研究生毕业生规模达 60.4 万人，比 2014 年增加 6.8 万人，如图 6 所示，年均增幅达 3.1%。我国高中毕业生从 21 世纪初突破百万人，到 2018 年达 779.2 万人，年均增长速度非常快，相当程度上反映了劳动力整体素质的提升。

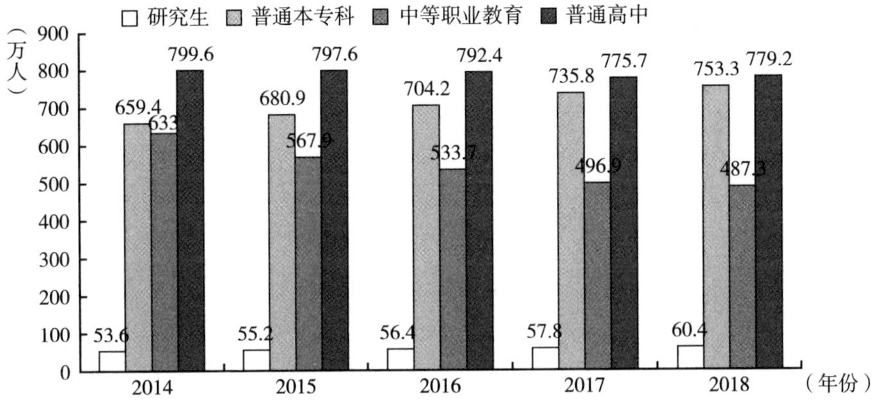

图 6　2014～2018 年我国青年毕业生规模状况

资料来源：国家统计局历年《中华人民共和国国民经济和社会发展统计公报》。

3. 义务教育普及规模增长较快

2018 年，我国初中、普通小学招生规模分别达到 602.6 万人、1867.3 万人，同比分别增加 55.4 万人、100.7 万人，增长率分别为 3.6% 和 5.7%。初中、普通小学在校生人数分别为 4652.6 万人、10339.3 万人，同比分别增加 210.5 万人、245.6 万人，增长率分别为 4.7% 和 2.4%。初中毕业生数量为 1367.8 万人，同比减少 29.7 万人，下降率为 2.1%；普通小学毕业生数量为 1616.5 万人，同比增加 50.6 万人，增长率为 3.2%。特殊教育招生人数为 12.4 万人，同比增加 1.3 万人，增长率为 11.7%；在校生 66.6 万人，同比增长 15.0%；毕业生 8.1 万人，同比增长 17.4%。九年制义务教育巩固率达 94.2%，同比增长 0.4 个百分点，直升高中阶段毛入学率 88.8%，同比增长 0.5 个百分点。①

① 国家统计局：《中华人民共和国 2018 年国民经济和社会发展统计公报》，2019。

4. 全员劳动生产率稳步增长

全员劳动生产率是根据产品的价值量指标计算的单个从业人员在单位时间内的产品生产量，是考核人力资源素质水平和经济活动的核心指标。近年来，我国全员劳动生产率总体呈现增长态势，但增幅正在下降。2013 年全员劳动生产率为7.3%，到2018 年下降至6.6%，绝对值总体下降了 0.7 个百分点，但年均劳动生产率基本为6.4% ~7.3%，如图7 所示，增幅较为平稳。

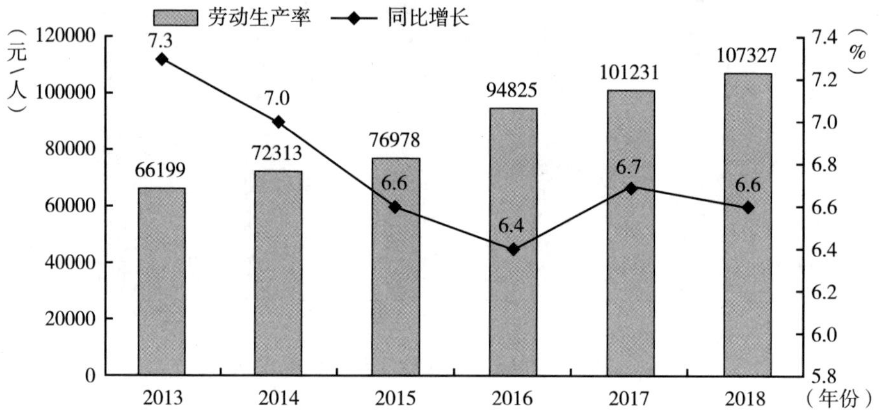

图7　2013 ~ 2018 年我国全员劳动生产率增长状况

资料来源：国家统计局历年《中华人民共和国国民经济和社会发展统计公报》。

（三）人力资源产业结构持续优化

我国深入推进经济供给侧结构性改革，增强供给体系质量优势，使经济转型升级步伐大大加快，人力资源产业分布结构不断调整优化。人力资源产业分布结构显示，第三产业就业人员占比逐年递增。截至 2018 年底，全国就业人员中，第一产业占 26.1%，同比下降 0.9 个百分点；第二产业占 27.6%，同比下降 0.5 个百分点；第三产业占 46.3%，同比增长 1.4 个百分点，如图 8 所示。[①] 2008 年以来的十多年间，总体来看，我国第二产

① 人力资源和社会保障部：《2018 年度人力资源和社会保障事业发展统计公报》，2019。

业就业人员占比没太大变化，仅上升了 0.4 个百分点，但第一产业就业人员占比下降了 13.5 个百分点，第三产业就业人员占比相应地上升了 13.1 个百分点。

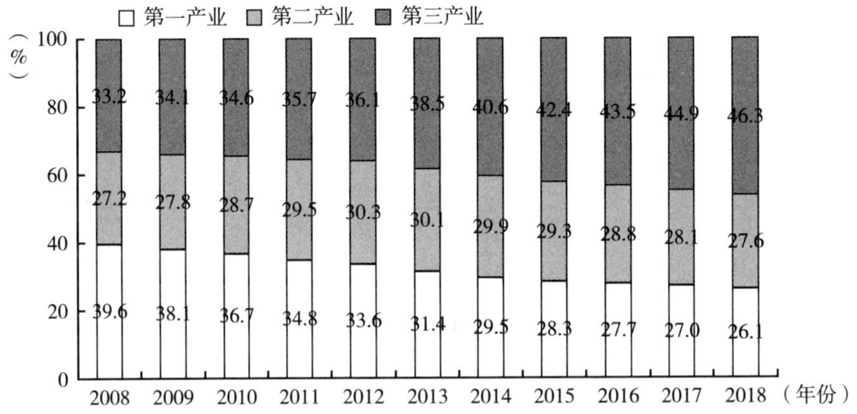

图 8　2008～2018 年我国就业人员产业分布结构

资料来源：人力资源和社会保障部历年《人力资源和社会保障事业发展统计公报》。

从人力资源的产业分布看，人力资源总体上是持续向第三产业转移，第三产业就业人员逐年平稳增长，如图 9 所示，其占比逐年提高。纵观 2011～2018 年我国就业人员的产业构成，如图 10 所示，第一、二产业就业人员的占比稳步下降，第三产业就业人员占比稳步上升，已超过 46%，近 7 年来年均增长率达 1.5%，我国人力资源产业分布结构呈现持续优化态势。

（四）人才队伍建设成效显著

2018 年，我国进一步加强人才队伍建设，各领域人才队伍建设取得明显成效。

1. 科技人才队伍发展有效强化了创新驱动力

科技人才资源是创新发展的第一资源，是创新驱动发展最宝贵的战略资源。我国一直高度重视科技人才发展，科技人才队伍建设持续稳步发展。

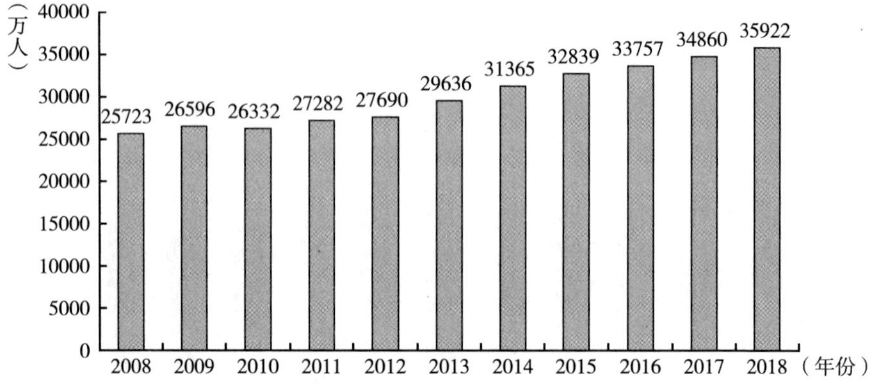

图 9　2008～2018 年我国第三产业就业人员总体规模

资料来源：人力资源和社会保障部历年《人力资源和社会保障事业发展统计公报》。

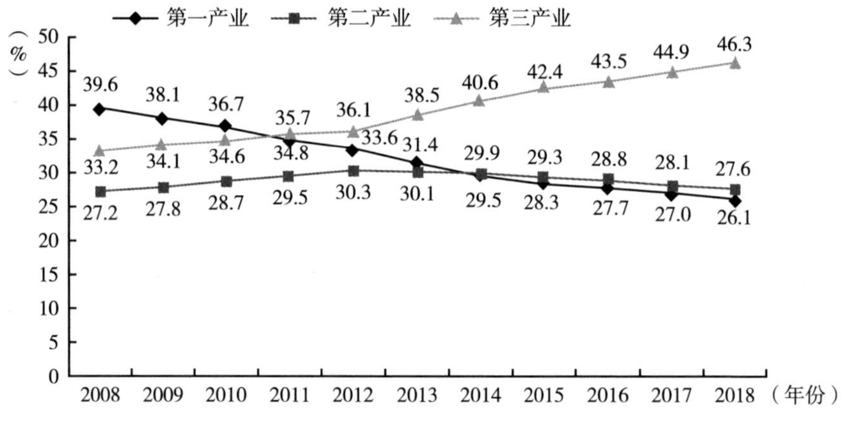

图 10　2008～2018 年我国就业人员产业构成情况

资料来源：人力资源和社会保障部历年《人力资源和社会保障事业发展统计公报》。

（1）科技人才资源总量平稳增长

2017 年，我国科技人力资源总量达 8705 万人，比上年增加 404 万人，同比增长 4.9%，比 2011 年增加 2405 万人，增长 38.2%。按全时当量统计，R&D 人员总数达 403.4 万人年，比上年提升 0.8%。高学历人才比重上升，截至 2017 年底，大学本科及以上学历的科技人力资源总量已超过

3934 万人，如图 11 所示，同比增长 7.1%，科学研究人员规模居世界首位。①

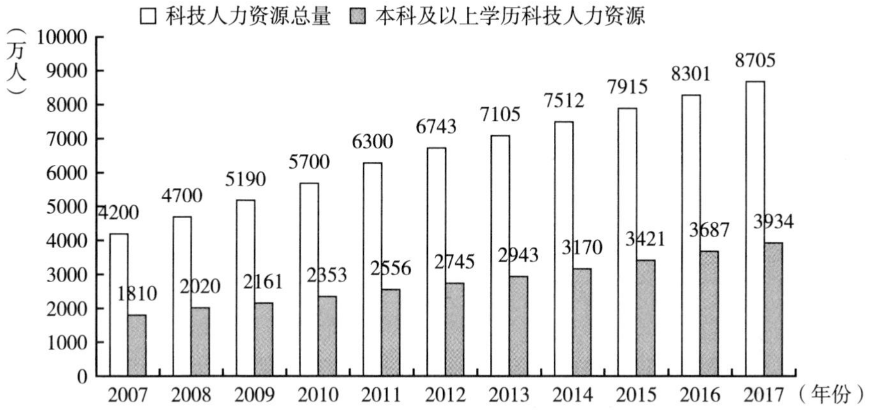

图 11　2007～2017 年我国科技人力资源情况

资料来源：科技部历年《中国科技人力资源发展状况》。

（2）科技人才事业发展保障进一步加强

2018 年，科技人员科研项目经费支出大幅增长。全年研发（R&D）经费支出达 19657 亿元，同比增加 2157 亿元，增长率为 11.6%，如图 12 所示。科研项目支出占国内生产总值的 2.18%，同比增长 0.06 个百分点，其中，基础研究投入 1118 亿元，同比增长 21.5%，如图 13 所示。② 科技人员重大研发项目立项强度继续加大。国家重点研发计划安排了 1052 个科技项目，科技重大专项安排课题 563 项，同比增长 24.0%，国家自然科学基金资助项目 44504 项，同比增长 1.3%。③

2018 年，我国继续加强科技人才科研平台建设。截至 2018 年底，我国累计建设了 132 个国家工程研究中心、217 个国家工程实验室、501 个国家重点实验室和 1480 家国家认定的企业技术中心。国家科技成果转化引导基

① 科技部：《2017 年我国科技人力资源发展状况分析》，2019。
② 国家统计局：《中华人民共和国 2018 年国民经济和社会发展统计公报》，2019。
③ 国家统计局：《中华人民共和国 2018 年国民经济和社会发展统计公报》，2019。

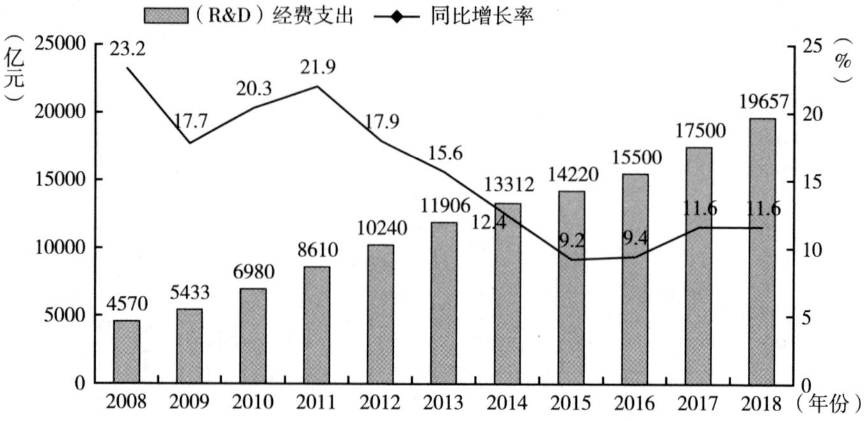

图 12　2008～2018 年我国科技人才研发经费支出

资料来源：国家统计局历年《中华人民共和国国民经济和社会发展统计公报》。

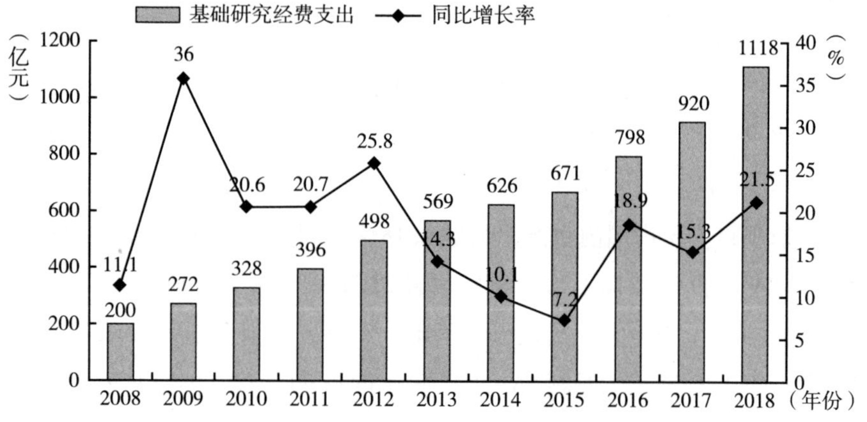

图 13　2008～2018 年我国科技人员基础研究经费投入

资料来源：国家统计局历年《中华人民共和国国民经济和社会发展统计公报》。

金总规模达 313 亿元，累计设立了 21 只子基金，资金规模同比增加 65.8 亿元，增长率为 26.6%。[①]

① 国家统计局：《中华人民共和国 2018 年国民经济和社会发展统计公报》，2019。

（3）科技人才创新成效明显

2018 年，我国境内外科技人员专利申请和授予量快速增长。全年专利权申请受理 432.3 万件，比上年增加 62.5 万件，增长率为 16.9%；专利权授予 244.7 万件，比上年增加 61.1 万件，增长率为 33.3%，如表 2、图 14 所示。截至 2018 年底，共获得 838.1 万件有效专利，同比增加 123.3 万件，其中境内发明专利 160.2 万件，同比增加 24.6 万件，增长率为 18.1%，如图 14 所示。每万人发明专利拥有量 11.5 件，同比增加 1.7 件，如图 15 所示。全年共签订技术合同 41.2 万项，同比增加 4.4 万件。[①]

表 2　2018 年科技人员专利申请受理、授权和有效专利情况

单位：万件，%

指　标	专利数	比上年增长
专利申请受理数	432.3	16.9
境内专利申请受理	412.1	17.3
专利申请授权数	244.7	33.3
境内专利授权	231.9	36.0
年末有效专利数	838.1	17.3
境内有效专利	739.9	19.3
有效发明专利	236.6	13.5
境内有效发明专利	160.2	18.1

资料来源：国家统计局《中华人民共和国 2018 年国民经济和社会发展统计公报》，2019。

2. 教育人才队伍建设有力支撑了教育事业持续快速发展

近年来，我国深入推进教育改革，教育人才发展成效明显，有力支撑了教育事业持续快速发展。2018 年，我国教师队伍总量持续增加，各类专任教师总量达 1673 万人，同比增加 46 万人，增长率为 2.8%，如图 16 所示。[②] 2014～2018 年，学前教育、小学、初中、高中、高校各阶段专任教师数量均保持平稳增加，如图 17 所示。据教育部《2018 年教育统计数据》，

① 国家统计局：《中华人民共和国 2018 年国民经济和社会发展统计公报》，2019。

② 教育部：《2018 年全国教育事业发展基本情况统计》，2019。

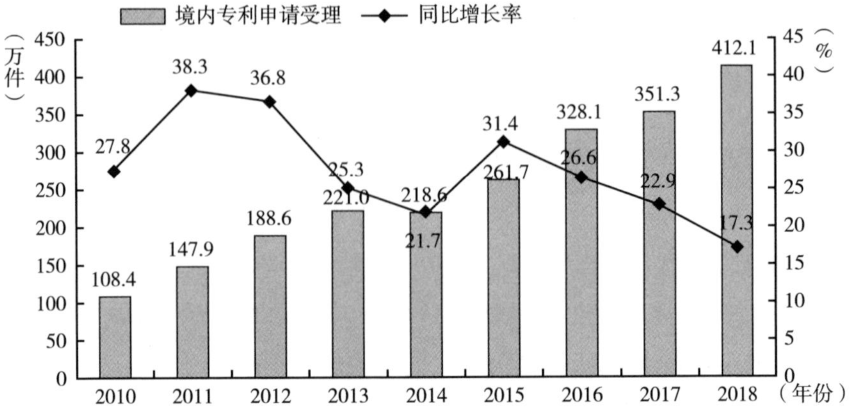

图 14　2010～2018 年我国境内科技人才专利申请受理量

资料来源：国家统计局历年《中华人民共和国国民经济和社会发展公报》。

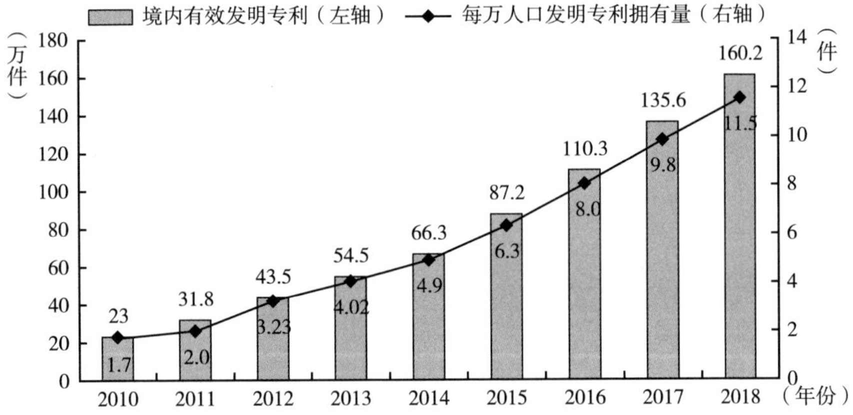

图 15　2010～2018 年我国境内有效发明专利和每万人口专利拥有量

资料来源：国家统计局历年《中华人民共和国国民经济和社会发展公报》。

随着教师年龄结构不断优化、学历结构不断改善，各类专任教师配置状况得到总体改善。但值得关注的是，中等职业教育专任教师总量却在逐年减少，如图 18 所示。①

① 教育部：《2018 年全国教育事业发展基本情况统计》，2019。

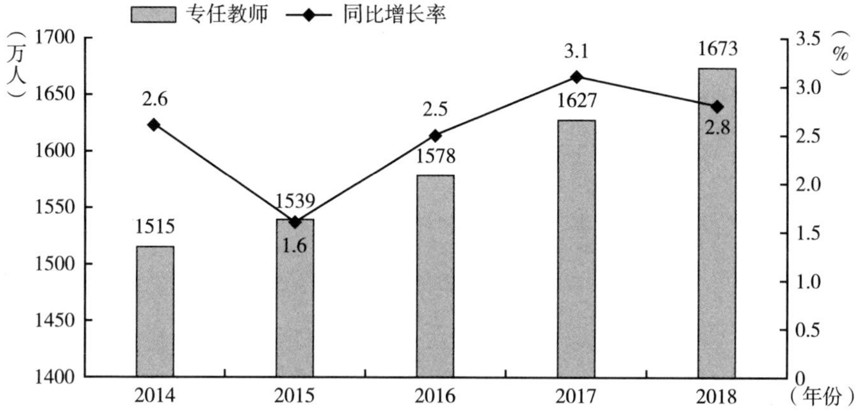

图 16　2014～2018 年我国专任教师总量情况

资料来源：教育部历年《中国教育事业发展基本情况》。

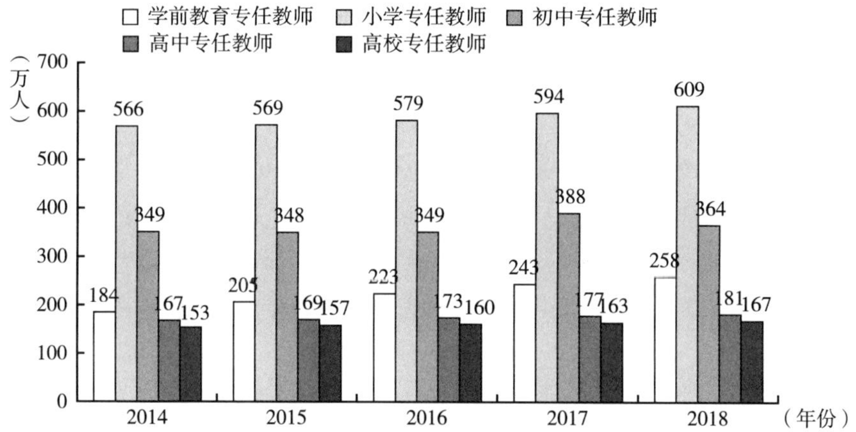

图 17　2014～2018 年我国非职业教育专任教师数量

资料来源：教育部历年《中国教育事业发展基本情况》。

教育人才发展水平是决定教育普及程度的关键要素。据教育部《2018 年教育统计数据》，2014～2018 年，学前教育、小学、初中、高中、高校各阶段专任教师队伍规模持续扩大，提高了基本公共教育服务水平，改善了教育发展保障条件，有效支撑了县乡义务教育均衡发展，提升了教育普及程度与教育公平性。

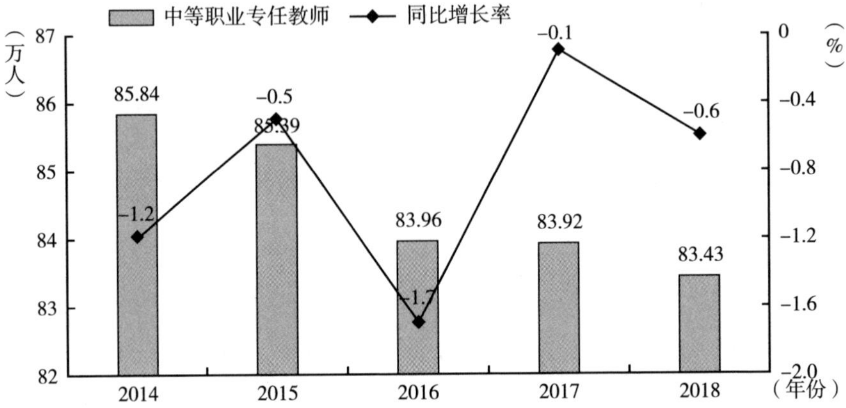

图 18　2014～2018 年我国中等职业教育专任教师数量

资料来源：教育部历年《中国教育事业发展基本情况》。

3. 卫生人才队伍规模不断壮大

2018 年末，我国卫生人才队伍数量再创新高，达到 950 万人，比上年增加 59 万人，同比增长 6.6%；比 2008 年末增加 433 万人，增长 83.8%，如图 19 所示。各类各级卫生和社会服务机构建设取得明显进展，全国共有 100.4 万个医疗卫生机构，其中乡镇卫生院达 3.6 万个，社区卫生服务中心（站）3.5 万个。执业医师和执业助理医师 358 万人，同比增加 23 万人，增长率为 6.9%，注册护士 412 万人，同比增加 33 万人，增长率为 8.7%。[①]

4. 留学人才回国数量持续稳定增长

我国一直着力构建更积极、更开放、更有效的引才制度体系，促进留学人才回国服务工作更好发展。据教育部最新年度统计数据，2018 年我国出国留学与留学回国人才数量均保持持续平稳增长。全年留学回国人数 51.9 万人，同比增加 3.8 万人。截至 2018 年末，我国留学回国人才总量已达 365.1 万人，同比增加 51.9 万人，同比增长 16.6%。[②] 2008 年，出国留学

① 国家统计局：《中华人民共和国 2018 年国民经济和社会发展统计公报》，2019。

② 教育部：《2018 年度我国出国留学人员情况统计》，2019。

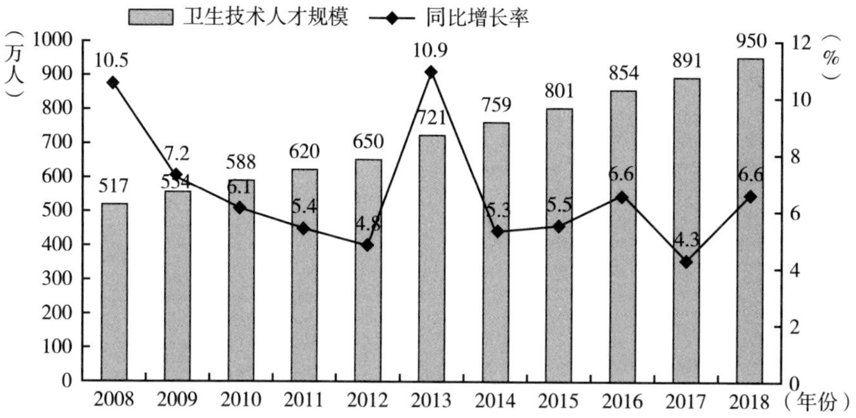

图 19　2008～2018 年我国卫生技术人才规模

资料来源：国家统计局历年《中华人民共和国国民经济和社会发展统计公报》。

选择回国发展的人员占出国留学人员的比例为 38.3%，到 2018 年，这一比例增长到 78.4%，最近六年每年的留学回国比例均保持在 78% 以上，如图 20 所示。

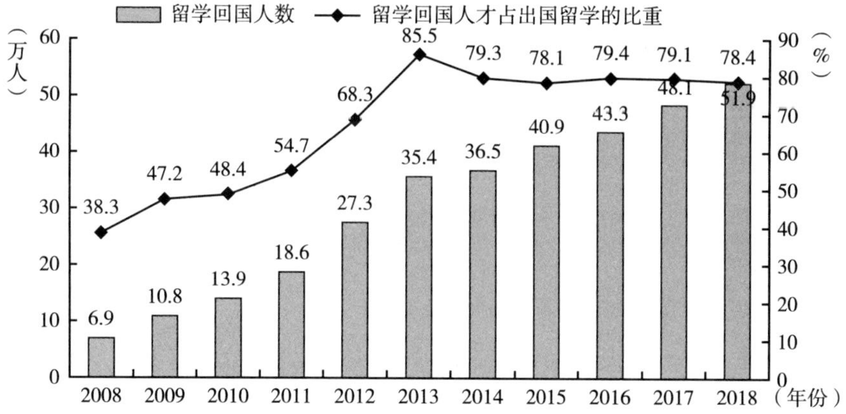

图 20　2008～2018 年我国出国留学选择回国发展的留学人数及比例

资料来源：教育部《2018 年度我国出国留学人员情况统计》，2019。

留学回国与出国留学人数“逆差”正逐步缩小。2018 年，我国出国留学人数、留学回国人数分别达到 66.2 万人、51.9 万人，比 2008 年分别增长48.2万人、45万人，如图21所示，分别增长2.68倍和6.52倍。[①] 2008年，出国留学与留学回国人数的比例为2.61∶1，到2018年，这一比例骤降至1.28∶1。学成后选择回国发展的留学人才比例接近八成，留学回国与出国留学人数“逆差”正逐步缩小。

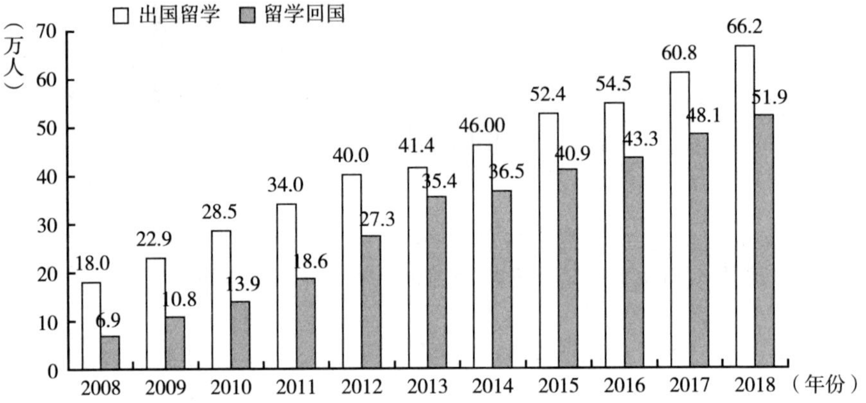

图21　2008～2018年我国出国留学与留学回国人数

资料来源：教育部《2018年度我国出国留学人员情况统计》，2019。

（五）国民社会保障水平不断提升

1. 人力资源参保水平进一步提高

2018年，我国进一步完善社会保障制度，国民参保人数继续平稳增长，如图22所示。

（1）基本养老保险参保人数增长较快

基本养老保险参保人数保持较快速增长。截至2018年底，全国94293万人参加基本养老保险，同比增长3.0%。其中，41902万人参加城镇职工基本养老保险，同比增长4.0%；参保职工30104万人，参保离退休人员11798万人，同比分别增加836万人和772万人；52392万人参加城乡居民

① 教育部：《2018年度我国出国留学人员情况统计》，2019。

基本养老保险，同比增加 1137 万人，增长率为 2.2%。[①] 全国享受城市居民最低生活保障的人数 1008 万人，享受农村居民最低生活保障的人数 3520 万人，享受农村特困人员救助供养人数 455 万人。[②]

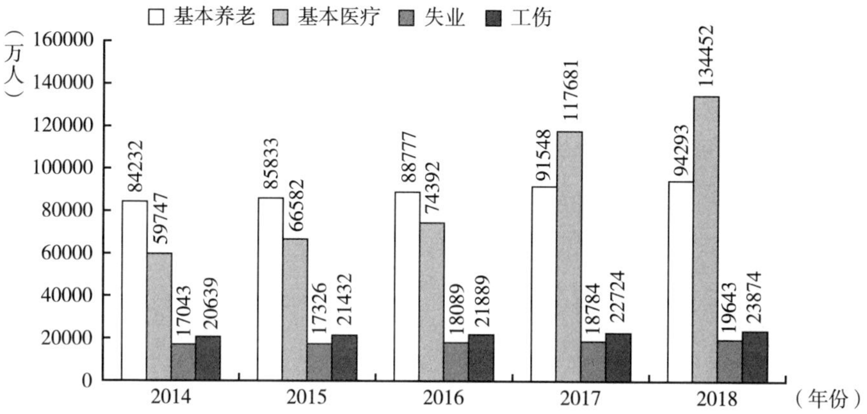

图 22　2014～2018 年我国社会保险参保人数状况

资料来源：人力资源和社会保障部历年《人力资源和社会保障事业发展统计公报》；国家医保局《2018 年医疗保障事业发展统计快报》，2019。

（2）基本医疗保险参保人数大幅增长

截至 2018 年底，全国共有 134452 万人参加城乡基本医疗保险，同比增加 16771 万人，增长率为 14.3%。其中，31673 万人参加职工基本医疗保险，同比增加 1351 万人，增长率为 4.5%；89741 万人参加城乡居民基本医疗保险，同比增加 2382 万人，增长率为 2.7%。[③] 全年国家共资助参加基本医疗保险的人数为 4972 万人，医疗救助人次为 3825 万人次。[④]

（3）失业、工伤和生育保险参保人数稳定增长

截至 2018 年底，全国共有 19643 万人参加失业保险，同比增长 4.6%。全国 223 万人领取失业保险金，同比增长 1.4%。23874 万人参

---

① 人力资源和社会保障部：《2018 年度人力资源和社会保障事业发展统计公报》，2019。

② 国家统计局：《中华人民共和国 2018 年国民经济和社会发展统计公报》，2019。

③ 国家医保局：《2018 年医疗保障事业发展统计快报》，2019。

④ 国家统计局：《中华人民共和国 2018 年国民经济和社会发展统计公报》，2019。

加工伤保险，同比增长5.1%[1]，其中，8085 万农民工参加工伤保险，同比增长3.6%。[2] 20435 万人参加生育保险，同比增加 1135 万人，增长率为5.9%。[3]

2. 劳动工资水平不断提高

人力资源工资水平一定程度上反映劳动保障水平与劳动生产率水平。我国人力资源工资水平不断提高有两个方面的典型表现：一是城镇就业人员年平均工资逐年平稳增长。2010～2018 年，非私营单位年增长率均保持在11.0%以上；私营单位年增长率在2011 年达到峰值后逐年下降，如图 23 所示，但仍呈现总体增长的趋向；二是外出农民工人均月收入保持平稳增长态势，如图 24 所示，但增幅在逐年变小。这说明劳动工资水平总体呈现增长趋向，但增长的幅度正在逐渐降低。劳动工资水平增长，既提升了人力资本价值，也确实提高了劳动保障水平。

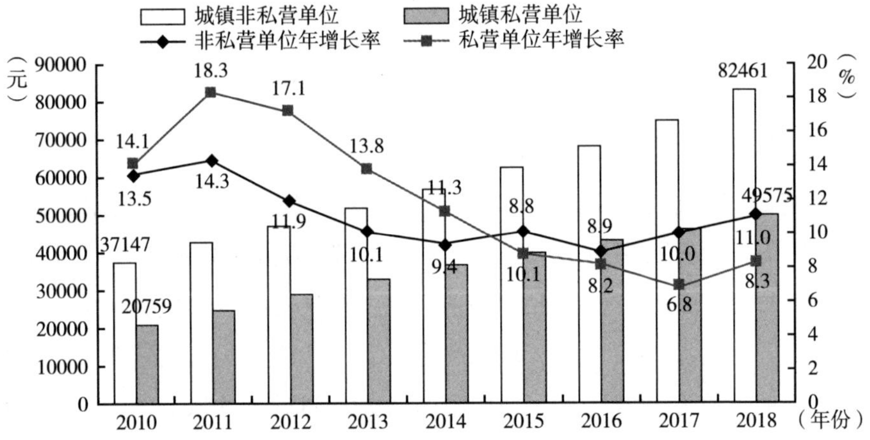

图 23　2010～2018 年我国城镇就业人员年平均工资

资料来源：人力资源和社会保障部历年《人力资源和社会保障事业发展统计公报》；国家统计局《中华人民共和国 2018 年国民经济和社会发展统计公报》，2019。

① 人力资源和社会保障部：《2018 年度人力资源和社会保障事业发展统计公报》，2019。

② 国家统计局：《中华人民共和国 2018 年国民经济和社会发展统计公报》，2019。

③ 国家医保局：《2018 年医疗保障事业发展统计快报》，2019。

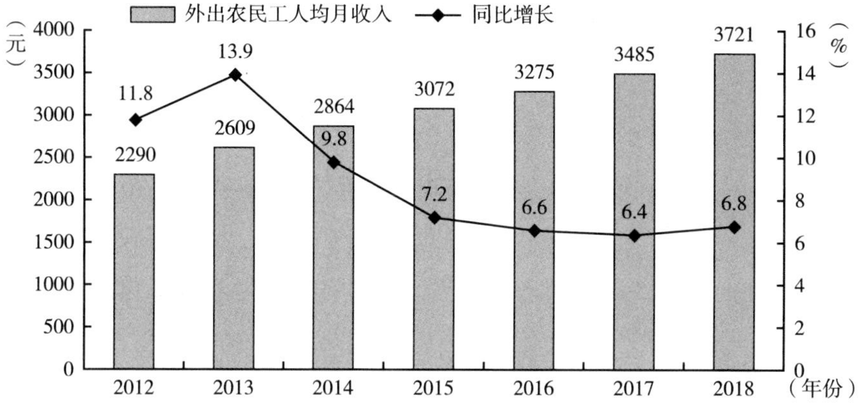

图 24　2012～2018 年我国外出农民工人均月收入

资料来源：人力资源和社会保障部历年《人力资源和社会保障事业发展统计公报》；国家医保局《2018 年医疗保障事业发展统计快报》，2019。

3. 人均可支配收入平稳增长

居民人均可支配收入是决定消费开支的最重要因素，常被用作衡量一个国家人力资源保障水平。2018 年，全国居民人均可支配收入达 28228 元，同比增长 8.7%，扣除价格因素，同比实际增长 6.5%，如图 25 所示。居民

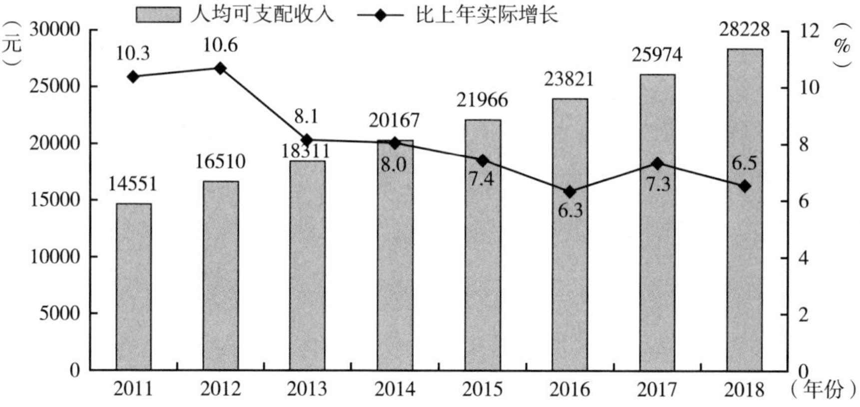

图 25　2011～2018 年我国人均可支配收入情况

资料来源：国家统计局历年《中华人民共和国国民经济和社会发展统计公报》。

人均可支配收入水平的中位数[①]为24336元，同比增加1928元，同比增长8.6%。2010～2018年，居民人均可支配收入增加了13677元，增长94%，年均增长率达13.4%以上。

二　人力资源发展趋势

随着新时代经济社会的稳健发展，人力资源发展总体呈现出如下四大趋势。

（一）劳动年龄人口持续减少，人口红利逐步缩小

进入21世纪，我国劳动年龄人口总体呈现下降态势。劳动年龄人口总量在2011年形成峰值，2012年成为下降“拐点”，之后一直递减。总体来看，劳动年龄人口总量下降通道已经形成。充足的劳动力供给曾为我国经济高速发展和经济比较优势形成提供了重要资源，凸显了丰厚的人口红利。在未来较长时期内，劳动年龄人口总量的持续下降，劳动年龄人口的加速减少，以及人口负增长时代的到来，势必引起劳动从业人口总体规模的下降，进而导致人口红利逐步缩小。

（二）人口加速老龄化，劳动力供给格局发生较大变化

据国家统计局发布的《中华人民共和国2018年国民经济和社会发展统计公报》，2018年，我国60周岁及以上人口首次超过0～15岁的人口。梳理2018年各地国民经济和社会发展统计公报发现，23个已公布人口年龄结构的省份均呈现人口快速老龄化趋向，且已全部呈现人口老龄化态势。与此同时，上海、四川、重庆、江苏、辽宁和山东6个省份人口更是已进入“深度老龄化”。[②] 总

① 人均可支配收入中位数是指将所有被调查居民按人均收入水平从低到高顺序排列，处于最中间位置调查居民的人均收入。

② 根据联合国定义，当一个国家或地区65岁及以上人口占比超过7%时，意味着进入老龄化社会；达到14%时，为深度老龄化；超过20%时，则进入超老龄化社会。

之，劳动年龄人口减少，人力资源供给总量开始下降，人口进入老龄化，劳动力供给规模和结构必然会发生较大变化。

（三）人力资源素质大幅提高，人才红利逐步凸显

当前，人力资源素质大幅提高是我国人力资源呈现出的显著特征和发展趋向。劳动者平均受教育年限大幅提高，青年受教育程度稳步提高，义务教育普及规模增长较快，极大地提升了人力资源的素质能力水平。劳动生产率持续稳步增长，人口红利逐步转为结构红利，以高学历、高技术、高技能为代表的高层次人才开始创造越来越多的社会财富和价值，“高精尖缺”人才成为国家经济社会发展的重要战略资源，人才红利效应逐步凸显。

（四）教育人才结构逐步优化，中职教育人才配置不容乐观

教育部的统计数据显示，我国教师的年龄结构、学历结构不断优化，教师队伍规模不断扩大，专任教师配置状况得到总体改善，支撑了教育事业持续良性发展。但与之形成鲜明对比的是，中等职业专任教师总量却在逐年减少。而且，随着中等职业学校教育规模扩大，社会对中等职业教育人才的需求强劲，中等职业教育人才供应现状不容乐观。中等职业教育人才配置状况与职业教育体系发展成效密切相关，我国把职业教育提升至异常重要的地位，高度重视职业教育体系改革，但中等职业教育人才规模的逐年下降，极可能直接影响职业教育体系改革成效和职业人才队伍建设效果，进而对我国经济社会产生消极影响。

三　人力资源开发展望

（一）适度拓展人力资源职业生涯渠道与周期

人力资源结构变化，现代化进程持续推进，必然会给经济社会发展带来深远影响。互联网与大数据时代的到来，打破了人力资源管理的传统运作模

式，人力资源管理变革势在必行。人口老龄化，在一定程度上不仅会引发社会抚养负担问题，也可能会引发人力资源发展动力问题，进而加大经济增长潜力下降的风险。与此同时，人力资源素质大幅提高，一定程度上弥补了人力资源供给量下降的问题，而且改善了人力资源供给结构，有利于推动人口红利向人才红利转变。因此，随着我国人口老龄化程度持续加深，在进一步提高人口素质的同时，应充分运用现代技术成果，有效拓展人力资源职业发展渠道和适度拓展人力资源职业生涯周期并举，择机采取延迟退休措施并有效落实兼职兼薪、灵活就业等政策，提高人力资源发展可能性。

（二）大力发展“高精尖缺”人才队伍

高精尖缺人才是有效提升国家创新创造力和国际竞争力的重要战略资源，是推动人口红利向人才红利过渡转变的关键支撑力量。要有效依托国家重点实验室、技术创新中心等各类创新创业平台以及高校、科研机构、行业企业等各类主体的科研项目，瞄准经济社会发展重点领域，站在世界科技前沿和产业高端，拓宽高层次人才培养和吸纳渠道，大力发展高精尖缺人才队伍。突破瓶颈发展高科技产业，培养造就具有领先水平的高层次领军人才。在深化经济供给侧结构性改革和加速经济结构转型升级的背景下，着力培养造就技术过硬、技艺精湛的技能人才队伍。加紧建设一批尖端、紧缺人才培养载体，大力开展“订单式”人才培养，加大对尖端、紧缺人才支持力度。总之，以全球化视野，按照国际一流标准和与国际接轨的要求，高水平建设一支顺应国际发展趋势、适应国内经济社会发展需要的尖端、紧缺人才队伍，有力支撑和推动引领创新型经济和服务型经济发展。

（三）着力完善职业教育和培训体系

“没有职业教育现代化就没有教育现代化。”国务院颁布的《国家职业教育改革实施方案》明确提出，职业教育应在教育改革创新和经济社会发展中占据更加突出的位置，大力加强现有职业院校建设，健全完善职业教育和培训体系，积极鼓励和支持社会各界发展职业教育。要着力充实中等职业教育专任教师力量，切实改变中等职业教育人才状况不容乐观局面。精准对接重点产业人才需求，推动学科专业设置科学性，强化学科专业设置灵活性。加强人才职业教育培训，推进人才多元化培养。大力推进“双师型”队伍建设，加快实现产业和教育深度融合，充分发挥“双师型”教师在职业教育中的主体性，推进教学培养模式改革，深入实施校企无缝合作，加快造就一大批高素质的专业化、职业化人才。

参考文献

国家统计局：《中华人民共和国2018年国民经济和社会发展统计公报》，2019。

人力资源和社会保障部：《2018年度人力资源和社会保障事业发展统计公报》，2019。

国家医保局：《2018年医疗保障事业发展统计快报》，2019。

中共中央办公厅、国务院办公厅：《关于分类推进人才评价机制改革的指导意见》，2018。

中共中央办公厅、国务院办公厅：《关于深化职称制度改革的意见》，2017。

中共中央办公厅、国务院办公厅：《关于提高技术工人待遇的意见》，2018。

国务院：《中华人民共和国国民经济和社会发展第十三个五年（2016~2020年）规划纲要》，2016。

中共中央、国务院：《关于构建开放型经济新体制的若干意见》，2016。

中共中央办公厅、国务院办公厅：《深化科技体制改革实施方案》，2015。

中共中央办公厅、国务院办公厅：《关于加强外国人永久居留服务管理的意见》，2016。

人力资源和社会保障部、国家发展改革委、财政部：《关于推进全方位公共就业服务的指导意见》，2018。

人力资源和社会保障部：《关于支持和鼓励事业单位专业技术人员创新创业的指导意见》，2017。

国家统计局、科学技术部、财政部：《2017年全国科技经费投入统计公报》，2018。

教育部：《2018年度我国出国留学人员情况统计》，2019。

人力资源和社会保障部：《中国人力资源和社会保障年鉴2018》（文献卷、工作卷），中国人事出版社，2018。

科技部：《2017年我国科技人力资源发展状况分析》，2019。

教育部：《2018年全国教育事业发展基本情况统计》，2019。

B.3
新时代我国科技人才发展现状与思考

左晓利　郭小青　李　普*

摘　要： 近年来，我国科技人才队伍不断发展壮大，科技人力资源总量和全社会研发人员总量均居世界首位。科技人才队伍结构逐步优化，人员素质明显提升，企业创新主体地位日益凸显，科技人才创新能力和国际影响力逐步扩大，但区域人才分布不均衡现象仍然存在。面对国际形势新变化和科技发展新要求，要对科技人才队伍建设进行前瞻性、全局性的长远规划和科学部署，才能为世界科技强国建设、人才强国建设提供坚实的人力和智力支撑。

关键词： 科技人才　创新能力　人员素质

习近平总书记指出“创新驱动实质上是人才驱动”。新中国成立 70 年来，中国科技人才队伍不断壮大，逐步形成一支规模宏大、素质优良、结构合理、富有活力的科技人才队伍，一代又一代科技工作者为中国科技事业的繁荣发展贡献智慧和力量。党的十九大提出“要培养造就一大批具有国际水平的战略科技人才、科技领军人才、青年科技人才和高水平创新团队”，为我国科技人才队伍建设指明了方向。当前，新一轮技术革命和产业变革加

* 左晓利，科技部人才中心政策与调研部副研究员，主要研究方向为科技人才政策；郭小青，科技部人才中心政策与调研部，主要研究方向为科技人才政策、世界经济；李普，科技部人才中心主任，主要研究方向为科技哲学、科技政策。

快演进，科技创新的基础前沿领域相继突破，颠覆性创新持续涌现，更应紧紧抓住这一重大历史机遇，充分发挥人才“第一资源”作用，加快建设世界科技强国和人才强国。

一　中国科技人才队伍健康发展

科技人才是具有一定的专业知识或专门技能，从事创造性科学技术活动，并对科学技术事业及经济社会发展做出贡献的劳动者。党中央一直高度重视科技人才发展工作，各有关部门、单位、地方积极落实中央决策部署，加快科技人才队伍建设，科技人才创新能力和国际影响力明显提升，科技人才引领创新发展的作用愈加凸显。

（一）总量持续增加，居世界首位

1. 科技人力资源总量持续增加

科技人力资源总量是指科技领域大专及以上学历（或学位）毕业生存量与虽然没有高等教育科技领域学历学位但实际从事科技活动的劳动力存量之和。近年来，我国科技人力资源总量持续增加，2017 年我国科技人力资源总量达到 8705 万人，比上年增长 4.9%。其中大学本科及以上学历的科技人力资源总量为 3934 万人，比上年增长 7.1%。我国本科及以上学历科技人力资源测算口径与美国的科学家工程师大体一致。自 2009 年以来，我国科学家工程师总量一直高于美国。①

2. R&D 人员总量居世界首位，人均密度低

国际上，通常以研究与试验发展（R&D）人员指标比较各国科技人才情况。R&D 人员队伍建设是提高研发能力和水平的重要保障，是科技活动的核心要素。R&D 人员计算一般采用全时工作当量指标，即全时人员数加上非全时人员数按工作量折算为全时人员数的总和。中国 R&D 人员总量

① 科技部：《2017 年我国科技人力资源发展状况分析》，2019。

（全时当量）在2013年超过美国，近几年一直稳居世界第1位。2017年，中国R&D人员总量达到621.4万人，折合全时工作量人员为403.4万人年，比2016年增加了15.6万人年。2017年中国R&D人员总量（全时当量）是日本的4.5倍、俄罗斯的5.2倍。从总量上看，中国R&D人员总量远超德、日、韩、俄、英等国，但从万名就业人员中R&D人员密度来看，仍处于偏低水平，仅为德国、韩国的1/3左右，日本、俄罗斯、英国的1/2以下（见表1）。

表1　2017年部分国家R&D人员总量与万名就业人员中R&D人员

单位：万人年

国家	R&D人员总量	万名就业人员中R&D人员
中　国	403.4	52.0
德　国	68.2	154.0
日　本	89.1	131.9
韩　国	47.1	177.5
俄罗斯	77.8	107.9
英　国	42.5	132.4

资料来源：OECD，Main Science and Technology Indicators，2018。

（二）结构前移，基础研究R&D人员增速快

R&D活动按研究性质分为基础研究、应用研究和试验发展三大类型。按从事研究类型分，中国R&D人员从事试验发展的比重最大。2017年中国R&D人员全时当量为403.4万人年，从事试验发展的人员有325.4万人年，占80.7%；从事应用研究的人员为49.0万人年，占12.1%；从事基础研究的人员为29.0万人年，占7.2%（见图1）。

2010~2017年，三类研究类型的R&D人员数量均持续增加，其中从事基础研究的R&D人员增速最快，科技人才队伍结构不断向基础研究前移。2017年基础研究R&D人员比2016年增加了1.5万人年，“十三五”以来年均增速为7.0%；应用研究R&D人员比2016年增加了5.1万人年，“十三

五”以来年均增速为6.6%；试验发展R&D人员比2016年增加了9.0万人年，“十三五”以来年均增速为2.9%。

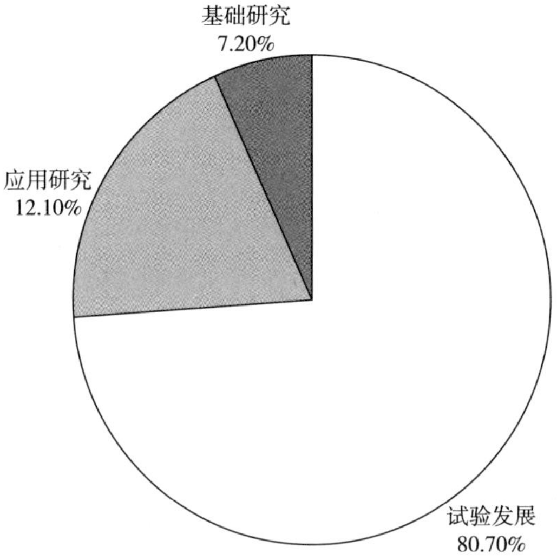

图1　2017年中国R&D人员全时当量按从事研究类型的分布

资料来源：国家统计局、科技部《中国科技统计年鉴（2018）》。

（三）素质提高，学历水平整体上升

从受教育水平来看，中国R&D人员中近2/3都具备本科以上学历，高学历人员比重不断增加。2017年我国R&D人员总数为621.4万人，比2016年增加38.3万人，增长6.6%，其中，博士41.7万人，硕士92.0万人，本科271.2万人，本科及以上学历的人数占R&D人员总量的65.2%。近几年数据显示，博士、硕士、本科毕业人员占比均有不同程度提高，其中本科毕业人员数量增加最多。博士毕业人员占比由2010年的5.7%提高到2017年的6.7%，硕士毕业人员占比由2010年的14.0%提高到2017年的14.8%，本科毕业人员占比则由2010年的30.8%提高到2017年的43.6%，增加12.8个百分点（见表2）。

表 2　R&D 人员受教育程度总体水平

单位：万人，%

年份	R&D 人员数	博士毕业占比	硕士毕业占比	本科毕业占比
2017	621. 4	6. 7	14. 8	43. 6
2015	548. 3	6. 5	14. 7	29. 3
2010	354. 2	5. 7	14. 0	30. 8

资料来源：国家统计局、科技部《中国科技统计年鉴（2018）》。

（四）企业是主体，企业 R&D 人员占比最高

从 R&D 人员在执行部门的分布来看，超过 2/3 的 R&D 人员都来自企业。2017 年企业 R&D 人员为 312. 0 万人年，占比 77. 3%，研究与开发机构 R&D 人员为 40. 6 万人年，占比 10. 1%，高等学校 R&D 人员 38. 2 万人年，占比 9. 5%，其他机构 R&D 人员为 12. 6 万人年，占比 3. 1%。

企业中 R&D 人员主要集中在大型企业，并呈现明显的行业分布特征。2017 年规模以上工业企业 R&D 人员为 273. 6 万人年，占到全部企业 R&D 人员的 87. 7%。从企业 R&D 人员行业分布来看，2017 年全国共有 30 个行业的规模以上企业 R&D 人员（全时当量）超过 1 万人年，主要集中在计算机、通信和其他电子设备制造业，电气机械和器材制造业等高新技术行业。

从国际上来看，大多数国家 R&D 人员主要集中在企业部门。其中，中国、奥地利、韩国、瑞典等国的企业部门 R&D 人员占到该国 R&D 人员总量的 70% 以上（2016 年或 2017 年，见表 3），中国占比最高，接近 80%。俄罗斯政府部门从事 R&D 活动的人员占比远高于其他国家，占到俄罗斯全部 R&D 人员的 35. 8%。英国 R&D 人员主要分散在企业部门和高等教育部门，占比分别为 49. 9% 和 45. 2%，高等教育部门 R&D 人员占比要远高于其他国家在该执行部门中的占比，但是政府部门仅占 3. 3%（见表 3）。

（五）东部集聚人才，东北地区人才减少

从 R&D 人员地区分布来看，仍主要集中在经济较为发达的东部地区，

表3　R&D人员在执行部门分布的国际比较※

单位：万人年，%

国家	年份	合计	企业部门占比	政府部门占比	高等教育部门占比	其他部门占比
中　国	2017	403.4	77.3	10.1	9.5	3.1
奥地利	2016	7.4	70.8	3.7	24.8	0.7
比利时	2016	8.0	56.6	8.4	34.4	0.5
加拿大	2014	23.7	60.9	7.6	31.3	0.3
捷　克	2016	6.6	56.6	19.9	23.1	0.3
丹　麦	2016	6.0	61.7	2.9	34.9	0.5
法　国	2015	42.9	58.7	11.5	28.1	1.7
意大利	2016	25.9	52.2	14.8	30.2	2.8
日　本	2016	87.2	67.2	7.1	24.2	1.5
韩　国	2016	44.7	73.5	8.5	16.2	1.8
瑞　典	2016	9.1	70.9	4.7	24.2	0.3
英　国	2016	42.0	49.9	3.3	45.2	1.5
俄罗斯	2016	80.2	50.1	35.8	13.8	0.3

注：国际上政府部门R&D人员含政府属研发机构和事业单位两部分。

资料来源：国家统计局、科技部《中国科技统计年鉴（2018）》。

地区之间存在明显差异。2017年，东部地区R&D人员总量为264.6万人年，占全国R&D人员总量的65.6%，中部、西部和东北部地区R&D人员总量分别为68.3万人年、52.3万人年、18.2万人年，占全国R&D人员总量的比重分别为16.9%、13.0%和4.5%。

从各地区R&D人员近三年增量来看，东部地区仍然是最具吸引力的科技人才聚集地。“十三五”以来，东部地区R&D人员年增量远超其他地区，是R&D人员净流入最多的地区。东北地区R&D人员处于净流出状态（见表4）。

（六）女性研发人员力量逐步壮大

中国历来重视和发挥女性科技人才的作用，越来越多的女性科技人员投入研发活动。总体而言，我国R&D人员中女性比例在逐年提高。2017年，

表 4　各地区 R&D 人员增量（全时当量）

单位：万人年

年份	2015	2016	2017
全国	4.8	11.9	15.6
东部地区	6.6	7.7	10.1
中部地区	0.1	2.1	3.1
西部地区	0.2	2.1	3.4
东北地区	-2.1	0.0	-0.9

资料来源：国家统计局、科技部《中国科技统计年鉴（2016）》《中国科技统计年鉴（2017）》《中国科技统计年鉴（2018）》。

全社会按人头统计的 R&D 人员数量达到 621.4 万人，其中女性 R&D 人员为 166.0 万人，占比 26.7%，比 2010 年增加了 1.5 个百分点。

从世界主要国家和地区的 R&D 研究人员性别比例来看，2017 年俄罗斯女性 R&D 研究人员占比高达 39.5%，2016 年阿根廷女性 R&D 研究人员占到本国全部 R&D 研究人员的一半以上，2015 年南非女性 R&D 研究人员占比高达 45%。与世界主要国家相比，中国、日本、韩国等亚洲地区女性 R&D 研究人员所占比例普遍低于欧洲、美洲国家。2017 年中国女性 R&D 研究人员所占比重与 2015 年的德国（28%）、法国（27%）基本相当，高于 2017 年日本（16.2%）、韩国（20.1%）女性 R&D 研究人员占比。

（七）科技人才引领创新发展的作用显著增强

我国科技人才队伍量质齐升，创新能力和国际影响力逐步扩大，科技创新推动经济社会发展的作用显著提升。

我国主要创新指标进入世界前列。2017 年，我国国际科技论文总量比 2012 年增长 70%，居世界第 2 位，被引量首次超过德国、英国，跃居世界第 2 位；我国专利申请数为 369.8 万件，专利授权数为 183.6 万件，发明专利申请量已连续 7 年居世界第 1 位，有效发明专利保有量居世界第 3 位。

人才引领科技和产业发展作用凸显。基础研究和前沿技术领域涌现出一批世界一流科学家和顶尖人才，带动我国在载人航天、探月工程、北斗导航、量子通信、深海探测、高速铁路等领域取得一批重大创新成果；在人工智能、新能源汽车等新兴技术和产业领域也成长了一批优秀的创业人才，引领战略性新兴产业发展潮流。我国科技进步贡献率从 2012 年的 52.2% 升至 2017 年的 57.5%，国家创新能力排名从 2012 年的第 20 位升至 2017 年的第 17 位。

我国科学家国际影响力显著提升。屠呦呦研究员获得诺贝尔医学奖，王贻芳研究员获得基础物理学突破奖，潘建伟团队的多自由度量子隐形传态研究位列 2015 年度国际物理学十大突破榜首，越来越多的中国科学家得到世界范围内的认可。

二　我国科技人才队伍建设面临的形势与重点任务

当前，新一轮科技革命和产业变革正在重构全球创新版图、重塑全球经济结构，科学技术深刻影响着国家前途命运和人民生活福祉。人才已成为赢得科技创新优势和竞争主动权的重要战略资源，在综合国力竞争中越来越具有决定性意义，美国、日本等世界主要国家纷纷谋求在人才争夺中占据上风、在战略必争领域赢得一席之地。习近平总书记深刻指出，发展是第一要务，人才是第一资源，创新是第一动力。持续发展和壮大科技人才队伍，不断提升人才队伍的创新能力和水平，逐步形成长期、稳定、可持续的国家战略科技人才力量，是我国深入实施创新驱动发展战略、建设世界科技强国和人才强国的重要支撑和坚实保障。

（一）科学谋划科技人才发展战略，不断壮大科技人才队伍

按照党的十九大报告提出的“培养造就一大批具有国际水平的战略科技人才、科技领军人才、青年科技人才和高水平创新团队”的科技人才队伍建设目标要求，加强科技人才发展战略的长远规划和系统部署。

一是围绕科技创新“三步走”战略，做好科技人才中长期发展规划，遵循科技创新和人才发展规律，对科技人才的规模、结构、布局等关键问题

进行前瞻性、全局性的谋划，提高科技人才供给的质量和水平。

二是优化人才结构与布局。大力培养和吸引“高精尖缺”人才，补齐基础研究重大突破、关键核心技术攻关等研发人才短板，优化国家创新体系中各类科技人才使用与配置，优化关键核心领域产学研用结合、上中下游衔接的创新人才培养与布局。

三是加强人才梯队建设。面向近期、中期和长期，做好各年龄层次、各职业发展阶段等的科技人才培养和组织使用规划，确保为科技创新事业发展提供持续不竭的人才力量支撑。

（二）面向国际国内，培育集聚高层次科技人才

坚持“三个面向”，统筹国际国内两种人才资源，本土培养和海外引进并举，培育和集聚高层次科技人才，提高科技人才队伍的创新能力和国际化水平。

一是面向世界科技前沿，聚焦从“0”到“1”的重大原创性研究，培育和集聚一批敢为人先、勇攀高峰的科学家。在新一轮科技革命和产业变革加速演进、世界创新版图加速重构重塑进程中，不断壮大基础性、前瞻性研究人才队伍，鼓励他们坐住“冷板凳”，勇闯“无人区”，提出更多原创理论，做出更多原创发现，引领世界科技潮流，掌握新一轮全球科技竞争的战略主动权。

二是面向国家重大战略需求，聚焦关键核心技术，培育和集聚一批攻坚克难、甘于奉献的科技领军人才和创新团队。通过实施科技创新 2030 – 重大项目、关键核心技术攻关工程等国家重大任务，有效组织和集聚各领域科技人才，充分发挥科学家和企业家的创新主体作用，集中力量，协同攻关，为抢占战略制高点、提高我国综合竞争力、保障国家安全提供有力支撑。

三是面向经济主战场，聚焦经济高质量发展和人民美好生活需要，培育集聚一大批锐意创新、敢于创业的创新型人才队伍。在深化供给侧结构性改革、推动乡村振兴、促进区域协调发展、应对人口老龄化、保障粮食安全、建设生态文明等重点任务中，引导和动员各行各业的科技工作者在“双创”

大舞台中尽展其才，把论文写在祖国的大地上，把科技成果应用在实现现代化的伟大事业中。

四是着眼全球优质科技创新资源，“引进来”“走出去”相结合，多渠道吸引全球高层次人才和智力资源。把国际人才智力更好地融入我国科技创新事业全局和国家改革发展大局，让有志于来华发展的外国人才来得了、待得住、流得动、用得好。一方面，加强国内重点引才引智平台建设，以高水平的科研平台和科研事业增强对海外高层次人才的吸引力，推动建立外国科学家参与国家科技战略研究、研发布局、项目管理、任务承担的工作机制。另一方面，引导支持国有企业、民营企业、科研机构等在海外设立办学机构、研发机构、产业化基地等，充分利用海外高层次人才智力，允许这些海外研究机构通过申报国家科技计划项目等方式得到经费支持。

（三）重视青年科技人才培养，增强人才力量储备

青年人才是科技创新的生力军。着眼长远，深入实施创新驱动发展战略、建设世界科技强国和人才强国，需要一大批热爱科学、勇于创新、永续不断的青年生力军投身科技创新事业，不断提升他们的科学精神、创新思维、创新能力，充分释放人才红利，为人才强国、科技强国建设提供雄厚的人才储备。

1. 青年科技人才培养向教育阶段“前移”

改进教学方式，推行启发式、探究式、研究式教学方法，激发学生的创造性思维；增进教学与实践的融合，开展校企联合招生、联合培养试点，推行产学研联合培养研究生的“双导师制”；加强关键领域的全链条人才培养，在先进制造、人工智能等急需紧缺关键领域，科学规划从基础研究到应用基础研究再到技术创新工程的创新全链条研发布局，形成产学研用深度融合的创新人才培养模式。

2. 加大科技计划项目对青年人才的支持力度

扩大国家自然科学基金在基础研究和科技前沿领域对青年人才自由探索的项目资助规模；在国家重大科技计划项目中设立青年专项，为年轻人承担

重要科研任务提供更多机会，同时对重大项目首席专家或领军人才在带队伍、举荐年轻人方面提出要求，建立青年人才领路人机制；加大各类人才计划对35岁以下青年人才的支持力度，促进优秀青年人才在创新实践中快速成长。

3. 为青年人才提供多样化的成长通道

为青年人才提供更多国际国内的学术交流和培训机会，让青年人才在不断学习中快速成长；完善博士后制度，改善博士后待遇，吸引更多国外优秀青年来华从事博士后研究；鼓励用人单位设立青年基金或青年岗位津贴，明显改善收入待遇，解决他们在子女入学、住房保障等方面的后顾之忧。

（四）优化科技人才配置，促进区域和行业的合理均衡

解决区域发展不平衡、“三区一线”（边远贫困地区、边疆民族地区、革命老区，基层一线）落后问题，城乡发展不平衡、农业农村发展不充分问题，以及能源短缺、环境污染、人口老龄化等社会发展与经济发展不协调问题，都需要充分发挥科技创新驱动和人才第一资源引领作用。

1. 加大科技资源对欠发达地区的倾斜支持力度

基于欠发达地区资源禀赋特点和特色产业发展需求，从国家层面加强国家科技创新平台、重大仪器设备等科技基础条件支持，以高水平科研事业平台提升欠发达地区对科技人才的吸引力。通过科技计划项目倾斜支持、国家重大科技任务定向委托等方式，加大对欠发达地区院士等战略科技人才领衔的创新团队的稳定支持。

2. 提高“三区一线”科技人员收入水平

加大中央财政对“三区一线”科技人才队伍建设专项资金支持，提高教师、科技特派员、农技研发人员等科技人员的薪酬待遇，鼓励和引导发达地区高层次科技人才赴“三区一线”开展一定聘期的教学或科研工作，探索多元化的柔性引才引智方式。

3. 加强“三区一线”人才培养

在严格管控、确保质量的前提下，允许欠发达地区科研单位在特色和优

势学科领域扩大研究生招生规模，提高补贴标准，充实科研团队青年力量。

4. 建立基础性、公益性科研单位的绩效工资总额正常增长机制

加大对地震、气象、生态等基础性、公益性科研单位的经常性经费等稳定支持力度，适当提高人员经费及补助标准，缩小与其他行业领域科研单位在科研人员薪酬待遇方面的差距，稳住一批科研人员面向世界科技前沿和社会重大需求，潜心从事基础性、公益性的科学探索和技术研发。

B.4

我国卫生人才发展状况分析

闫丽娜　贾瑶瑶*

摘　要： 本文梳理了2018年我国卫生人才队伍的基本状况和卫生人才管理体制机制建设的基本情况，分析了2013年以来卫生人才队伍建设的总体进展，总结了当前卫生人才队伍发展取得的主要成效和存在的主要问题。

关键词： 卫生人才　队伍建设　卫生机构

一　卫生人才发展现状①

截至2018年底，全国卫生人才总量达到1230.0万人，其中，卫生技术人员952.9万人。卫生技术人员中执业（助理）医师360.7万人，注册护士409.9万人，药师（士）46.8万人，技师（士）50.6万人，乡村医生和卫生员90.7万人。每千人口拥有卫生技术人员6.83人，其中执业（助理）医师2.59人，注册护士2.94人，医护比为1∶1.14。

（一）卫生人才数量稳步增加，城乡差距有所减小

2018年，全国卫生人才总量继续保持稳步增加。近六年来（2013～

* 闫丽娜，国家卫生健康委卫生发展研究中心助理研究员；贾瑶瑶，国家卫生健康委卫生发展研究中心助理研究员。

① 数据来源有两处，其一，卫生人才发展现状部分数据来源于2014～2019年中国卫生健康统计年鉴（或统计提要），其二，卫生人事管理机制建设部分数据来源于卫生健康委人事司委托的“卫生健康人才规划监测评估”项目。

2018 年)，卫生人才数量增加了 251 万人，年均增长 4.7%。其中，注册护士增长速度最快，年均增长 8.1%；比较而言，药师的增速相对较慢，年均增长 3.4%。

表 1　卫生人才队伍变化情况（2013～2018 年）

单位：万人

年份	卫生人员	其中,卫生技术人员				
		小计	医师	护士	药师(士)	技师(士)
2013	979.0	721.1	279.5	278.3	39.6	38.8
2014	1023.4	759.0	289.3	300.4	41.0	42.9
2015	1069.4	800.8	303.9	324.1	42.3	45.3
2016	1117.3	845.4	319.1	350.7	43.9	29.4
2017	1174.9	898.8	339.0	380.4	45.3	48.1
2018	1230.0	952.9	360.7	409.9	46.8	50.6

1. 城乡差距有所减小

2018 年底，城市每千人口卫生技术人员 10.91 人，农村 4.63 人，城乡每千人口配置差为 6.28。与 2017 年相比，该差值减少 0.31。其中，城乡每千人口执业（助理）医师配置差值减少 0.10，注册护士差值减少 0.11。从图 1 可以看出，城乡每千人口卫生技术人员、执业（助理）医师、注册护士配置逐年拉大的趋势出现“拐点”，2018 年这些差值开始下降。

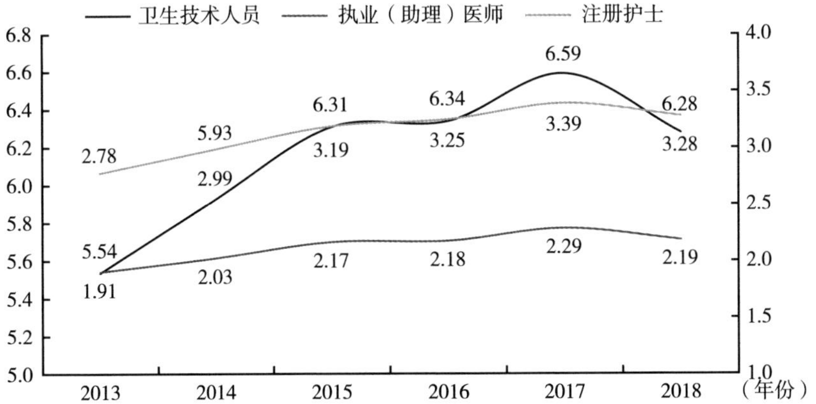

图 1　2013～2018 年城乡千人口卫生人员配置差

2. 医护结构持续优化

近年来，我国护理队伍不断发展壮大。2013 年医护比倒置现象得到根本性扭转，2018 年医护比达到 1∶1.14。其中，三级医院医护比为 1∶1.54，二级医院医护比为 1∶1.47。

表 2　2013～2018 年医护比、床护比变化情况

年份	医护比	床护比	年份	医护比	床护比
2013	1∶1.00	1∶0.45	2016	1∶1.10	1∶0.47
2014	1∶1.03	1∶0.46	2017	1∶1.12	1∶0.48
2015	1∶1.06	1∶0.46	2018	1∶1.14	1∶0.49

3. 人才素质不断提高

近六年来，卫生技术人员的学历、职称结构得到不同程度的优化，大学本科及以上学历的卫生技术人员和执业（助理）医师均增加 6.4%；中级及以上职称的执业（助理）医师比 2013 年增加 5.3%。

4. 全科医生队伍快速发展

到 2018 年底，我国全科医生总数为 29.2 万人，比 2013 年增加 1 倍。其中，乡镇卫生院全科医生数量是 2013 年的 2.4 倍，社区卫生服务机构全科医生数量是 2013 年的 1.6 倍。

表 3　2018 年与 2013 年相比全科医生数量变化情况

单位：人

机构	全科医生总数		其中，注册为全科专业的		全科培训合格的	
	2013 年	2018 年	2013 年	2018 年	2013 年	2018 年
医院	25758	51071	6260	20966	19498	30105
社区卫生服务机构	60181	95603	23488	56506	36693	39097
乡镇卫生院	56825	134538	16836	64117	39989	70421
合计	145511	291858	47402	146172	98109	145686

（二）各类卫生机构人才均有增加，但发展不平衡

按机构划分，医疗卫生机构主要包括医院、基层医疗卫生机构、专业公

共卫生机构等三大类。其中，医院包括公立医院、民营医院以及综合医院、专科医院等；基层医疗卫生机构包括乡镇卫生院、社区卫生服务中心（站）、门诊部诊所、村卫生室等；专业公共卫生机构包括疾病预防控制中心、卫生监督机构、急救机构、妇幼保健机构、精神卫生机构、健康教育机构等。2018 年，全国医院共有卫生人员 737.5 万人，基层医疗卫生机构 396.5 万人，专业公共卫生机构 88.3 万人。近六年来（2013～2018 年），全国医院卫生人员增加了 200 万人，年均增长 6.5%；基层医疗卫生机构人员增加了 45.1 万人，年均增长 2.4%；专业公共卫生机构卫生人员增加了 5.7 万人，增长幅度较小。

表 4　2013～2018 年各类机构卫生人员变化情况

单位：万人，%

年份	医院		基层医疗卫生机构		专业公共卫生机构	
	人数	占比	人数	占比	人数	占比
2013	537.1	54.9	351.4	35.9	82.6	8.4
2014	574.2	56.1	353.7	34.6	87.5	8.5
2015	613.3	57.3	360.3	33.7	87.7	8.2
2016	654.2	58.6	368.3	33.0	87.1	7.8
2017	697.7	59.4	382.6	32.6	87.2	7.4
2018	737.5	60.0	396.5	32.2	88.3	7.2

1. 医院卫生人员变化情况

2018 年全国医院卫生人员数为 737.5 万人，其中卫生技术人员 612.9 万人。卫生技术人员中，执业（助理）医师 205.4 万人，注册护士 302.1 万人。

（1）不同登记类型医院人员变化

民营医院卫生人员增速较快，2013～2018 年增加 86 万人，年均增长 16.3%，远高于公立医院 4.5% 的增速（见表 5）。

（2）不同级别医院人员变化

2013～2018 年，三级医院卫生人员数量年均增长 8.9%，二级医院年均

表 5　不同登记类型医院人员变化情况（2013～2018 年）

单位：人，%

	公立医院		民营医院	
	增量	年均增长	增量	年均增长
卫生人员	1142114	4.5	862561	16.3
#卫生技术人员	1029176	4.9	675100	16.6
##医师	331694	4.7	218649	15.7
##护士	620675	6.1	358771	19.6

增长 4.7%，一级医院年均增长 9.1%。与 2013 年相比，二级医院和一级医院平均每家医院人数分别减少 21.5 人和 4.2 人。一级医院机构数量增加较多，但院均人员数呈负增加状态。

表 6　不同级别医院人员变化情况（2013～2018 年）

单位：人，%

人员类型	三级医院		二级医院		一级医院	
	增加人数	年均增长	增加人数	年均增长	增加人数	年均增长
卫生人员	1166560	8.9	570253	4.7	196688	9.1
#卫生技术人员	1020149	9.3	481203	4.7	157096	9.2
##医师	350783	9.7	138315	4.1	55407	8.6
##护士	552214	10.0	294232	6.2	80707	11.6

（3）不同类别医院人员变化

2013～2018 年，综合医院、中医院、专科医院卫生人员数量分别增加 122.5 万人、28.5 万人、38.7 万人。其中，注册护士的增长幅度最大。

表 7　不同类别医院人员变化情况（2013～2018 年）

单位：人，%

人员类型	综合医院		中医院		专科医院	
	增加人数	年均增长	增加人数	年均增长	增加人数	年均增长
卫生人员	1224967	5.6	284961	6.9	386718	10.1
#卫生技术人员	1074078	5.8	246991	7.1	298137	10.2
##医师	349146	5.7	81920	6.5	90543	9.7
##护士	634054	7.1	134021	9.2	168878	11.7

2. 基层医疗卫生机构人员变化情况

截至2018年底，全国基层医疗卫生机构共有卫生人员396.5万人，其中卫生技术人员268.3万人。卫生技术人员中，执业（助理）医师130.5万人，注册护士85.2万人。

2013～2018年，全国基层医疗卫生机构卫生人员占全国卫生人员总量的比重由35.9%下降到32.2%。其中，卫生技术人员占比下降了1.5个百分点、执业（助理）医师的占比下降了1.5个百分点、注册护士的占比增加了0.1个百分点。

基层卫生人员中，街道/乡镇卫生院人员数量最多，占基层卫生人员数量的35.5%；其次为村卫生室人员，占基层卫生人员数量的27.8%。

表8　2018年各类基层医疗卫生机构人员情况

单位：人

基层医疗卫生机构类型	卫生人员	其中,卫生技术人员		
		小计	执业(助理)医师	注册护士
社区卫生服务中心	582852	499296	209392	189207
街道/乡镇卫生院	1405640	1193290	484354	363521
村卫生室	1100979	193881	169117	24764
门诊部	290824	237579	116640	93079
诊所	584449	558937	325605	181806
合计	3964744	2682983	1305108	852377

2013～2018年，除村卫生室外，其他各类基层医疗卫生机构卫生人员数量均有所增加。其中，门诊部人数增加最快，年均增长17.2%。

表9　2013～2018年各类基层医疗机构卫生人员变化情况

单位：%

	年均增长			
	卫生人员	其中,卫生技术人员		
		小计	医师	护士
社区卫生服务中心	4.1	4.2	3.8	6.3
街道/乡镇卫生院	2.5	2.6	2.0	5.9
村卫生室	-2.3	4.3	4.1	5.8
门诊部	17.2	16.4	16.0	21.5
诊所	6.6	6.3	5.9	10.3
合计	2.4	4.6	4.4	8.1

3. 专业公共卫生机构人员变化情况

到2018年底，全国各类专业公共卫生机构共有卫生人员82.6万人，比2013年增加5.6万人，年均增长1.3%，每万人口拥有公共卫生人员6.34人。

公共卫生机构中，妇幼保健机构、采供血机构、急救中心（站）、健康教育机构的卫生人员数量均有所增加，其中增幅最大的是妇幼保健机构；疾病预防控制、专科疾病防治、卫生监督等机构的卫生人员绝对量有所减少。

表10　2013～2018年专业公共卫生机构人员变化

单位：人

机构类型	卫生人员数	
	2013年	2018年
疾病预防控制中心	194371	187826
专科疾病防治机构	50713	48923
健康教育机构	1877	2104
妇幼保健机构	308199	454985
急救中心(站)	13675	17372
采供血机构	31107	36506
卫生监督机构	82485	82103

专业公共卫生机构中，疾病预防控制中心承担着疾病预防控制、突发公共卫生事件应急处置、疫情及健康相关因素信息管理、健康危害因素监测与控制、实验室检测分析与评价、健康教育与健康促进、技术指导与应用研究等工作，近年来，疾病预防控制中心受绩效工资管控等影响，机构活力不足，人员流失严重。

表11　疾病预防控制中心卫生人员变化情况

年份	机构数	卫生人员数	其中,卫生技术人员数
2013	3516	194371	143101
2014	3490	192397	142297
2015	3478	190930	141698
2016	3481	191627	142492
2017	3456	190730	141114
2018	3443	187826	140491

二　卫生人事管理机制建设

（一）注重实践和分层分类的卫生人才评价机制不断完善

2018 年，注重实践的卫生人才评价机制不断完善。为突出对临床实践能力的评价，高级职称评审中引入病历、疑难症诊治记录等临床工作资料作为评价临床医护人员专业技术水平的做法得到普遍推行。特别是 2015 年人力资源和社会保障部和原国家卫生计生委联合印发《关于进一步改革基层卫生专业技术人员职称评审工作的指导意见》以来，全国各省（区、市）均制定了本地区基层卫生人才职称评审的指导意见和管理办法。根据对部分省级卫生行政部门的调查，包括乡镇卫生院、门诊部、诊所等基层医疗卫生机构以及县级医院的高级职称评审通过率均有所提高。但是，基层医疗卫生机构的高级岗位紧缺。据对 5772 家样本医疗卫生机构的调查，基层医疗卫生机构的高、中、初级岗位结构比例为 0. 5∶2. 4∶7. 1。

（二）符合行业特点的卫生人才薪酬制度改革扩大试点

2017 年 1 月，人社部、财政部、原国家卫生计生委、中医药局等四部门联合开展公立医院薪酬制度改革试点，在全国除西藏以外的省（区、市）各选择 1 ~ 3 个试点城市。2017 年 12 月，四部门又下发扩大试点的通知，要求全国所有省（区、市）每个城市至少选择 1 家公立医院，围绕优化薪酬结构、合理确定公立医院薪酬水平、改革主要负责人薪酬、落实内部分配自主权、建立完善绩效考核以及完善薪酬来源等六方面内容，开展薪酬制度改革试点工作。据不完全统计，截至 2018 年底，全国 31 个省（区、市）均已选定样本医院，开展了公立医院薪酬制度改革试点工作。其中，部分省（区、市）在全省范围全面推开了公立医院薪酬制度改革，推动落实习近平总书记关于“允许医疗卫生机构突破现行事业单位工资调控水平，允许医疗服务收入扣除成本并按规定提取各项基金后主要用于人员奖励”的指示和要求。

2018年3月，人社部、财政部、原国家卫生计生委印发《关于完善基层医疗卫生机构绩效工资政策保障家庭医生签约服务工作的通知》，对保障基层医疗卫生人员待遇、调动医务人员积极性、保障家庭医生签约服务等工作提出了要求。一是统筹平衡与当地县区级公立医院绩效工资水平的关系，合理核定基层医疗卫生机构绩效工资总量和水平，落实“两个允许”。二是综合考虑基层医疗卫生机构公益目标完成情况、绩效考核情况、人员结构、事业发展、经费来源等因素，落实“三个倾斜”。三是基层医疗卫生机构可根据实际情况自行确定基础性绩效工资和奖励性绩效工资比例。四是可根据签约服务工作开展情况，设立全科医生津贴项目，在绩效工资中单列。提高全科医生工资水平，使其与当地县区级公立医院同等条件临床医师工资水平相衔接。五是强化卫生主管部门主体责任，完善基层医疗卫生机构考核评价机制，考核结果与绩效工资总量和主要负责人薪酬挂钩。六是签约服务费作为家庭医生团队所在基层医疗卫生机构收入的组成部分，可用于人员薪酬分配。

（三）适应服务需求的卫生人才流动配置机制出现新特点

随着医改的深入推进，尤其是分级诊疗制度和医联体、医共体的建设，城乡联动的卫生人才一体化合作和管理进一步探索完善，除了对口支援、柔性引进、特岗计划等各类援助和人才项目外，县乡人才一体化配置管理、县管乡用、乡管村用等人才管理模式不断创新。

继2013年在安徽、湖南、四川、云南开展全科医生特设岗位计划试点以来，全科医生特岗计划扩大到所有中西部地区，针对基层（乡镇）全科医生紧缺问题，引导和鼓励优秀医疗卫生人才到基层医疗卫生机构从事全科医疗工作，在县级公立医疗机构专门设置特设岗位，实施县管乡用，聘期内特岗全科医生享受所在县级公立医疗机构同类人员工资待遇。

编制是公立医疗卫生机构人员配置的主要依据。部分省份根据本地卫生健康事业发展实际，陆续出台了调整公立医院编制标准的文件，根据床位核定人员编制，同时对承担医学科研、公共卫生、应急与保障任务、对外对口援助、住院（全科）医师规范化培训、临床教学等任务按一定比例核增相应人员。有的地区也建立编制周转池制度，在全省存量事业编制总量内调剂一定规模的事业编制，建立公立医院事业编制周转池，供公立医院周转使用。随着医联体和县域医共体建设的推进，有的地区将人员编制在医共体范围内统筹调配使用，将县级公立医院、乡镇卫生院、社区卫生服务中心予以整合，现有编制统一管理、使用和调配。

三 卫生人才发展的突出成效和问题

（一）基层卫生人才政策创新力度不断加大，卫生人才城乡结构有优化

近年来，基层卫生人才数量稳步增加、结构不断优化主要得益于基层卫生人才管理机制的不断创新与突破。

一是基层卫生专业技术人员职称评审制度改革全面落实，突出临床实践的评审标准、条件进一步完善，基层卫生人员高级职称评审通过率不断提高。

二是基层医疗卫生机构岗位结构比例不断优化，重庆、湖南、天津、福建等地逐步提高基层中、高级岗位比例，基层卫生人才发展空间得到进一步拓展。

三是基层医疗卫生机构绩效工资政策进一步完善，统筹平衡与当地县区级公立医院绩效工资水平的关系，核定基层医疗卫生机构绩效工资水平，明确签约服务费可用于人员薪酬分配。

四是安徽、广东等地着力政策创新，对基层医疗卫生机构实行“公益一类财政保障、公益二类单位管理”，既强化保障又较好地调动基层积极性。

基于政策创新，2017～2018 年全国城乡卫生人员配置差距逐年拉大现象出现“拐点”：卫生技术人员城乡差距减小。其中，城乡每千人口卫生技术人员差值减小 0.16，医师差值减小 0.04，护士差值减小 0.03。

（二）公共卫生人才队伍建设问题突出

到 2018 年底，我国专业公共卫生机构共有卫生人员 82.6 万人，比上年

度有所减少。并且，近年来全国公共卫生人才队伍建设总体进展缓慢，尤其是疾病预防控制中心和卫生监督机构的人员呈现逐年递减态势。其中，疾病预防控制中心卫生人员由 2013 年的 19.44 万人减少到 2018 年的 18.78 万人，公共卫生医师占执业（助理）医师总数的比例也逐年下降。

公共卫生机构自 2009 年 10 月实施统一的绩效工资制度以来，总体呈现“规范有余、激励不足”的状况，尤其是疾控机构、卫生监督机构等一类事业单位，普遍缺乏活力和人才吸引力，人员老化、流失问题突出。据调查，医院、公共卫生机构、基层医疗卫生机构等三类机构的流失人员中，公共卫生机构转行不再从事医疗卫生工作的比例以及离退休的比例均为最高。随着健康中国建设的持续推进，公共卫生社会需求不断增加，公共卫生服务体系的职责定位以及待遇保障等亟待进一步梳理和明确。

（三）编制制度和岗位管理制度需进一步改革

改革开放 40 年来，医疗卫生服务需求快速增长，但医疗卫生机构的人员编制以及卫生人员配置、岗位设置、薪酬分配等管理制度与快速发展的服务需求不相匹配。

一是医疗卫生机构普遍缺编。根据对 5000 余家医疗卫生机构的抽样调查，样本医疗卫生机构编外用人占到 38.2%。其中，医院 43.0%，基层机构 25.2%，妇幼保健机构 44.4%。

二是医疗卫生机构编制数未实现动态核定，人员总量不足。如按照公立医院实有人数计算，2017 年全国公立医院床人比为 1∶1.16～1.33，尚达不到 1978 年 1689 号文件提出的 1∶1.3～1.7 配备标准，编制人数的床人比更低。

三是编制管理严格。虽然抽样调查的样本医疗卫生机构存在一定比例的空编，但空编的使用也受到严格限制，不能有效盘活存量。

四是岗位核定多以编内人员为基数。2017 年抽样调查的样本县具有高级资格的人数为高级岗位数的 172.6%，很大一部分卫生专业技术人员处于待聘状态，高级岗位供求矛盾较为突出。

B.5

城镇劳动者科学素质与技能状况分析

黄梅　谢晶　孙一平*

摘　要： 提高发展质量、全面建成小康社会，需要提高劳动者科学素质与技能水平。本文在梳理城镇劳动者科学素质和技能水平基本情况、把握城镇劳动者科学素质和技能水平提升的主要做法与面临新形势的基础上，分析了城镇劳动者科学素质和技能水平提升的基本走势：更加突出以高质量就业和充分就业为中心，更加强调以职业发展为导向，更加坚持各职能部门的共同参与，更加重视制度化和平台化建设，更加丰富提升的内容和形式等。

关键词： 城镇劳动者　科学素质　技能水平

城镇劳动者科学素质和技能水平，是衡量一个国家和地区创新创业能力的重要指标。面对新形势和新要求，全面提升城镇劳动者科学素质和技能水平，对加快建设创新型国家、有效促进人的全面发展、更好实施高质量就业和充分就业政策都具有重要的现实意义。本文所言之城镇劳动者特指在城镇就业的除公务员群体以外的18~60岁的人员。

* 黄梅，博士，中国人事科学研究院人力资源市场研究室副主任，副研究员；谢晶，博士，中国人事科学研究院企业人事管理研究室助理研究员；孙一平，博士，中国人事科学研究院企业人事管理研究室副研究员。

一　城镇劳动者科学素质与技能水平的基本情况

（一）城镇劳动人口规模

2018 年末，全国就业人员 77586 万人，比 2017 年末减少 54 万人，其中城镇就业人员 43419 万人，占全国就业人口的 57.25%，比 2017 年提高 2.33 个百分点。2018 年，全年城镇新增就业 1361 万人，比 2017 年增加 10 万人，城镇失业人员实现再就业 551 万人，比 2017 年减少 7 万人，就业困难人员就业 181 万人。全国农民工总量 28836 万人，比 2017 年增加 184 万人，其中外出农民工 17266 万人，比 2017 年增加 81 万人。随着我国经济发展和产业结构调整，就业人员在三次产业中的布局日趋优化，第一、二、三产业就业人员的比例由 2017 年的 27.0∶28.1∶44.9 变为 2018 年的 26.1∶27.6∶46.3。

表 1　2014～2018 年全国就业人员数量

单位：万人

指标	2014 年	2015 年	2016 年	2017 年	2018 年
就业人员总量	77253	77451	77603	77640	77586
第一产业就业人员	22790	21919	21496	20952	20250
第二产业就业人员	23099	22693	22350	21817	21414
第三产业就业人员	31364	32839	33757	34871	35922

资料来源：2014～2018 年度《人力资源和社会保障事业发展统计公报》。

（二）就业人口受教育程度

据统计，2017 年全国就业人员中研究生及以上学历占 0.8%，大学本科占 8.0%，大学专科占 9.4%，高等职业教育占 1.2%，大学本科及以上学历从业人员占比较 2016 年增加了 0.3 个百分点。从地区分布看，就业人口受过高等教育的比例排在前三位的依次是：北京（57.4%）、上海（48.3%）和天津（35.9%）。教育事业的快速发展使就业人员的受教育水平显著提高，为经济社会发展提供了有力的人才保障和智力支持。

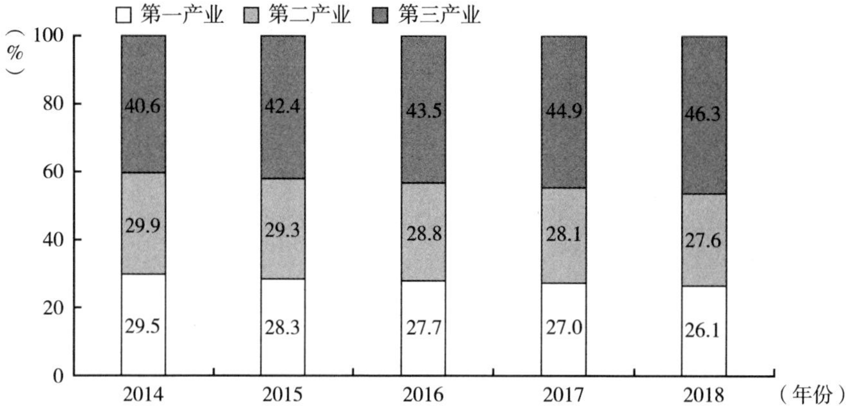

图 1　2014～2018 年全国就业人员产业构成情况

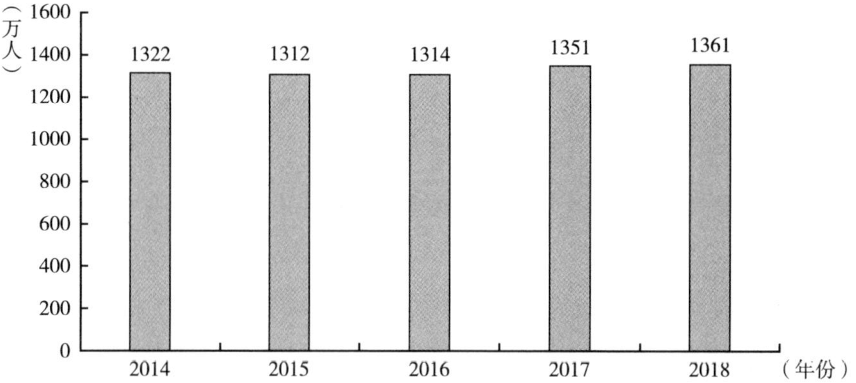

图 2　2014～2018 年城镇新增就业人数

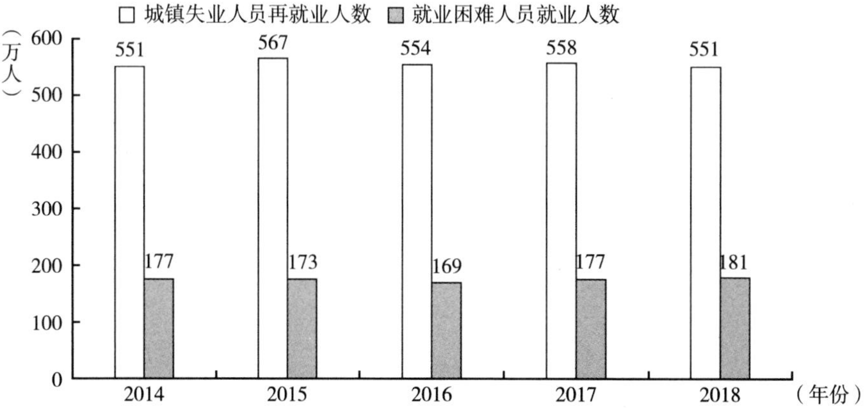

图 3　2014～2018 年城镇失业人员再就业情况

表 2　2017 年全国分地区就业人员受教育程度构成

单位：%

	合计	未上过学	小学	初中	高中	中等职业教育	高等职业教育	大学专科	大学本科	研究生及以上
全国	100.0	2.3	16.9	43.4	12.8	5.2	1.2	9.4	8.0	0.8
北京	100.0	0.1	2.3	20.7	12.5	7.0	1.6	18.2	30.4	7.2
天津	100.0	0.4	7.1	34.5	11.8	10.4	1.3	13.6	18.7	2.3
河北	100.0	0.9	12.3	49.8	13.5	6.0	1.0	9.8	6.2	0.5
山西	100.0	1.2	11.7	45.2	14.0	5.7	1.1	11.6	8.9	0.8
内蒙古	100.0	2.0	16.0	13.7	12.6	3.8	0.6	11.9	8.9	0.5
辽宁	100.0	0.4	11.2	51.3	9.9	5.1	1.2	10.0	9.9	0.9
吉林	100.0	0.7	16.4	46.9	13.7	4.1	1.1	8.4	8.3	0.5
黑龙江	100.0	0.8	15.2	51.1	11.8	3.3	0.9	8.3	8.0	0.6
上海	100.0	0.6	4.4	28.8	12.2	5.8	2.1	16.4	25.0	4.8
江苏	100.0	2.0	13.4	37.8	13.1	6.6	2.0	13.5	10.8	0.9
浙江	100.0	1.8	15.0	37.2	14.1	4.1	1.3	12.6	12.9	1.0
安徽	100.0	7.1	20.0	46.7	9.3	3.5	0.7	7.0	5.2	0.4
福建	100.0	2.3	19.3	40.1	12.0	6.3	1.1	9.0	9.2	0.6
江西	100.0	1.9	19.9	47.7	14.0	4.2	0.9	6.4	4.7	0.3
山东	100.0	2.4	14.6	46.5	12.5	7.1	1.1	8.5	6.5	0.6
河南	100.0	2.1	14.2	51.6	14.4	4.1	1.1	7.6	4.6	0.3
湖北	100.0	2.7	17.1	43.3	13.8	5.9	1.4	8.2	6.5	1.1
湖南	100.0	1.2	15.5	43.6	17.5	4.7	1.2	9.1	6.5	0.6
广东	100.0	0.5	10.7	41.9	18.9	7.6	1.8	10.8	7.3	0.5
广西	100.0	1.0	18.0	51.6	9.6	5.7	1.1	7.3	5.2	0.4
海南	100.0	1.8	12.9	51.4	12.7	5.7	0.9	7.9	6.5	0.3
重庆	100.0	1.9	27.2	33.3	12.5	4.5	1.2	10.7	7.8	0.9
四川	100.0	3.4	29.4	39.2	9.8	4.1	1.0	7.6	5.1	0.4
贵州	100.0	8.4	32.2	39.1	6.7	2.9	0.5	1.8	5.2	0.2
云南	100.0	4.7	32.6	42.8	6.1	3.7	0.7	4.6	4.5	0.4
西藏	100.0	23.7	46.4	12.8	3.3	1.4	0.5	6.0	5.5	0.2
陕西	100.0	2.3	13.0	44.2	14.1	4.4	1.6	11.4	8.2	0.7
甘肃	100.0	4.8	24.6	40.6	11.8	3.2	0.7	7.2	6.8	0.3
青海	100.0	6.1	25.1	35.7	10.1	2.8	0.7	10.5	8.9	0.2
宁夏	100.0	5.2	16.5	39.7	11.2	4.8	0.9	11.7	9.7	0.5
新疆	100.0	1.4	16.3	40.7	10.6	6.1	1.1	12.4	10.8	0.7

资料来源：国家统计局人口和就业统计司编《中国人口和就业统计年鉴（2018）》，中国统计出版社，2018。

（三）城镇劳动者科学素质水平

第十次中国公民科学素质调查结果显示，2018 年我国公民具备科学素质的比例达到 8.47%，比 2015 年的 6.20% 提高 2.27 个百分点，为完成《国民经济和社会发展第十三个五年规划纲要》中 2020 年“公民具备科学素质的比例超过 10%”的目标奠定了坚实基础。从各地区情况看，公民科学素质水平均有快速提升。其中，上海、北京公民科学素质水平超过 20%，天津、江苏、浙江和广东超过 10%，上述省份和山东、福建、湖北、辽宁共 10 个省份超过全国平均水平。

城乡和不同性别科学素质发展不平衡状况有所缓解。“十三五”以来，城乡差距缩小了 0.67 个百分点，性别差距缩小了 0.75 个百分点。互联网对公民科学素质提升发挥着越来越重要的作用，我国公民每天通过互联网及移动互联网获取科技信息的比例高达 64.6%，除电视外远超过其他传统媒体。

（四）城镇劳动者技能水平

2018 年末，全国共有技工院校 2379 所，在校学生 341.6 万人，全年面向社会开展培训 420.6 万人次；全国共有就业训练中心 2298 所，民办培训机构 21565 所；全国共有职业技能鉴定机构 8912 个，职业技能鉴定考评人员 25 万人。全年共有 1135 万人参加职业技能鉴定，903 万人取得职业资格证书，其中 35 万人取得技师、高级技师职业资格。2018 年，组织开展国家级一类职业技能大赛 8 项，涵盖 52 个世界技能大赛参赛项目和 28 个职业（工种），开展国家级二类职业技能竞赛 51 项，覆盖 104 个职业（工种），有 1000 多万人次参加比赛。

（五）专业技术人才素质水平

从总体上看，近年来专业技术人才总量稳步增加，素质水平明显提升。截至 2018 年末，享受政府特殊津贴专家 18.2 万人，国家百千万人才工程入选者 5700 多人，各类留学回国人员总数为 51.94 万人；博士后科研工作站

3728个，博士后科研流动站2994个，累计招收培养博士后20.7万人。2018年，深入开展万名专家服务基层工作，遴选实施60项专家服务基层示范项目，遴选设立20个国家级专家服务基地，2470多名专家深入基层一线，培训指导基层专业技术人员3.9万多人；全国共有1495万人报名参加专业技术人员资格考试，292.3万人取得资格证书。截至2018年末，全国累计共有2913万人取得各类专业技术人员资格证书。

二 提升城镇劳动者科学素质和技能水平的主要做法①

（一）优化提升城镇劳动者科学素质的组织体系

1. 强化专业技术人才继续教育和实践锻炼

由人社部牵头，通过持续推进专业技术人才知识更新工程、稳步推进西部地区专业技术人员特殊培养等工作，不断提升专业技术人员的科学素质。2018年，共举办高级研修班300期，培训高层次专业技术人才2.1万人次，开展急需紧缺人才培养培训和岗位培训108.8万人次；新建国家级专业技术人员继续教育基地20家，总数已达160家。少数民族科技骨干特殊培养工作深入实施，全年培养选拔400名新疆特培学员和120名西藏特培学员，组织4期新疆、西藏特培专家服务团活动。

2. 推动新时代青年创业就业能力提升

由团中央牵头，主要通过持续开发青年创业课程、开展创业教育、举办青年创业讲坛、实施青年创业就业见习基地项目、开展中国青年创业奖等行动提升青年人的就业创业能力。比如，通过开展中国青年创业奖、农村青年致富带头人等评选活动，宣传青年身边的创业典型，帮助青年增强创业意识，激发创业热情。据统计，在信息技术服务业、文体娱乐业、科技服务业

① 此部分关于城镇劳动者科学素质提升的主要做法，是按照《全民科学素质行动计划纲要》的任务分工，重点涉及人社部、全国总工会、安监总局、团中央和全国总工会等部门。关于技能水平提升部分，主要描述人社部门实施的一些具体措施。

等以创新创意为核心竞争力的行业中，青年均占从业者的一半以上。[1]

3. 开展女性人才创业就业培训

由全国妇联牵头，通过开展“创业创新巾帼行动”“巾帼脱贫行动”“乡村振兴巾帼行动”“创业创新巾帼行动”“巾帼文明岗创建”等活动，提升妇女的创业创新能力。2015～2017 年，各级妇联累计建立女大学生创业实践基地近万个，开展妇女创业培训 550 多万人次，创建女性众创空间、双创孵化器等女性服务平台 3800 多个，帮助 64 万妇女实现创业梦想。

4. 加强技能人才技能和安全知识教育

全国总工会通过发挥工会“大学校”作用，推动实体书屋、电子书屋同步并行发展；以“当好主人翁、建功新时代”为主题，深化劳动和技能竞赛；出台《全国职工素质建设工程五年规划（2015～2019 年）》和《中华全国总工会关于充分发挥在建设知识型、技术型、创新型技术工人队伍中作用的意见》，推动职工素质建设。应急管理部深入开展“安全生产月”和“安全生产万里行”活动，大力宣传安全生产法律法规。

（二）持续打造城镇劳动者技能水平提升通道

1. 加强技能人才职业培训

由人社部牵头，通过推进高技能人才队伍建设、开展技能振兴专项活动，健全面向城镇技能劳动者的职业培训体系。2018 年，全年共组织各类职业培训 1651 万人次。其中，就业技能培训 853 万人次，岗位技能提升培训 552 万人次，创业培训 201 万人次，其他培训 45 万人次。在全年各类职业培训中，培训城镇登记失业人员 210 万人次。2018 年，还全面推行终身职业技能培训制度和企业新型学徒制，加强技能人才职业培训制度保障。

2. 推动农民工职业技能培训

由人社部牵头，通过加强农民工职业技能培训统筹管理，提高农民工的

① 贺军科：《在改革开放进程中阔步前进的中国青年发展事业》，中国青年网，2018 年 11 月 29 日。

科学素质和技能水平。据统计，在2018年全年各类职业培训中，培训农民工831万人次。从培训方式上，逐步改变了传统单一的集中授课、填鸭式教学等模式，不断推广企校合作、工学一体化、“互联网+职业培训”、职业培训包、多媒体资源培训等灵活多样的培训方式。从培训公共服务上，支持职业培训机构与行业协会、大中型企业、劳务输出机构等建立联合体，开展培训就业一站式服务，并推进劳务输入地与输出地联动对接，延长新生代农民工跨区域培训就业服务链条。

3. 开展新成长劳动力技能培训

2014年以来，人社部在全国组织开展农民工职业技能提升计划——“春潮行动”，专门面向农村转移就业劳动者开展就业技能、岗位技能提升和创业等职业培训，提升农民工就业创业能力。同时，加强城乡未继续升学的应届初高中毕业生和应届大学毕业生职业技能培训。据统计，在2018年各类职业培训中，培训城乡未继续升学的初高中应届毕业生42万人次，培训高校应届毕业生104万人次。

（三）搭建城镇劳动者科学素质和技能水平提升平台

1. 加强国家级继续教育基地建设

根据人社部印发的《国家级专业技术人员继续教育基地建设管理办法》《专业技术人才知识更新工程国家级继续教育基地补助经费管理办法》《人力资源社会保障部办公厅关于国家级专业技术人员继续教育基地建设有关问题的通知》等文件，人社部积极建设基地信息发布和工作平台。据统计，2018年新建国家级专业技术人员继续教育基地20家，总数已达160家。

2. 推进企业新型学徒制试点工作

2018年11月21日，人社部、财政部、国资委在北京召开全面推行企业新型学徒制工作电视电话会，会议要求：2019年全面推开企业新型学徒制，对企业新招用和转岗的技能岗位人员进行系统培训。自2015年试点以来，截至2018年11月，试点企业共158家，培养新型学徒制企业职工近2

万人，其中转岗职工 3670 人以上，涉及机械、化工、电气、汽修、数控、焊接等近百个工种。

3. 持续开展职业技能竞赛

2018 年 8 月 18 日，由全国总工会、科技部、人社部、工信部共同举办的第六届全国职工职业技能大赛决赛在江苏南京开幕。大赛设置钳工、焊工、数控加工中心操作工、数控机床装调维修工、网络与信息安全管理员、砌筑工等六个决赛工种。

4. 举办“中国创翼”创业创新大赛

2018 年 10 月 15 日，由人社部、国家发改委、科技部、共青团中央、中国残联共同举办的第三届“中国创翼”创业创新大赛在河南省郑州市落下帷幕。大赛主题为“创响新时代、共圆中国梦”，共有 92 个项目分获一、二、三等奖和优胜奖，并由人社部授予“全国优秀创业创新项目”称号。通过合理运用政府公共资源和充分动员社会其他资源，大赛为优秀青年创业创新项目提供了创业培训、创业指导、风险投资、园区孵化等对接服务。

三　城镇劳动者科学素质和技能水平提升面临的新形势

（一）深化供给侧结构性改革

建设现代化经济体系，必须转变发展方式，优化经济结构，转换增长动力，构建现代产业体系，把提高供给质量作为主攻方向，大力发展先进制造业。在建设制造强国过程中，需要引导技术、人才（尤其是高技能人才）、劳动力、资本等生产要素发挥叠加效应，协同投向实体经济特别是先进制造业，需要建设知识型、技能型、创新型劳动者大军。从总体上看，当前技能劳动者占从业人员的比例不足 13%，技师、高级技师占技能劳动者总量的比例仅为 4.8%。从近年来我国劳动力市场需求来看，技能劳动者的求人倍率（岗位数与求职人数之比）一直在 1.5∶1

以上，高级技工的求人倍率甚至达到2:1以上。调查显示，我国制造业发展急需的技能人才普遍缺乏，全国技工的供需缺口在2200万~3300万人。从劳动力市场供给来看，技能劳动力短缺，职业素质偏低现象明显，劳动者的技能水平还不能有效满足现代经济体系特别是产业体系建设的需要。

（二）实施创新驱动发展战略

2012年，全国科技创新大会提出要实施创新驱动发展。2016年，《国家创新驱动发展战略纲要》发布实施，指出：到2020年进入创新型国家行列，到2030年进入创新型国家前列，到2049年成为世界科技强国。但由于我国创新创业教育薄弱等原因，城镇劳动者创新创业意识和能力存在“先天不足”。创新驱动发展战略的实施，一方面需要劳动者要具有扎实的知识基础；另一方面也需要劳动者具有良好的创新创业能力。在实施创新驱动发展战略过程中，第四次工业革命的到来将极大地推动科技变革，对城镇劳动者能力素质提出了更高要求：对各种新技术的科学基础有扎实理解、对新业态和新模式的人文元素有清晰认识、对新技术和新产业以及社会需求有快速反应；有更强烈的危机意识、更积极的批判思维、更敏锐的创新意识、更长远的发展眼光、更宽阔的全球视野、更有效的协同创新能力等。

（三）促进城乡融合发展

促进城乡融合发展，要加快形成工农互促、城乡互补、全面融合、共同繁荣的新型工农城乡关系。在重塑新型工农城乡关系的过程中，需要实现新型城镇化，需要实现乡村振兴，需要实现二者有效融合。近年来，随着我国城镇化进程推进，构建了以城市群为主体的大中小城市和小城镇协调发展的城镇格局，在一定程度上加快了农业转移人口市民化，城镇人口占全国总人口的比重越来越大。《2018年国民经济和社会发展统计公报》显示，2018年末我国常住人口城镇化率为59.58%，比2017年末提高1.06个百分点；

户籍人口城镇化率为43.37%，比2017年末提高1.02个百分点。这种新型城镇化，不再片面追求城市规模扩大、空间扩张，而是人的城镇化。这意味着人们的生产方式、职业结构、消费行为、生活方式、价值观念都将发生极其深刻的变化，并通过提高城镇人口科学素质、技能水平以及生活质量，推进农业转移人口市民化。

四　提升城镇劳动者科学素质与技能水平的基本走势

（一）更加突出以高质量就业和充分就业为中心

城镇劳动者的科学素质和技能水平主要体现在他们的职业知识、职业技能、职业能力、职业价值观等方面。党的十九大报告提出："就业是最大的民生。要坚持就业优先战略和积极就业政策，实现更高质量和更充分就业。"城镇劳动者科学素质和技能水平提升要更好地坚持以充分就业和高质量就业为中心，开展各类活动，特别是开展化解过剩产能企业职工特别是职业培训计划、农民工职业技能提升计划"春潮行动"和返乡创业培训行动计划、残疾人职业技能提升计划等素质技能再造培训活动，要更加突出就业发展适应性。

（二）更加强调以职业发展为导向

城镇劳动者科学素质和技能水平提升必须立足岗位，紧紧围绕岗位的能力素质需求，通过职业培训、继续教育、技能竞赛、导师带徒、宣传引导等多种方式进行。比如，开展农民工职业技能培训，实施专业技术人才知识更新工程，参加世界技能大赛，实行企业新型学徒制，开发《工匠精神读本》，面向在校生和未升学毕业生提供多种形式职业发展辅导等，都要更加突出岗位技能标准与要求，着眼岗位技能发展前沿走势。以职业发展为导向的培训形式，将对城镇劳动者科学素质和技能水平提升发挥越来越重要的作用。

（三）更加健全各职能部门参与机制

城镇劳动者科学素质和技能水平提升活动涉及人社部、全国总工会、共青团中央、全国妇联等多个部门。在城镇劳动者素质和技能水平提升行动中，各部门必须紧紧围绕各自职能任务积极开展城镇劳动者科学素质和技能水平提升活动。比如，人社部开展的各类职业技能培训计划，全国总工会开展的全国职工素质建设工程，团中央开展的大学生 KAB 创业教育等。面向未来，城镇劳动者科学素质和技能水平提升更要进一步协调各职能部门的关系，合理分工，加强合作，建立健全城镇劳动者素质和技能提升参与机制。

（四）更加重视制度化和平台化建设

经过多年努力，城镇劳动者科学素质和技能水平提升行动已经初现制度化和平台化效应，在相关立法、职业培训项目、实训基地建设、网络教育平台建设等方面均有突破性进展。以专业技术人员为例，人社部 2015 年以部令形式颁布了《专业技术人员继续教育规定》；建立了一批国家级专业技术人员继续教育基地；逐步完善了知识更新工程公共服务平台。未来还要通过搭建开放的科学知识学习平台，完善分行业、分专业、分职业的劳动者求职和企业用工需求对接平台，做实互联互通的研教产合作机制等。

（五）更加丰富提升的内容和形式

当前，提升城镇劳动者素质和技能水平仍以培训为主，形式较为单一；在培训内容上，存在一定重视文化知识忽视能力素质、重视职业技能忽视职业素养、重视就业技能忽视创新发展能力的现象；在离校后知识积累与在校知识积累的关联性方面，学历教育管理与继续教育管理未纳入统一的标准框架，劳动者持续的知识积累和能力提升具有一定的体制障碍。未来必须针对城镇劳动者中的不同群体科学素质或技能水平及其发展要求，构建差异化的内容体系和方法体系。例如，面向农民工，应重点提高其职业技能水平和适应城市生活的能力。

参考文献

Miller, J. D. , Scientific Literacy and Citizenship in the 21st Century, Shiele B. and Koster E. H. , Multimode Science Centers for This Century. Multimondes, 2000: 369 – 413.

《第十次中国公民科学素质调查结果公布》，中国文明网，http://www. wenming. cn/bwzx/dt/201809/t20180920_ 4838028. shtml。

李群、刘涛：《城镇劳动人口科学素质及影响因素——以京津沪渝湘川为例》，《中国科技论坛》2017年第5期。

秦素青、陈永亨、廖景平、徐凤霞：《新型城镇劳动者的环境素养分析》，《中国经贸导刊》2016年第11期。

《国家安全生产监察专员杨占科就“深入开展〈安全生产法〉宣传周活动，扎实推进安全生产法制建设”等相关话题接受人民网专访》，人民网，2017年12月4日。

《共青团为广大青年打开创业通道》，中国共产党新闻网，http://cpc. people. com. cn/gqt/n/2015/1015/c363174 – 27702726. html。

《全国妇联四举措促进妇女创业就业取得新成效》，《中国妇女报》2017年12月7日。

人力资源和社会保障部：《2014年度人力资源和社会保障事业发展统计公报》，2015。

人力资源和社会保障部：《2015年度人力资源和社会保障事业发展统计公报》，2016。

人力资源和社会保障部：《2016年度人力资源和社会保障事业发展统计公报》，2017。

人力资源和社会保障部：《2017年度人力资源和社会保障事业发展统计公报》，2018。

人力资源和社会保障部：《2018年度人力资源和社会保障事业发展统计公报》，2019。

汪怿：《未来30年上海人才发展战略研究》，上海社会科学院出版社，2017。

韩秉志：《高技能人才呼唤“终身培训”》，《经济日报》2018年5月9日。

贺军科：《在改革开放进程中阔步前进的中国青年发展事业》，中国青年网，2018年11月29日。

人才工作篇

Work Related to Talents

B.6

我国地方人才工作的趋势与特点

范青青　孙 锐*

摘　要： 近年来，各地结合实际，贯彻落实中央部署，不断深化人才管理体制机制改革：创新招才引智管理服务体制，推进职业教育改革，深化职称与职业资格改革，下放科研管理自主权，实施更加开放的人才政策，加快升级人才服务，加大人才安居落户保障，促进人才发展立法，使地方人才工作推动经济社会高质量发展再上新台阶。

关键词： 地方人才工作　管理体制　改革创新

* 范青青，中国人事科学研究院国外人力资源研究室研究实习员；孙锐，博士，中国人事科学研究院国外人力资源研究室主任，研究员。

近年来，为加快建设人才强国，我国实行更加积极、更加开放、更加有效的人才政策，党中央对人才工作做出了一系列部署安排。各地结合实际，落实中央改革部署，在人才“引、育、用、留”等各环节着力创新，强化协同，释放体制机制活力，人才政策效应日益凸显。本文在梳理近期各地人才工作实践的基础上，重点分析了地方人才工作发展的趋势和特点。

一 创新招才引智管理服务体制

近年来，一些地方在深化人才引进改革方面积极探索，强化组织力，推动引才政策落实落地。

（一）优化招才引智组织领导

武汉将招才引智列为“一把手工程”，于2017年成立招才引智工作领导小组，并下设办事机构——“招才局”，强化全市招才引智工作牵头抓总、综合协调和督促检查职能。武汉市招才局与武汉市委人才工作领导小组办公室合署办公，采用“虚拟机构、实体运作”的工作模式，把以往分散在组织、人社、科技、经信等部门涉及人才项目、资金、政策等方面的工作进行统筹整合，减少职能交叉，打造工作合力。[①] 在设立招才局之后，武汉市又挂牌成立了“武汉开发区上海人才工作站”，以上海市为“桥头堡”，通过建立重点产业高端专业人才数据库，在全球广揽英才。[②]

2017年6月，上海浦东新区成立“海外人才局”。该机构整合海外人才政策制定与宣传、国外智力引进、外国专家管理、外国人来华工作许可审批等相关职能，牵头制定顶尖科研团队认定标准和程序，推动外国人A类证件申办由5日缩短为3日，举行“海外华人精英浦东行”等活动。

① 《武汉市招才局正式成立　雷军等6人受聘为“招才顾问”》，湖北日报网，http://news.cnhubei.com/xw/wuhan/201704/t3813108.shtml。

② 《武汉开发区上海人才工作站挂牌成立，开启全球揽才计划》，新华社，http://news.163.com/17/1207/13/D52BQU84000187VE.html。

（二）探索建立人才工作企业集团

2017 年 8 月，经黄埔区、广州开发区管委会批准，广东省首家人才工作集团——广州开发区人才工作集团注册成立。这标志着广州开发区在引进人才、服务人才、投资人才、提升人才方面开启了新探索，为全国人才工作实行市场化运作、实现公益性目标开辟了新路子。① 该集团是区属一级、准公益性国有独资企业，其创新性在于首创全链条人才服务模式，为人才提供全链条“一站式”服务，这在全省乃至全国均是首创。

2018 年 1 月，深圳前海国际人才服务中心有限公司成立并正式运营。作为前海科创投控股有限公司的全资子公司，该公司将具体承担前海人才政策宣传和落实、国际人才引进和联系服务、人才认定服务、人才交流活动组织等工作。此后，该中心将在前海设立“人才服务专厅”，为人才提供签证办理、就业许可、政策补贴等一站式服务。未来该公司还将提供人才落户、档案管理、高端人才寻访、教育培训等市场化服务。②

（三）创新引才模式

2015 年，武汉推出“城市合伙人”计划，计划 5 年引进 10 名产业创新顶尖领军人才、1000 名产业领军人才、100 名知名创业投资人、1000 名各类天使投资人，培育集聚 20 万名青年研发创业人才，带动形成 100 万产业大军。③ 这些人才经认定后可获得“服务绿卡”。这一措施不仅给人才提供了服务和保障，也为人才开通了一条创业投资的绿色通道。

2017 年武汉聘任“招才大使”，首批聘请小米科技董事长兼 CEO 雷军

---

① 《广州开发区再启动最高 300 万元年薪全球“抢人”工作》，http：//www. sohu. com/a/302169512_ 119778。

② 《中国国际人才交流大会前海展区备受关注》，前海深港合作区，https：//mp. weixin. qq. com/s? _ _ biz = MzA3NzM1MzExMQ% 3D% 3D&idx = 2&mid = 2651590785&sn = f5e6135cbc37acfbca340703f935715a。

③ 《武汉：一张服务绿卡　为人才创业开辟绿色通道》，《西安日报》，http：//www. 100zp. com/news/03/2017/98780. html。

等6名知名企业家担任“招才顾问”，聘请武汉大学校友企业家联谊会秘书长蹇宏等10人担任“招才大使”。① 通过聘请“招才顾问”“招才大使”等措施，武汉聚集了一批世界顶级产业科学家、创新创业领军人才、知名投资人和优秀青年创新创业人才，打造了“人才雁阵”，并与更多海内外高层次人才结为“城市合伙人”。

2017年以来，武汉着力推进“百万校友资智回汉工程”和“百万大学生留武汉行动计划”两大载体，提出“大学+”引才模式，通过与武汉大学、华中科技大学等在汉高校合作，搭建全球武汉校友智力回归、资本回归平台，开创城市“校友经济”新模式，推动武汉实现赶超发展。② 2018年，“百万校友资智回汉工程”走出武汉，在深圳举办首个国内区域性“双招双引”专场活动，借势粤港澳大湾区资智，助力武汉高质量发展。③

二　深入推进职业教育改革

近年来，落实中央相关政策精神，不少地方开始加快构建现代职业教育体系，深化“双元制”职业教育改革，加快改革“1+X”证书制度，着重培养具有“工匠精神”的高端应用型技术技能人才。

（一）深化“双元制”职业教育改革

近年来，北京、天津、江苏、四川、福建等省市以及深圳、成都等地都在探索以职校为主体引入德国人才培养模式和标准，开展德国“双元制”教育本土化实践，在推进职业教育向高质量发展、深化校企合作与产教融合等方面取得了不错的成效。

① 《武汉成立招才局推引智　雷军等6人受聘为“招才顾问”》，凤凰网，http://hb.ifeng.com/a/20170408/5536747_0.shtml。

② 《武汉招商引资与招才引智“两手发力”》，中国网，http://dz.china.com.cn/zsyz/2018-01-16/111604.html。

③ 《武汉百万校友资智回汉·大湾区专场签约40个项目金额超千亿》，新浪网，http://k.sina.com.cn/article_2759348142_a4784fae02700ajn3.html。

2017年1月，沈阳市教育局与中德新松教育科技集团开展深度合作，共同开设中德学院，率先在全国以一个城市为主体实施了“双元制”教育改革。[①] 中德学院引进德国“双元制”职业教育模式，促进企业和院校成为高端应用型技术技能人才培养的“双主体”，并通过“双教师”“双教材”“双证书”等方式着力解决人才培养、人才就业、企业用人等方面存在的诸多现实问题，为职业教育注入新力量和新元素，深入推进产教融合、校企合作，积极助力东北地区职业教育改革与发展。

（二）加快“1+X”证书制度改革

2019年4月，教育部等四部门部署启动“学历证书+若干职业技能等级证书”（简称“1+X”证书）制度试点工作。[②] 截至2019年5月，各地申请试点的职业技能等级证书已经全面涵盖首批启动试点的6个职业技能等级证书，[③] 参与学生20多万人。[④]

职业院校是“1+X”证书制度试点的实施主体。为了响应教育部“1+X”证书制度改革，杭州中策职业学校与杭州地铁集团合作推出“2+2”双高（高学历、高技能）人才培养模式，一批学生高二学年结束后被选拔至高职铁路院校进行为期两年的培养，后两年支持获得全日制自考或函授文凭，并要求获得岗位操作证书、技能等级证书，学生被正式录用一年后可报销相关费用。[⑤] 绍兴财经旅游学校结合课改和教学诊断，在学生中开展丰富的专业体验活动，鼓励学生在同一专业下进行多岗位选择和跨专业选择。该

① 《落实双元制教育改革　中德新松教育打造制造业人才高地》，新华网，http://www.ln.xinhuanet.com/yuanchuang/2017-11/22/c_1121995913.htm。

② 《落实职业教育改革实施方案　我国将启动1+X证书制度试点》，人民网，http://liuxue.people.com.cn/n1/2019/0220/c1006-30806267.html。

③ 教育部确定了参与首批试点的6个职业技能等级证书，包括建筑信息模型（BIM）、Web前端开发、物流管理、老年照护、汽车运用与维修和智能新能源汽车职业技能等级证书。

④ 《教育部：职教1+X证书制度试点工作取得新进展　参与学生约20多万人》，央广网，https://finance.sina.com.cn/roll/2019-05-10/doc-ihvhiqax7899843.shtml。

⑤ 《国家发布“职教20条”政策之利下职业院校的谋与变》，中国教育在线，https://www.eol.cn/zhejiang/zhejiang_news/201903/t20190311_1648466.shtml。

校依托现代学徒制和校企合作模式，努力将学生培养成“一专多能”的复合型技能人才。①

（三）强化高技能人才引育和激励

一是强化高端技能领军人才引育。天津于 2019 年 4 月开始实施“海河工匠”建设，明确提出要引进和培养企业高技能领军人才，鼓励企业建立首席技师制度。全市每年选拔 100 名优秀首席技师并连续 3 年给予每人每月 1000 元奖励资助。此外，给予引进的急需紧缺高技能人才最高 50 万元的奖励资助。② 同年 5 月，山东公布将在 2019 年遴选 2 万名左右“齐鲁工匠后备人才”培育对象，加快构建具有山东特色的高端技术技能人才培养体系。③

二是提高技能人才待遇。江西于 2018 年 11 月发布《关于提高技术工人待遇的实施意见（征求意见稿）》，鼓励企业在工资结构中设置体现技术技能价值的工资单元，或对关键技术岗位、关键工序和紧缺急需的技术工人实行项目工资、协议工资、年薪制等分配形式。④ 江苏更加注重对高技能领军人才的引进、培养、留用和保障，2019 年 5 月出台的《关于提高技术工人待遇的实施意见》明确提出，江苏高技能领军人才在子女入学、就医就诊、体检安排、购买自用商品房等方面与高层次人才享受同等待遇。⑤

---

① 《国家发布“职教 20 条” 政策之利下职业院校的谋与变》，中国教育在线，https：//www.eol.cn/zhejiang/zhejiang_news/201903/t20190311_1648466.shtml。

② 《天津市发布〈“海河工匠”建设〉政策 着力培养技能人才》，新华网，http：//www.tj.xinhuanet.com/shpd/2019－04/29/c_1124433376.htm。

③ 《山东遴选两万名“齐鲁工匠后备人才”》，齐鲁网，http：//www.360kuai.com/pc/9ebee2ee69c4f5b2e? cota＝4&kuai_so＝1&tj_url＝so_rec&sign＝360_e39369d1&refer_scene＝so_1。

④ 《国企工资分配向一线技工和高技能人才倾斜》，人民网，http：//jx.people.com.cn/n2/2018/1116/c190181－32292936.html。

⑤ 《江苏出台提高技术工人待遇的实施意见 高技能领军人才享高层次人才待遇》，中国江苏网，http：//nt.leju.com/news/2019－05－12/08456533139786281317143.shtml。

三　深化职称与职业资格改革

近年来，特别是2019年以来，多部门出台关于工程领域职称和职业资格改革政策，证书直接对应职称，职称与职业技能可“互评”。[①] 在中央政策文件精神指导下，深圳、北京、上海、苏州、昆山等城市相继开始职称和职业资格衔接改革，其先行先试经验值得借鉴。

（一）推动职称社会化改革

深圳于2013年起全面启动职称评审社会化改革，其中最重要的举措就是将职称评审工作委托专业性的社会组织承担。截至2018年底，共有38家社会组织承接78个评委会119个专业的社会化职称评审工作。[②] 2019年3月，深圳发布《深圳市深化职称制度改革实施方案》，提出19项改革措施，大胆探索，将向事业单位、重点企业和研发机构，更大范围地下放职称评审权，推动企业职称自主评审试点工作，满足产业高精尖专技人才评价需求。借鉴发达国家和地区经验打造“专业共同体”，建立真实可信的“职业信用档案”。以粤港澳大湾区建设为契机，深化改革，推动实施具有港澳执业资格的金融、建筑、规划、专利代理等领域专业人才，经相关部门或机构备案后，按规定范围在深圳提供专业服务。在符合国际惯例和通行做法的专业资格管理领域，探索专业资格双向交流认可。[③]

（二）推进职称与职业资格接轨

为拓宽海外人才在华职业发展空间，苏州于2017年11月出台《苏州市

---

① 《职业资格与职称全面打通，一级直接对应中级，可申报高级》，http：//www. sohu. com/a/298122837_ 282394。

② 《深圳职称制度重磅改革！事业单位将迎来这些变化》，http：//www. sohu. com/a/305900904_ 186038。

③ 《深圳职称改革推19项重磅举措，更大范围下放职称评审权》，http：//sh. qihoo. com/pc/9d1c5d00add1c360d? cota =4&tj_ url = so_ rec&sign =360_ e39369d1&re fer_ scene = so_ 1。

国际职业资格比照认定职称资格办法（试行）》，选取 79 个工程技术类国际职业资格，形成比照认定国内对应职称清单。凡是取得国际职业资格证书且在苏州从事相关工作的人员，在符合学历、资历等申报条件的情况下，不用再参加逐级评审，可直接认定相应职称。国际职业资格与对应职称的衔接认定，使我国的人才评价制度更加积极开放。①

（三）推进海峡两岸职业资格互认

福建平潭于 2017 年 12 月在全国首创“直接采认台湾地区职业技能资格”的举措，直接推动了海峡两岸职业资格互认。2018 年 6 月，全国首张“台湾地区职业资格证书采信证明”在平潭颁出。同年，人社部批复中式烹调师、西式烹调师、美容师、美发师、汽车维修工这 5 个社会常用工种，对台胞直接采认其技能水平，只进行理论考试，合格者颁发人社部统一印发的相应等级职业资格证书。② 截至 2019 年 5 月，平潭已向台胞发放了 300 多本采信证明，该举措前期已在福建省推广。平潭的先行先试为两岸职业资格交流融合提供了一个很好的实践案例。③

2019 年 2 月，昆山开始实施台湾职业资格比照认定工作，为符合认定条件的台湾申请者直接发放相应职称证书。为便利台湾专业技术人才发展、激发其创新热情，昆山选定台湾 51 个技术士资格和 17 个技师资格作为比照认定的台湾职业资格，打通两岸人才职称通道。职业资格比照认定进一步简化了职称申报评审程序，同时，昆山还引进台湾职业资格标准和培训资源，计划每年为台资企业培育 4000 名以上紧缺高技能人才并给予财政资金支持。④

---

① 《〈苏州市国际职业资格比照认定职称资格办法（试行）〉解读》，http：//www.suzhou.gov.cn/xxgk/fggwjjd/zcfgjd/szs/201712/t20171208_939247.shtml。

② 《平潭向 70 名台胞发放了 88 张采信证明，且这些台胞有望拿到国家职业资格证书》，《平潭时报》，https：//mp.weixin.qq.com/s/xQD7iDkm3FqivOadRFvlwg。

③ 《平潭向 70 名台胞发放了 88 张采信证明，且这些台胞有望拿到国家职业资格证书》，《平潭时报》，https：//mp.weixin.qq.com/s/xQD7iDkm3FqivOadRFvlwg。

④ 《江苏昆山：台湾职业资格比照认定打通两岸人才职称通道》，新华社，https：//article.xuexi.cn/html/3744266805291147.html?study_comment_disable=0&study_style_id=feeds_default&source=share&share_to=wx_single&from=timeline。

四 加大人才安居落户保障

2017年以来，成都、武汉、西安等城市纷纷出台和落实人才引进政策，在推动人才落户安居方面持续发力。据不完全统计，截至2019年4月，全国共有包含常州、海口、西安、南京、深圳、芜湖、呼和浩特在内的近30个城市陆续出台了人才新政，[①] 通过降低人才落户门槛、给予购房租房优惠、加大人才落地补贴等措施，引进、留住、保障人才。

（一）降低人才落户门槛

深圳早在2016年就首开先河，大幅调整落户条件，全日制大专以上应届毕业生可直接引进，全面优化人口结构，对人才入户数量不设上限。[②] 2017年，深圳发布首个积分入户办法，为长期在深稳定就业和居住的非户籍人口，打开一条全新的落户通道。北京在2018年出台政策引进10类优秀人才，通过多种方式不拘一格地为本市各类创新主体引进紧缺急需人才。此后不久，北京公布最新积分落户政策，进一步拓宽了落户渠道。[③] 同年，上海公布落户新政，13个科技领域的人才及其家属可直接落户上海；[④] 在积分落户的基础上，清华、北大两所学校毕业的本科生即可直接落户上海。[⑤]

除一线城市放松落户政策外，武汉、西安、成都、杭州、济南、呼和浩特等很多二、三线城市打出了“零门槛”落户的招牌。[⑥] 南京出台政策规定研究生以上学历及40岁以下的本科学历人才，可凭毕业证书落户，技术、

① 《抢人大战哪些城市会赢？大数据反馈的结果令人意外！》，中财网，http：//linyi. leju. com/news/2019 - 05 - 29/09476539316151951096470. shtml。

② 《上海“抢人大战”再出新招！这些人可直接落户》，凤凰财经，http：//finance. ifeng. com/a/20180807/16433870_ 0. shtml。

③ 《北京市引进人才管理办法（试行）》，2018。

④ 《上海加快实施人才高峰工程行动方案》，2018。

⑤ 《2018年非上海生源应届普通高校毕业生进沪就业申请本市户籍评分办法》，2018。

⑥ 《关于进一步放宽留汉大学毕业生落户试行政策》《关于加强大学毕业生安居保障的实施意见》《武汉市大学毕业生在汉工作指导性最低年薪标准》（武汉市），2017。

技能型人才，凭高级工及以上职业资格证书落户。[①] 长沙、成都、南京推行先落户后就业政策，[②] 天津、青岛也出台新政实行“租房即可落户”政策。

（二）给予购房租房优惠

南京于2018年出台的政策规定，高层次人才购买首套房不受户籍限制，公积金最多可贷120万元。[③] 此后，南京市再次出台政策明确，在企业工作的博士安居租赁补贴标准由原来的每月1000元提升至2000元，对符合条件的人才安居住房，可采用先租后售的方式进行供应。[④] 珠海于2018年出台“英才计划”，来珠创新创业的两院院士等顶尖级人才可直接享受200万元奖励、600万元住房补贴。深圳于2019年更新“孔雀计划”，引进的A类人才可享受140平方米的人才公寓，10年后可以拥有房屋产权，或者领取1000万元人民币的住房补贴。武汉于2017年创新提出了“房票”的概念，明确规定非武汉市户籍个人凭“房票”可在武汉市范围内购买首套住房，进一步放宽了对买房的限制。[⑤] 武汉还发布政策规定“让更多留汉就业创业的大学毕业生以低于市场价20%的水平买到安居房、以低于市场价20%的水平租到租赁房”。南京进一步扩大新就业大学生人才安居保障覆盖面，企业新就业高校毕业生拿补贴租房的时限长达5年。呼和浩特实行大学毕业生安居工程，往届3年及以内具有普通全日制本科及以上学历的毕业生，满足一定条件，可在呼和浩特科技城范围内半价买房，首付比例最低至20%。成都出台政策，外地本科及以上学历的应届毕业生来成都应聘可在青年人才驿站免费入住7天，此外，政府对急需紧缺优秀人才提供人才

① 《南京要“抢人”了！40周岁以下本科毕业生可直接落户》，中国新闻网，https：//mp.weixin.qq.com/s?__biz=MjM5ODA4OTIyMA%3D%3D&chksm=bd28ba0c8a5f331a6d19f688 677fd0d6a27879e597a6bbe854d566311cf455d9cb7cd848298b&idx=2&mid=2651594087&scene=0&sn=d9b74108678e339ca248d553a4c0604e。

② 《关于进一步加强人才安居工作的实施意见》（南京市），2018。

③ 《南京市高层次人才购买商品住房服务工作办法（试行）》，2018。

④ 《人才安居精准服务实施细则》，2019。

⑤ 《武汉市房票（人才住房券）使用管理办法（试行）》，2017。

公寓租赁住房保障。[①] 杭州、东莞、郑州、长沙、西安、秦皇岛等地也都提供人才公寓和租赁补贴等，针对不同层级的人才实行多样化的购房租房保障。[②] 厦门新引进人才生活补贴进一步放宽到符合条件的本科生，该补贴对于台湾人才也同样适用。[③]

五　落实科研管理自主权

近年来，党中央、国务院聚焦提升科研绩效、优化分配机制、推进成果转化、完善科研管理等方面，先后制定出台了一系列政策文件。[④] 各地积极落实中央政策精神，探索优化科研管理，改革科技奖励制度，进一步下放科研自主权。

2017 年 3 月，广东省出台《关于进一步完善省级财政科研项目资金管理等政策的实施意见（试行）》，科研院所可从直接费用中开支本项目在编人员的人员费，保障参与科研项目的在编人员工资性支出，[⑤] 切实解决了科研经费重物轻人的问题。同时，为调动科研人员积极性，此文件取消绩效支出比例限制，明确项目承担单位可在核定的间接费用比例范围内统筹安排绩效支出，并与科研人员在项目工作中的实际贡献挂钩。[⑥] 此外，此文件进一

① 《呼和浩特市推进人才优先发展战略的若干措施（试行）》，2018；《呼和浩特市大学毕业生安居工程（试点）实施办法》，2019。

② 《郑州市青年人才首次购房补贴发放及非郑户籍人才购房实施办法（暂行）》《关于做好我市青年人才首次购房补贴发放工作的通知》，2017；《长沙市人才购房及购房补贴实施办法（试行）》，2017；《西安市人才安居办法》，2017；《秦皇岛市人才安居工程实施办法（试行）》，2017。

③ 《厦门市新引进人才补贴对象放宽了："双一流" 本科生　生活补贴 2 万元》，《厦门日报》，http：//www. cnr. cn/fj/jr/20190516/t20190516_ 524614828. shtml，2019 - 5 - 16。

④ 《赋予科研单位和人员更大自主权　北京又有了新方案》，创新创业中关村，https：//mp. weixin. qq. com/s/Chtdu - PnzTyL4QdhQuQimA。

⑤ 《广东省财政厅关于省级财政社会科学研究项目资金的管理办法》，《广东省人民政府公报》2018 年 2 月 5 日。

⑥ 《科研经费可以给在编人员发工资，广东先行一步!》，https：//mp. weixin. qq. com/s/S5XOH3cz4Xm6uZ3o68JyPg。

步下放预算项目调剂权限，下放差旅会议费管理权限，给高校和科研院所更大自主权，更便于科研项目结合实际情况充分释放创新创造活力。

2019 年 5 月，北京公布的《关于抓好赋予科研机构和人员更大自主权有关文件贯彻落实工作的工作方案》，在指导科研单位健全完善内部管理制度、推动科研人员的技术路线决策权落实到位、推动项目过程管理权落实到位、明确科研人员获得科技成果转化收益的具体办法、明确科研人员兼职的操作办法、明确有关项目经费的细化管理制度等方面明确任务分工，[①] 进一步贯彻落实有关文件精神。

六　实施更开放的引才政策

自 2015 年以来，国家先后在北京、上海和广东就外籍人才[②]出入境便利化、长短期居留等开展试点探索，实施了一系列更加开放的政策。

2018 年 2 月，中组部等 5 部委与北京市联合出台了“中关村国际人才 20 条”，在外籍人才担任法人、承担科技项目以及提名政府奖项资格等方面实现了突破，同时在人才计划配额制、外籍人才聘任、国际博士后培养等方面开展相关试点探索。2018 年 1 月，上海市先行先试，推出“上海出入境聚英计划（2017～2021）”，在上海每年陆续出台一批出入境政策，并重点引进急需紧缺的、适应国家经济社会发展需求的外籍高端人才。

近年来，广东省在推动粤港澳人才合作方面取得新进展。其中，深圳前海积极建设深港合作平台，设立前海深圳国际仲裁院，对认定的境外高端人才[③]和紧缺人才个人所得税超过 15% 部分给予财政补贴，对 250 余名境外人才兑现了个税补贴，放宽港澳专业人士执业门槛，先后引进香港 10 多类专

① 《赋予科研单位和人员更大自主权　北京又有了新方案》，创新创业中关村，https：//mp. weixin. qq. com/s/Chtdu－PnzTyL4QdhQuQimA。

② 本文中的海外人才包括外籍外裔人才和在国外留学或者工作的已经改变国籍或者没有改变国籍的人才。

③ 本文中的境外高端人才包括外籍高端人才和港澳台高端人才。

业人士执业从业；珠海横琴实施“港人港税、澳人澳税”差额补贴政策，推动珠海－澳门旅游职业资质互认；广州南沙开展28个工种的技能人才“一试三证”培养试点，深化实施人才绿卡制度。这些政策探索进一步增强了粤港澳大湾区的人才集聚力和国际竞争力。

2019年3月，财政部、税务总局联合下发《关于粤港澳大湾区个人所得税优惠政策的通知》。广东省、深圳市将在自2019年1月1日起至2023年12月31日止的5年时间里，按内地与香港个人所得税的税负差额，对在大湾区工作的境外高端人才和紧缺人才给予免征个人所得税的补贴。考虑到不同地区、不同行业的人才需求和界定差异，该政策赋权广东省、深圳市确定境外高端人才和紧缺人才的认定办法和补贴方法。① 这解决了长期困扰在粤境外高端人才的税负问题，将在较大程度上激励境外高端人才进一步在粤集聚。在境外高端人才保障方面，广州、珠海对境外高端人才个人自付医疗费用进行“二次报销”，深圳放宽部分港澳台及外籍专家参保缴费年龄限制，在境外高端人才保障工作上迈进了一步。

七　加快升级人才服务工作

推进人才工作市场化、国际化，是深化人才发展体制机制改革的重要内容。当前，北京、上海、广东、江苏等地和杭州、嘉兴等市大力推动人力资源市场化，通过强化人才服务工作，进一步提升区域人才吸引力。

2015年初，杭州推出“人才新政27条”，并制定45个配套细则，在全市推行“店小二”式服务人才（专家）制度，促进了人才集聚。近年来，杭州通过推进国际学校建设、推动与国际优质医疗资源合作等工作加快城市国际化步伐，并在为每一位国家“千人计划”专家、海外高层次人才提供优质医疗保健资源的同时配备健康顾问。此外，杭州为重点人才提供精准服

① 《解读！大湾区境外高端人才和紧缺人才个税优惠》，人才深圳，https：//mp. weixin. qq. com/s/OJdOh2oteDh8PI87H－vRLg。

务，通过专门设置一支“店小二”（代办员）队伍，在明确代办事项清单的基础上为重点人才提供项目代办服务。[①]

2016 年 5 月，嘉兴市委组织部牵头设立一个政策信息、投融资对接、招聘服务、法律咨询、市场对接等各类资源互联互通互享的人才服务平台——“红船服务”总联盟。为了给人才提供更好的服务，“红船服务”总联盟不断完善组织服务构架，实现资源有机整合，搭建人才和政府之间的良性互动平台，建立起亲清新型政商关系。目前总联盟涵盖侨商服务联盟、金融服务联盟、校企合作服务联盟等 12 个子联盟、9 个县（市、区）分联盟、19 家职能部门、3 家高层次人才社团和 4 家签约社会服务机构，陆续组织开展了“人才夜市”“金融服务专场”“红船服务日”等 97 场服务活动，解决问题 400 多项，参加活动者达到 4000 多人次，得到了人才、企业的一致好评。[②]

中关村作为国家级人才特区，聚集了大量的海外归国人员和外籍高端人才。2017 年，中关村管委会在中关村创业大街上挂牌设立“中关村外籍人才服务窗口”，外籍人才在京创新创业更加便利。“中关村外籍人才服务窗口”采取“政府公共服务 + 市场专业服务”的协同模式，为外籍人才提供出入境咨询、中关村高端领军人才聚集工程及雏鹰人才计划等政策咨询和服务。同时，服务窗口还为外国人才提供包括企业注册、财务服务、税务服务、法律服务、投融资服务、孵化服务等在内的保障创新创业的服务。[③] 2019 年初，中关村探索开展人才代办（含协办、陪办）服务工作，设立人才代办工作站 15 个，共配备代办专员 30 名。通过实施代办员代办制度，尝试为各类人才计划入选者提供精准服务，进一步激发各类人才计划入选者在中关村创新创业。[④]

---

① 《杭州推行“店小二”式人才服务》，中国人才网，http：//rencai. people. com. cn/n/2015/0330/c364615 - 26770844. html。

② 《嘉兴“红船服务”总联盟：这样的“店小二”暖心留人》，浙江新闻，http：//zjnews. zjol. com. cn/zjnews/jxnews/201902/t20190224_ 9524984. shtml。

③ 《中关村开通“外籍人才服务窗口”》，新华网，http：//www. xinhuanet. com//2017 - 09/20/c_ 1121697144. htm。

④ 《中关村探索开展人才代办服务工作》，创新创业中关村，http：//www. sohu. com/a/285285617_ 355034。

八 持续推进人才发展立法

近年来，部分省市积极探索人才立法工作，为人才集聚与发展提供良好制度环境。针对人力资源市场中的人才流动问题，加强人才工作法制建设，深圳自2017年11月1日起施行《深圳经济特区人才工作条例》，以立法引领和推动人才工作改革创新。该条例打破了户籍、年龄、身份、人事关系、职称体系等影响人才合理流动的壁垒，鼓励事业单位科研人员离岗创业。[①] 此外，该条例还明确，从2017年开始，将每年的11月1日定为“深圳人才日”。

珠海于2013年颁布实施我国首部人才开发促进条例——《珠海经济特区人才开发促进条例》，通过立法来保障珠海的人才事业发展，形成了人才投入的刚性约束、人才开发的法定职责，在全国形成了较好的示范引领效应。该条例为深化人才体制机制改革创新夯实了法制基础。[②]

石家庄于2018年11月1日颁布实施我国省会城市首部促进人才发展的地方性法规——《石家庄市人才发展促进条例》。该条例开启了石家庄人才发展的新篇章。[③] 此外，该条例明确将每年的11月6日定为“石家庄人才日”。

党的十九大前后，各地人才工作快速发展，亮点频出，在创新人才体制机制方面取得一定成效。同时，当前的人才工作还存在法制体系不够健全、人才软环境建设不足、人才流动渠道不够通畅等问题。为更好解决问题，各地将着眼释放人才红利，进一步深化改革。

---

① 《〈深圳经济特区人才工作条例〉明起正式施行》，深圳政府在线，http：//www. sz. gov. cn/cn/xxgk/zfxxgj/zwdt/201710/t20171031_ 9478608. htm。

② 《中国首部人才开发促进条例1日起在珠海实施》，中新网，http：//www. chinanews. com/gn/2013/10－01/5343053. shtml。

③ 《〈石家庄市人才发展促进条例〉2018年11月1日起实施》，石家庄市人民政府，http：//www. sjz. gov. cn/col/1514765251304/2018/11/02/1541115482708. html。

B.7

我国人才评价制度的改革与发展趋势

孙一平*

摘　要： 人才评价制度是人才发展体制机制的重要组成部分。2018 年印发的《关于分类推进人才评价机制改革的指导意见》对人才评价制度改革进行了总体安排。近一年来，我国人才评价制度改革多个领域取得显著成绩，评价标准不断完善，评价方式多元创新，社会化评价机制逐步健全，区域人才评价互认探索创新，重点领域人才评价改革逐步深入，为将改革推向深入奠定了良好基础。

关键词： 人才评价　评价机制　评价标准

人才评价是通过一定的形式和手段，对人才的品德、知识、能力、业绩和贡献进行评价的系统及其运行模式。人才评价制度包括评价对象、评价主体、标准体系、评价方法和程序、结果运用以及制度运行设计等要素。经过几十年的发展，我国人才评价形成了独特的理论和政策体系，构建了以职称、职业资格和人才引进评价为主体的人才评价实践体系，在人才发现、引进、使用、培养、激励上发挥了重要作用。本文以 2018 年以来中央以及各地区各部门发布的人才评价政策为主要对象，分析我国人才评价制度的改革与发展趋势。

---

* 孙一平，博士，中国人事科学研究院企业人事管理研究室副研究员，主要研究方向为人才评价、职业发展、人力资源开发。

一　人才评价制度改革发展现状

（一）总体部署人才评价机制改革

“完善人才评价机制”是党的十八届三中全会提出的一项重要的改革任务。此后，包括《关于深化人才发展体制机制改革的意见》《关于深化职称制度改革的意见》在内的一系列政策文件渐次出台。2018 年 2 月，中共中央办公厅、国务院办公厅印发的《关于分类推进人才评价机制改革的指导意见》是当前和今后一段时期我国人才评价制度改革的综合性、指导性文件。该意见聚焦人才评价机制关键环节和突出问题，提出了改革思路和办法；针对重点行业领域人才和重点人才群体，分类提出了改革要求。

（二）优化人才评价标准

1. 完善人才分类

科学分类是制定评价标准的基础。为完善专业技术人才评价标准，各部门和各地在贯彻落实中将完善人才分类作为重点。一是调整职称系列中的专业设置。如《经济专业技术资格考试专业设置调整方案》将“知识产权”列入经济专业技术资格考试的新增专业中。二是增设新的职称评审专业，进一步细分制定评价标准。如北京市增设了创意设计、科学传播、人工智能、技术经纪等专业以适应高精尖产业发展需求；以职称系列、专业为基本单位，按照职业属性和工作内容对人才进行分类，每个系列分出基本类别，在基本类别框架下，不同专业还可确定更接地气的分类，如工程技术系列分为应用研究、技术推广和技术服务三个基本类别，其中的土建专业人才分为设计、施工、运维三类；分类确定后，再为各专业的高、中、初级人才定制评价标准。[①] 河北将教育人才分为高等院校、职业院校、中小学 3 大类 18 小

---

① 《北京：分类推进人才评价机制改革　全面推行评审代表作制度》，人力资源和社会保障部网站，2019 年 5 月 31 日。

类；工程技术人才分为 14 小类；技能人才分为 3 小类。①

2. 明确部分系列职称评价标准

自 2018 年 10 月以来，中等职业学校教师、工程技术人员、民用航空飞行技术人员、体育教练员、会计人员、自然科学研究人员等的职称制度改革文件相继出台，明确了具体评价标准，与原有制度相比，评价标准更为清晰，且突出岗位属性。

表 1　专业技术人员职称评价标准（2018 年 10 月至 2019 年 5 月）

序号	类型	文件名称	发布时间
1	体育教练员	《关于深化体育教练员职称制度改革的指导意见》	2018 年 10 月
2	会计人员	《关于深化会计人员职称制度改革的指导意见》	2019 年 1 月
3	工程技术人员	《关于深化工程技术人才职称制度改革的指导意见》	2019 年 2 月
4	民用航空飞行技术人员	《关于深化民用航空飞行技术人员职称制度改革的指导意见》	2019 年 3 月
5	中等职业学校教师	《关于深化中等职业学校教师职称制度改革的指导意见（征求意见稿）》	2019 年 3 月
6	自然科学研究人员	《关于深化自然科学研究人员职称制度改革的指导意见》	2019 年 4 月
7	经济专业人员	《关于深化经济专业人员职称制度改革的指导意见》	2019 年 6 月

资料来源：人力资源和社会保障部网站。

3. 颁布一系列技能人才国家职业技能标准

2018 年 3 月，人社部修订颁布了《国家职业技能标准编制技术规程（2018 年版）》，并启动了《国家职业资格目录》涉及职业的国家职业技能标准制定修订工作。2018 年 12 月，人社部颁布了中式烹调师等 26 个国家职业技能标准，② 2019 年 4 月，又颁布了育婴员等 39 个职业的国家职业技能标准，从理论、实际操作应掌握的知识及技能等维度对初级、中级、高级、技师和高级技师的职业技能标准进行了全面规范，为职业技能鉴定的规范开展奠定了基础。

① 《河北："1 +6" 推进人才分类评价》，人力资源和社会保障部网站，2019 年 5 月 31 日。

② 《人力资源社会保障部办公厅关于颁布中式烹调师等 26 个国家职业技能标准的通知》（人社厅发〔2018〕145 号），人力资源和社会保障部网站，2018 年 12 月 26 日。

表2　26个国家职业技能标准目录（2018年12月）

序号	职业编码	职业名称
1	4-03-02-01	中式烹调师
2	4-03-02-02	中式面点师
3	4-03-02-03	西式烹调师
4	4-03-02-04	西式面点师
5	4-03-02-07	茶艺师
6	4-06-01-02	中央空调系统运行操作员
7	4-07-05-03	智能楼宇管理员
8	4-09-09-00	有害生物防制员
9	4-10-03-01	美容师
10	4-10-03-02	美发师
11	4-14-03-03	眼镜验光员
12	4-14-03-04	眼镜定配工
13	6-11-01-04	制冷工
14	6-18-01-01	车工
15	6-18-01-02	铣工
16	6-18-01-04	磨工
17	6-18-01-08	电切削工
18	6-18-02-02	锻造工
19	6-18-02-04	焊工
20	6-20-03-01	机床装调维修工
21	6-22-02-01	汽车装调工
22	6-24-02-01	变压器互感器制造工
23	6-24-03-01	电线电缆制造工
24	6-29-03-03	电梯安装维修工
25	6-29-03-05	制冷空调系统安装维修工
26	6-31-01-03	电工

资料来源：《人力资源社会保障部办公厅关于颁布中式烹调师等26个国家职业技能标准的通知》，人力资源和社会保障部网站，2018年。

4. 引导开发多项技能人才行业与团体标准

近年来，人社部一方面引导行业协会、龙头企业牵头编制技能人才行业企业评价规范，并推动其上升为国家职业技能标准；另一方面也鼓励企业在国家职业技能标准基础上进一步编制国际领先的企业评价规范。根据全国标准信息公共服务平台的统计，近两年来，共发布行业人才评价标准 5 项，团体人才评价标准 9 项。①

表 3　近两年发布的人才评价团体标准（2017 年 5 月至 2019 年 5 月）

	标准号	标准中文名称	团体名称	发布日期
1	T/SSIA 0001—2019	软件企业技能人才评价规范	上海市软件行业协会	2019 - 03 - 19
2	T/CQTSHRA 006—2018	重庆市渝家人育婴员服务质量标准(试行)	重庆市人才研究和人力资源服务协会	2018 - 10 - 26
3	T/ZCX 001 - 2018	企业财务管理人才评价	中国企业财务管理协会	2018 - 08 - 01
4	T/XNHRSIA 003 - 2018	高级人才招聘服务标准	西宁人力资源服务行业协会	2018 - 03 - 08
5	T/CQTSHRA 005—2018	重庆市渝家人母婴生活护理员(月嫂)服务质量标准(试行)	重庆市人才研究和人力资源服务协会	2018 - 10 - 26
6	T/CQTSHRA 004—2018	重庆市渝家人病患陪护员服务质量标准(试行)	重庆市人才研究和人力资源服务协会	2018 - 10 - 26
7	T/CQTSHRA 003—2018	重庆市渝家人养老护理员服务质量标准(试行)	重庆市人才研究和人力资源服务协会	2018 - 10 - 26
8	T/CQTSHRA 002—2018	重庆市渝家人家居保洁员服务质量标准(试行)	重庆市人才研究和人力资源服务协会	2018 - 10 - 26
9	T/CQTSHRA 001—2018	重庆市渝家人家政服务员服务质量标准(试行)	重庆市人才研究和人力资源服务协会	2018 - 10 - 26

资料来源：全国标准信息公共服务平台，2019 年 6 月。

5. 建立贯通高技能人才与工程技术人才职业发展通道的评价机制

2018 年 12 月，人社部印发《关于在工程技术领域实现高技能人才与工程技术人才职业发展贯通的意见（试行)》，打破了职业技能评价与专业技术职称评价的界限，打通高技能人才与专业技术人才的职业发展通道，对于激励人才在岗位上建功立业、发展职业技能、激发创新创业活力，具有重要的意义。

① 全国标准信息公共服务平台，2019 年 6 月。

（三）完善人才评价方式和管理服务

1. 创新多元化人才评价方式

一是坚持强化市场导向。如北京、上海等地致力于打造具有全球影响力的科技创新中心城市，将目光重点放在海外高层次人才集聚方面，因此对于外籍人才的引进设置了获得薪酬、缴纳个税等市场化评价指标。深圳提出，创新型人才申报职称时，不要求公开发表论文，但须提交两篇与本专业工作岗位相关的专项技术分析报告。各地对于人才市场化评价坚持创新与稳定相结合，逐步推进，由区域亟须引进的重点人才逐步向专业技术人才拓展。

二是推行多元主体参与的横向评价方式。为避免“非共识性人才”受制于硬性条件，2015 年深圳在全国率先实施“举荐制”，出台了《深圳青年创新创业选拔支持实施方案》。此后“举荐制”在各地得到广泛应用。2018 年 2 月，南京市出台《南京市高层次人才举荐办法（试行）》，组建由杰出人才构成的举荐委员会，每名委员每年可举荐 1 ~ 3 名南京市急需紧缺人才；北京实施“以才荐才”机制，在京承担国家和北京市重大项目和工程及其他重要科技创新的杰出人才，以及发展潜力大的创新创业团队领衔人或核心合伙人，可以不受学历、学位和职称等条件限制，为团队成员推荐办理人才引进。

2. 健全用人主体自主评审和社会化评审机制

一是突出用人主体的评价主体地位。充分向用人主体放权，有效发挥专业组织作用，政府授权行业协（学）会、行业领军企业和新型研发机构自主认定人才，以市场化思维为人才“松绑”。2018 年 9 月，北京市发布《北京市科研机构专业技术职务自主评聘管理办法》，逐步在市属科研院所、生命科学研究所等新型研发机构下放职称评审权，科研实力强、科研人员规模大、结构梯次合理的创新主体可自主评价使用人才。2019 年 3 月深圳市提出构建社会化专业资格评价体系，突出“专业共同体”理念，探索建立个人自主申报、业内专家评审、持续专业发展、动态登记管理的社会化专业资格管理机制，逐步确立专业性评价机构在社会化职称评审中的主体地位。

二是依托企业等用人单位和第三方评价机构开展技能人才职业技能等级

认定试点工作。2019 年 1 月，人社部印发《关于开展职业技能等级认定试点工作的通知》，依托企业等用人单位和第三方评价机构开展职业技能等级认定试点工作，试点企业可结合生产经营服务需要，依据国家职业技能标准、行业企业工种岗位评价规范，根据企业生产和人力资源管理的需要，面向本单位职工独立开展职业技能等级认定工作。2019 年 4 月，人社部印发《职业技能等级证书编码规则（试行）》和《职业技能等级证书参考样式》，为职业技能等级证书的颁发、认定、查询提供基础；2019 年 5 月，又印发《关于扩大企业职业技能等级认定试点工作的通知》，扩大试点范围，对试点企业进行动态调整。

表 4　职业技能等级证书编码结构

序号	1	2	3	4	5	6	7	8	9	10	11	12	13	14	15	16	17	18	19	20	21	22
说明	评价机构类别代码	评价机构代码				评价机构（站点）所在地省级代码				评价机构（站点）序列码				证书核发年份代码		职业技能等级代码	证书序列码					
来源				人力资源社会保障部门确定										评价机构确定								

资料来源：《职业技能等级证书编码规则（试行）》，人力资源和社会保障部职业技能鉴定中心。

3. 优化公平公正的评价环境

一是严格规范评价程序，清理和规范各种人才评价活动。2018 年 10 月，人社部和科技部、教育部等五部门联合印发《关于开展清理“唯论文、唯职称、唯学历、唯奖项”专项行动的通知》，引起了科技界、学术界、教育界等领域的广泛关注和讨论。

二是加强监督指导。为保证分类评价工作顺利实施，北京市建立了人社部门牵头、评审机构为主体、行业专家广泛参与的工作机制。全市 92 家职称评审机构同步改革；各机构按照“谁评审、谁负责”的原则，通过学习研究、调研座谈、征求意见、专家论证等方式同步开展分类评价改革工作；市人社局为每家机构配备了联络员，全程参与指导各机构的工作；千余位行业专家参与改革。北京目前有职称评审专家数据库入库专家9000余人，统筹专家和人才资源、安排专项经费，每家评审机构组织不少于两轮的专家论证，确保改革方案体现行业认可和社会认同。①

（四）推动区域人才评价互认

1. 推动职业资格区域互认

2018年11月，人社部正式印发《支持海南人力资源和社会保障事业全面深化改革开放的实施意见》，适应海南自贸区（港）发展要求，支持具有港澳执业资格的服务领域专业人才，经相关部门或机构备案后，按规定范围为自贸区内企业提供专业服务。2019年3月，人社部与广东省人民政府签订《深化人力资源社会保障合作推进粤港澳大湾区建设战略合作协议》。该战略合作协议提出，加快推进粤港澳职业资格互认，扩大互认范围，推动港澳专业人才在大湾区内地便利执业等。福建自贸试验区平潭自贸片区对134项与台湾地区同类（或类似）职业资格的标准进行对照，对通过比对的台湾地区职业技能资格直接采信。

2. 推动职称跨区域互认

海南自贸区提出对在中央单位或其他省（区、市）获得的职称予以认可，以进一步打破地域限制，吸引人才向海南流动。广东提出探索开展粤港澳专业技术人才职称评审。

二　人才评价制度改革面临的挑战

（一）国家战略深入推进

加快建设高素质人才队伍是落实相关国家战略和新一轮高水平对外开放

① 《北京：分类推进人才评价机制改革　全面推行评审代表作制度》，人力资源和社会保障部网站，2019年5月31日。

决策部署的重要举措。当前，全球新一轮科技革命和产业变革加速推进，我国经济已由高速增长阶段转向高质量发展阶段，国内外经济环境和需求结构深刻调整，国际产业分工体系加速重塑。人才评价机制改革需要以国家战略需求为牵引、应用目标为导向，进行超前布局。

（二）新产业与新职业涌现

新技术、新职业的涌现对人才评价改革提出了新的要求。一是产业结构升级催生一批新职业。近几年，随着人工智能、物联网、大数据和云计算的广泛运用，与此相关的高新技术产业成为我国经济新的增长点。相关从业人员需求大幅增长，逐步形成相对稳定的具有一定规模的从业人群。2019 年 4 月，人社部等 3 部委联合发布了人工智能工程技术人员等 13 个新职业相关信息。二是科技发展引发传统职业变迁。随着新兴技术的采用，传统的第一、第二产业越来越智能化，这对劳动者的科学文化素质和能力水平提出新的要求。新职业群体的产生以及新的职业技能要求引发了新的人才评价需求。

（三）多元化人才评价体系有待建立

目前，随着改革深入推进，分类不到位、标准单一、评价手段趋同、社会化程度不高、自主权落实不够等问题逐步得到缓解，理顺多元人才评价制度体系成为当前的重要任务。目前职称制度与职业资格证书制度是我国人才评价的两个主要制度。其中《国家职业资格证书目录》稳定在 140 项左右，面对多元化的人才评价需求，市场化、社会化的人才评价制度尚未建立起来，目前所推进的职称社会化评价，总体上是沿用事业单位职称评价的模式和办法，难以适应非公经济组织对人才评价的客观需求。从中国人事科学研究院课题组对深圳的调研情况看，62.5% 的受访非公单位专业技术人员具备申报条件而不申报的主要原因是认为职称没什么用。同时，专业技术人员对多元人才评价“产品”认可度（5 分赋值），依次为国家职业资格证书（3.89）、学会协会职业水平评价证书（2.83）、国际认可的职业资格认证

(1.89) 和专业技术职称 (资格) (0.22)。构建定位明晰、标准导向、层次分明、治理模式清晰、并行发展的多元化人才评价体系，是当前深化人才评价制度改革面临的重要课题。

三 人才评价制度改革展望

(一) 深化事业单位的职称制度改革

深入实施事业单位分类改革以及事业单位岗位管理、人员聘用管理、任职管理等改革制度，根据实际建立专业技术人员分类评价指标体系，突出岗位履职评价，完善监督机制，使专业技术人员的职业发展与单位职责使命更好协调，彻底改变“重评价、轻聘用”、“干好干坏一个样”和“能上不能下、能进不能出”等现象。坚持人才评价与使用相结合，强化事业单位用人主体地位，结合专业技术人员的专业和职业特点，建立人才评价标准。完善专业技术人员继续教育培训、人才评价、职称评审、岗位聘用协同发展机制。

(二) 深化职称评审社会化改革

逐步确立协会、学会等社会组织在职称社会化评审中的地位，鼓励和支持有能力的行业协会承接职称评审工作，鼓励和支持协会、学会等社会组织根据职业和专业发展，设立并实施相应的专业技术资格认证。强化质量保障，“抓认证的认证”，制定承接职称社会化评价职能的行业组织资质标准；“抓标准的标准”，研究制定行业组织职称社会化评价标准审定和备案管理办法；建立健全职称社会化评价质量监测评估标准和第三方评估机制。引导和促进行业组织将职称社会化评价与各自内部的会员管理服务改革有机结合、同步推进；鼓励和支持行业组织统筹会员注册登记标准和初级职称评价标准，减少重复评价。强化综合管理职能，完善职业分类体系、职业标准体系、考试考务 (职称评审) 管理体系和证书质量保障体系，增强各项制度的系统性、整体性和协调性。

（三）妥善处理职称评价与职业资格评价的关系

统筹职称制度改革和职业资格制度改革。探索部分社会化职称评审向职业资格制度过渡，推进职称社会化评价与专业学位、职业资格评价等人才评价制度的综合配套改革，推动建立以国家资历框架为基准的人才分类评价体制机制。厘清职称等级标准与专业学位研究生教育资历等级标准的对应关系，搭建职称社会化评价与学历学位证书、职业资格证书、继续教育证书有序衔接的学习成果共享互认立交桥。

（四）推进国际互认

以制定和实施国家资历框架为契机，依托共建“一带一路”国家以及“中国－东盟自由贸易区”“澜湄合作区”“粤港澳大湾区”等区域合作机制，搭建区域资历框架，增强各国（地区）职业资格证书的可比性、可转换和可携带性，促进人才资源国际流动。

参考文献

萧鸣政：《人才评价机制问题探析》，《北京大学学报》（哲学社会科学版）2009 年第 46 期。

孙一平：《建立国家资格框架　推动技能人才开发》，《中国劳动保障报》2017 年 8 月 23 日。

姬养洲、郑俐：《分类推进人才评价机制改革的重点、难点分析与思考》，《中国人事科学》2018 年第 5 期。

孙一平、戴丽静：《让人才评价“指挥棒”更有效用——解读〈关于分类推进人才评价机制改革的指导意见〉》，《中国人力资源社会保障》2018 年第 4 期。

赵永乐、刘扬：《分类推进人才评价机制改革》，《群众》2018 年第 10 期。

萧鸣政、张湘姝：《新时代人才评价机制建设与实》，《前线》2018 年第 10 期。

中国人事科学研究院课题组：“深圳职称制度改革研究”，2018 年 10 月。

B.8

我国职业资格制度的改革与发展趋势（2018～2019）

谢　晶*

摘　要： 2018～2019年职业资格制度改革持续平稳推进，完善了部分国家职业资格制度，更新了部分职业的技能标准，贯通了工程技术领域两类人才的职业发展通道，推进了职业资格互认进程，实施了偏远地区职业资格的倾斜政策。面对新就业形态形成、新职业涌现、扶贫工作深入推进、职业教育深化改革、放管服改革持续发展等新形势提出的任务要求，职业资格制度改革需要进一步健全职业资格目录的动态调整机制，完善职业资格社会化认证机制，助力构建国家资历框架，推进职业资格国际互认。

关键词： 职业资格制度　职业　技能

我国的职业资格制度经过25年的改革完善，已经初步形成了包括政策法规体系、管理实施工作体系和技术支撑体系的制度构架。2017年国家职业资格目录的公布对于提高职业资格管理科学化和规范化水平、持续激发市场主体创造活力具有重要意义，职业资格制度发展进入新阶段。2018～2019年，聚焦制度完善、职业发展、技能人才评价、技能扶贫，职业资格制度改革继续平稳推进。

---

* 谢晶，博士，中国人事科学研究院企业人事管理研究室助理研究员，研究方向为职称和职业资格、心理测量与评估、人才选拔与评价、职业指导与咨询、人力资源服务标准化。

一 职业资格制度改革基本情况

2018～2019年，职业资格制度改革有序进行，各项工作均有新进展。

（一）调整完善部分职业资格制度

2019年初，国家应急管理部和国家药监局分别会同人力资源和社会保障部修订印发了注册安全工程师职业资格和执业药师资格的有关规定和办法。与原有制度相比，注册安全工程师职业资格的主要变化包括如下几个方面。一是注册安全工程师设置为高级、中级、初级三个级别，划分为煤矿安全等7个专业类别。二是按照统分结合的管理方式，明确应急管理部、人力资源社会保障部、住房城乡建设部、交通运输部的相关职责。三是调整中级注册安全工程师职业资格考试要求。四是明确申请注册人员的年龄限制，延长中级注册安全工程师的注册有效期，增加注册信息公开共享、使用电子注册证书等条款。五是按照专业类别制定执业行业界定表，细化注册安全工程师执业行业范围。六是增加推进注册安全工程师职业资格国际化的要求。执业药师资格主要有六个变化。一是提高准入门槛，提高学历和工作年限要求。二是实施诚信管理，建立诚信档案。三是加大监管力度，明确相应处罚措施。四是实施职业资格和职称有效衔接。五是明确使用范围，港澳台居民享受与内地（大陆）居民无差别待遇。六是延长使用周期。

（二）持续更新国家职业技能标准

国家职业技能标准是在职业分类的基础上，根据职业活动内容，对从业人员的理论知识和技能要求提出的综合性水平规定，是开展职业教育培训和人才技能鉴定评价的基本依据。自2018年3月颁布最新的职业技能标准编制技术规程以来，截至2019年4月底，共制定发布了84项职业的技能标准。其中，人力资源和社会保障部发布42项，会同工业和信息化部发布12项，会同自然资源部发布10项，会同交通运输部发布5项，会同粮食和储备局发布4项，会同水利部发布4项，会同民政部发布3项，会同中医药局发布2项，会同应急管理部发布1项，会同农业农村部发布1项（见附表）。这些职业的技能标准以《中华人民共和国职业分类大典（2015版）》为依据，遵循《国家职业技能标准编制技术规程（2018年版）》的有关要求和“以职业活动为导向、职业技能为核心”的指导思想，对相关职业活动内容进行了规范细致描述，对各等级从业者的技能水平和理论知识水平进行了明确规定。

（三）贯通工程技术领域两类人才的职业发展通道

在工程技术领域实现高技能人才与工程技术人才职业发展贯通，促进技能人才与专业技术人才融合发展，是根据党中央、国务院《新时期产业工人队伍建设改革方案》《关于深化职称制度改革的意见》《关于提高技术工人待遇的意见》等文件的有关要求，贯彻落实党中央、国务院人才强国战略、创新驱动战略部署的重要举措。一直以来，技能人才和专业技术人才的职业发展处在两条平行轨道上，技能人才评价着眼于职业技能评价，包括职业资格考试和职业技能等级鉴定两种方式，专业技术人才评价着眼于学术技术水平评价，包括职业资格考试和职称评审两种方式。进入21世纪，规模庞大、施工难度大、设计领域广、技术要求高、建设环境复杂的大型工程和复杂工程越来越多，满足现代产业对工程技术人才的基本需要，要求我们建立分层次、多元化的工程技术人才队伍，既要培养高素质工程师，也要培养高技能人才，因此，必须打通高技能人才与工程技术人才职业发展通道，改变人才发展独木桥、天花板现象，搭建人才成长的“立交桥”。2018年11月，人社部印发《关于在工程技术领域实现高技能人才与工程技术人才职业发展贯通的意见（试行）》，明确提出“支持工程技术领域高技能人才参评工程系列专业技术职称”“鼓励专业技术人才参加职业技能评价”，并对具体的考试评审条件、方式等进行了规定，初步构建了工程技术领域职业资历框架，为实现工程技术领域职业发展通道一体化奠定了基础。

（四）职业资格互认取得进展

职业资格证书是专业技术人员实现跨国流动的通行证。但是与发达国家相比，我国各类职业资格数量不足、“含金量”不高和国际可比性不强等问题，正在成为引进海外高层次人才和推动我国各类技术技能人才“走出去”的一个瓶颈。我国的港澳地区由于历史原因，职业资格的认证体系源自西方，2019年2月，中共中央、国务院印发了《粤港澳大湾区发展规划纲要》，提出要完善国际化人才培养模式，加强人才国际交流合作，推进职业资格国际互认。3月，人社部和广东省政府签订推进大湾区建设合作协议，在更多方面支持广东先行先试。包括：将加快推进粤港澳职业资格互认，支持扩大粤港澳专业技术人员职业资格互认范围，探索开展粤港澳专业技术人才职称评审，推动港澳专业人才在大湾区内地便利执业等。粤港澳地区职业资格互认①的先行先试，为进一步推进我国职业资格国际互认打下基础。

（五）职业资格向艰苦贫困地区倾斜

人才对艰苦贫困地区的发展至关重要，专业技术人才匮乏是艰苦贫困地区普遍存在的问题，“下不去、留不住”现象突出。因此，有必要加强这些地区专业技术人才留用政策倾斜。为进一步加大对“三区三州”② 深度贫困地区的专业技术人才政策倾斜力度，人力资源和社会保障部考试中心于2019年3月发布通告，③ 自2019年起护士执业资格、执业药师、社会工作者职业资格，高级会计师、高级审计师、高级统计师专业技术资格和一级翻译专业资格等7项资格，在“三区三州”单独划定考试合格标准，凡通过

① 《广东将加快推进粤港澳职业资格互认》，《羊城晚报》2019年4月18日。

② 三区三州的“三区”是指西藏、新疆南疆四地州和四省藏区；“三州”是指甘肃的临夏州、四川的凉山州和云南的怒江州，是国家层面的深度贫困地区。

③ 人力资源和社会保障部考试中心：《关于部分职业资格考试在“三区三州”试行单独划定合格标准的通告》，2019年3月18日。

地方合格线，但未超过国家合格线者，发放当地有效的职业资格证书或考试成绩证明，此举至2021年结束。

二 深化职业资格制度改革面临的新形势

通过职业资格制度对特定职业进行规制，以达到提高专业服务质量、优化人力资源配置并同时保障消费者利益等目的是世界各国的普遍做法。职业资格制度改革不仅要解决自身存在的突出问题，也要解决适应新形势、新任务、新要求所面临的创新发展问题。

（一）新就业形态形成

以互联网为核心的新一轮科技和产业革命，正在改变就业市场格局和资源配置方式。比如，随着平台经济、共享经济、众包[①]经济等新业态的蓬勃发展，就业形态正在发生重大变革，从固定岗位到灵活就业，从全日制到弹性工时，从单一工作到身兼数职，从劳动关系与雇佣关系到工作关系与合作关系。新就业形态的形成是经济业态发展、市场竞争与技术进步交互作用的必然结果，职业资格证书作为表明劳动者具有从事某一职业所必备的学识和技能的证明，是从业者在该领域所具备能力和水平的体现。随着新就业形态的形成和发展，职业资格也必然要从职业内容、标准和要求等方面进行适时更新，以促进更高质量更加充分就业，促进经济和人力资源协调发展。

（二）新职业涌现

社会职业结构的变化与产业、经济结构的变化密切相关，2019年4月，

① “众包”（Crowd-sourcing）这一概念是由美国《连线》杂志的记者杰夫·豪（Jeff Howe）在2006年6月提出的。它源于对企业创新模式的反思，是指一个公司或机构把过去由员工执行的工作任务，以自由自愿的形式外包给非特定的（而且通常是大型的）大众网络的做法。众包的任务通常由个人来承担，但如果涉及需要多人协作完成的任务，也有可能以依靠开源的个体生产的形式出现。

人社部发文确定了人工智能工程技术人员等13个新职业（见表1），这是自2015年版国家职业分类大典颁布以来发布的首批新职业。这些新职业不是新产生的职业，而是在现实中已经存在的职业，主要集中在高新技术领域，从业人员已经达到一定规模，有比较清晰的职业内涵定义和工作要求，普遍反映了产业结构升级、新技术广泛应用带来的对从业人员能力素质的需求，对经济社会的可持续发展具有较大推动作用。以职业分类为基础的职业资格目录清单的定期调整和动态更新也需要适时而动，以确保这些新职业的健康有序发展。

表1　2019年颁布的新职业信息

职业代码	职业	职业分类
2-02-10-09	人工智能工程技术人员	第二大类 专业技术人员
2-02-10-10	物联网工程技术人员	
2-02-10-11	大数据工程技术人员	
2-02-10-12	云计算工程技术人员	
2-02-30-11	数字化管理师	
4-04-05-04	建筑信息模型技术员(L)	第四大类 商业、服务业人员
4-13-05-03	电子竞技运营师	
4-13-99-00	电子竞技员	
4-99-00-00	无人机驾驶员	
5-05-01-02	农业经理人(L)	第五大类 农、林、牧、渔、水利业生产人员
6-25-04-09	物联网安装调试员	第六大类 生产、运输设备操作人员 及有关人员
6-30-99-00	工业机器人系统操作员	
6-31-01-10	工业机器人系统运维员	

注："L"是指绿色职业，即具有"环保、低碳、循环"特征的职业。

（三）扶贫工作深入推进

"授之以鱼不如授之以渔"，为了帮助贫困劳动力实现高质量就业，人社部在全国组织开展深度贫困地区技能扶贫行动，鼓励贫困劳动力参加职业技能鉴定活动，这是贯彻落实《中共中央 国务院关于打赢脱贫攻坚战三年行动的指导意见》的重要举措。各地人社部门针对贫困劳动力特点和贫困地区需求，组织开发专项职业能力考核规范，作为开展专项职业能力培训和考核的依据。同时规范职业技能培训结业考核程序，对职业技能培训考核合格人员按规定发放国家职业资格证书、职业技能等级证书或专项职业能力证书，以考促学、学以致用，将技能扶贫真正落到实处。

（四）职业教育深化改革

“双证书”制度①是我国职业教育推行的重要制度，是实现职业教育与劳动就业对接的重要举措。2019 年 1 月，国务院印发《国家职业教育改革实施方案》（简称“职教二十条”），其中提到的一项重要措施就是：启动职业教育“1 + X”证书试点，深入推进技能人才评价制度改革，开展职业技能等级认定试点工作。这项措施是“双证书”制度的进一步深化，鼓励学生在获得学历证书的同时，积极取得多类职业资格证书和职业技能等级证书。要使这项制度落到实处，需要统筹考虑职业资格制度和学历文凭制度的沟通衔接，促进职业标准与教学标准、职业资格和职业技能等级与相应学分的比照认定。

（五）放管服改革持续发展

从各国职业资格认证模式看，无论是实行“行业主导”还是实行“政府干预”的国家，行业组织、政府、高校和社会（客户和公众）始终是四支重要的推动力量。其中，行业组织是资格认证的实施者，负责制定资格认证标准、组织实施认证活动、建立资格认证质量保障机制、资格证书管理。政府是资格认证的监督者，许可或认可资格认证活动、确立资格认证法律地位并对资格证书予以保护。早在 2016 年，人社部就行业组织承接水平评价类职业资格认定工作便已经做出了具体规定。但从实践效果看，截至目前，

① “双证书”制度是指学历文凭和职业资格证书（或技能等级证书）制度，即在获得学历证书的同时获得职业资格证书或技能等级证书。

我国行业组织在职业资格水平评价中的独特作用还没有得到充分发挥，大多仍是政府的代言人，亟待完善自身通过市场机制培育高质量高水平评价证书的能力。

三　深化职业资格制度改革的发展方向

（一）健全职业资格目录动态调整机制

职业结构变化与产业发展、经济结构调整关系密切。随着创新驱动发展等各项战略的深入实施，我国职业发展呈现快速变化态势，职业的专业化和国际化趋势明显，很多新兴职业快速涌现，传统职业销声匿迹。职业资格是一种对职业进行社会性规制的手段，目前的职业资格目录清单反映的是当前职业的规制状况，未来必须健全与职业分类大典保持互动的动态调整机制。2019 年新增的 13 个职业是否需要规制以及如何进行规制，是职业资格制度管理中必须考虑的问题。规制范围必须在有充分理由证明其必要性的前提下才能设置。否则范围过广，可能造成规制的滥用，限制了劳动者的应有权益，产生职业进入门槛抬高、从业人员供给减少、服务价格扭曲等问题，给专业垄断提供机会，阻碍专业服务市场的充分竞争；范围过小，则又不足以维护公共利益。因此，对于新职业，应当根据准入类和水平评价类职业资格的设置要求，由人社部会同有关部门组织专家进行评估论证，广泛听取社会意见，按程序报经国务院批准后适时纳入目录。

（二）完善职业资格社会化认证机制

职业资格社会化认证是由行政机关认可的协会学会等社会组织对水平评价类职业资格展开的认证活动，是对专业技术人员和技能人员的专业技术水平和技能等级水平进行的评价，旨在搭建专业技术人员和技能人员的职业发展阶梯，推动专业化和技能化发展，提升专业技术水平和技术技能水平，推动人才工作与教育工作相结合，促进人才合理流动和国际互认，维护人力资源市场秩序。正因如此，深化职业资格制度改革的一项重要工作就是完善职业资格社会化认证制度。一是借鉴国际职业资格认证经验，将引导和促进行业组织将水平评价类职业资格与会员管理服务改革有机结合、同步推进。二是完善行业组织的会员职业履历档案管理制度，并将其作为职业资格社会化认证的重要依据。职业履历档案主要记载其职业生涯发展的重要资历，包括基本情况、过往的职业经历、学术技术业绩、继续教育和培训情况、职业资质评价证书、履职情况资料证明等。三是建立健全职业资格社会化认证质量监测评估标准和第三方评估机制。

（三）助力构建国家资历框架

自 2016 年国民经济和社会发展“十三五”规划纲要首次提出制定国家资历框架，到 2019 年启动职业教育“1 + X”证书试点以及两部门印发《职业技能等级证书监督管理办法》，建设中国特色国家资历框架的实践探索陆续展开。从国际经验和长远发展看，包括职业资格证书、技能等级鉴定证书、职业技能培训等证书的职业资历体系和涵盖各类各级教育文凭的学历资历体系是国家资历框架的“两大”支柱。据联合国教科文组织统计，有 161 个国家已经或正在制定国家资历框架。近年来区域性资历框架也迅速发展，成为许多国家和地区深化教育改革、促进学历学位证书与职业资格证书相衔接以及推动本国职业资格国际互认的重要工具。从改革和发展的要求看，促进职业资格证书与职称、技能等级鉴定证书以及学历文凭相衔接是深化职业资格证书制度改革中应有之义，也是分类推进人才评价机制改革必须解决的一个基本问题。

（四）推进职业资格国际互认

经济全球化发展加剧了专业人员和技术人员的跨国流动。当前，不仅是我们的专业技术人员和技能人员亟须“走出去”，同时随着中国经济的快速发展，我国也越来越多地需要国外的专业技术人员和技能人员“走进来”。不论是“走进来”还是“走出去”，职业资格制度都是最基础的一环。因此，当前，职业资格制度一定要向国际化看齐：按照国际可比、等效原则研发职业标准，推进职业资格认证与继续教育、专业学位教育、会员管理和职业诚信体系建设等制度的关联复合；拓宽与知名的国际职业资格认证机构的合作，推动职业资格双边或多边互认；借助于包括香港在内的已经纳入国际职业资格互认体系的国家或地区，通过职业资格的双边互认，促进专业人才和技术人才随“中国制造”和“中国服务”“走出去”，加快职业资格多边互认的步伐。

附表：国家职业技能标准更新目录（2018年12月至2019年4月）

序号	职业编码	职业名称	发布部门	时间
1	4-03-02-01	中式烹调师	人力资源社会保障部	2018-12-26
2	4-03-02-02	中式面点师	人力资源社会保障部	2018-12-26
3	4-03-02-03	西式烹调师	人力资源社会保障部	2018-12-26
4	4-03-02-04	西式面点师	人力资源社会保障部	2018-12-26
5	4-03-02-07	茶艺师	人力资源社会保障部	2018-12-26
6	4-06-01-02	中央空调系统运行操作员	人力资源社会保障部	2018-12-26
7	4-07-05-03	智能楼宇管理员	人力资源社会保障部	2018-12-26
8	4-09-09-00	有害生物防制员	人力资源社会保障部	2018-12-26
9	4-10-03-01	美容师	人力资源社会保障部	2018-12-26
10	4-10-03-02	美发师	人力资源社会保障部	2018-12-26
11	4-14-03-03	眼镜验光员	人力资源社会保障部	2018-12-26
12	4-14-03-04	眼镜定配工	人力资源社会保障部	2018-12-26
13	6-11-01-04	制冷工	人力资源社会保障部	2018-12-26
14	6-18-01-01	车工	人力资源社会保障部	2018-12-26
15	6-18-01-02	铣工	人力资源社会保障部	2018-12-26
16	6-18-01-04	磨工	人力资源社会保障部	2018-12-26
17	6-18-01-08	电切削工	人力资源社会保障部	2018-12-26
18	6-18-02-02	锻造工	人力资源社会保障部	2018-12-26
19	6-18-02-04	焊工	人力资源社会保障部	2018-12-26
20	6-20-03-01	机床装调维修工	人力资源社会保障部	2018-12-26
21	6-22-02-01	汽车装调工	人力资源社会保障部	2018-12-26
22	6-24-02-01	变压器互感器制造工	人力资源社会保障部	2018-12-26
23	6-24-03-01	电线电缆制造工	人力资源社会保障部	2018-12-26
24	6-29-03-03	电梯安装维修工	人力资源社会保障部	2018-12-26

续表

序号	职业编码	职业名称	发布部门	时间
25	6-29-03-05	制冷空调系统安装维修工	人力资源社会保障部	2018-12-26
26	6-31-01-03	电工	人力资源社会保障部	2018-12-26
27	4-02-02-07	机动车驾驶教练员	人力资源社会保障部、交通运输部	2018-12-28
28	4-12-01-01	汽车维修工	人力资源社会保障部、交通运输部	2018-12-28
29	6-30-05-01	起重装卸机械操作工	人力资源社会保障部、交通运输部	2018-12-28
30	4-08-05-03	贵金属首饰与宝玉石检测员	人力资源社会保障部、自然资源部	2019-01-07
31	4-08-07-04	地质调查员	人力资源社会保障部、自然资源部	2019-01-07
32	4-08-07-05	地质实验员	人力资源社会保障部、自然资源部	2019-01-07
33	3-02-03-08	应急救援员	人力资源社会保障部、应急管理部	2019-01-14
34	4-04-02-01	信息通信网络机务员	人力资源社会保障部、工业和信息化部	2019-01-14
35	4-04-02-02	信息通信网络线务员	人力资源社会保障部、工业和信息化部	2019-01-14
36	4-04-04-01	信息通信网络运行管理员	人力资源社会保障部、工业和信息化部	2019-01-14
37	4-12-02-03	信息通信网络终端维修员	人力资源社会保障部、工业和信息化部	2019-01-14
38	6-25-01-12	电子产品制版工	人力资源社会保障部、工业和信息化部	2019-01-14
39	6-25-01-13	印制电路制作工	人力资源社会保障部、工业和信息化部	2019-01-14
40	6-25-02-03	液晶显示器件制造工	人力资源社会保障部、工业和信息化部	2019-01-14
41	6-25-02-05	半导体芯片制造工	人力资源社会保障部、工业和信息化部	2019-01-14
42	6-25-02-06	半导体分立器件和集成电路装调工	人力资源社会保障部、工业和信息化部	2019-01-14

续表

序号	职业编码	职业名称	发布部门	时间
43	6－25－03－00	计算机及外部设备装配调试员	人力资源社会保障部、工业和信息化部	2019－01－14
44	6－25－04－07	广电和通信设备电子装接工	人力资源社会保障部、工业和信息化部	2019－01－14
45	6－25－04－08	广电和通信设备调试工	人力资源社会保障部、工业和信息化部	2019－01－14
46	5－05－03－01	沼气工	人力资源社会保障部、农业农村部	2019－01－17
47	4－07－03－02	劳动关系协调员	人力资源社会保障部	2019－03－26
48	4－07－03－04	企业人力资源管理师	人力资源社会保障部	2019－03－26
49	4－10－01－02	育婴员	人力资源社会保障部	2019－03－26
50	4－10－01－03	保育员	人力资源社会保障部	2019－03－26
51	6－11－02－10	无机化学反应生产工	人力资源社会保障部	2019－03－26
52	6－11－02－15	有机合成工	人力资源社会保障部	2019－03－26
53	6－11－03－02	尿素生产工	人力资源社会保障部	2019－03－26
54	6－11－04－00	农药生产工	人力资源社会保障部	2019－03－26
55	6－11－05－04	染料生产工	人力资源社会保障部	2019－03－26
56	6－15－04－01	玻璃纤维及制品工	人力资源社会保障部	2019－03－26
57	6－16－01－06	井下支护工	人力资源社会保障部	2019－03－26
58	6－16－01－12	矿山救护工	人力资源社会保障部	2019－03－26
59	6－18－02－01	铸造工	人力资源社会保障部	2019－03－26
60	6－18－02－03	金属热处理工	人力资源社会保障部	2019－03－26
61	6－28－02－06	压缩机操作工	人力资源社会保障部	2019－03－26
62	6－28－03－03	工业废水处理工	人力资源社会保障部	2019－03－26
63	6－29－02－03	筑路工	人力资源社会保障部、交通运输部	2019－04－04
64	6－29－02－05	桥隧工	人力资源社会保障部、交通运输部	2019－04－04
65	4－09－01－01	河道修防工	人力资源社会保障部、水利部	2019－04－09
66	4－09－01－04	水工监测工	人力资源社会保障部、水利部	2019－04－09
67	4－09－01－05	水工闸门运行工	人力资源社会保障部、水利部	2019－04－09

续表

序号	职业编码	职业名称	发布部门	时间
68	4-09-02-01	水文勘测工	人力资源社会保障部、水利部	2019-04-09
69	6-12-02-00	中药炮制工	人力资源社会保障部、中医药局	2019-04-11
70	6-12-03-00	药物制剂工	人力资源社会保障部、中医药局	2019-04-11
71	4-02-06-01	(粮油)仓储管理员	人力资源社会保障部、粮食和储备局	2019-04-12
72	6-01-01-01	制米工	人力资源社会保障部、粮食和储备局	2019-04-12
73	6-01-01-02	制粉工	人力资源社会保障部、粮食和储备局	2019-04-12
74	6-01-01-03	制油工	人力资源社会保障部、粮食和储备局	2019-04-12
75	4-08-03-01	大地测量员	人力资源社会保障部、自然资源部	2019-04-12
76	4-08-03-02	摄影测量员	人力资源社会保障部、自然资源部	2019-04-12
77	4-08-03-03	地图绘制员	人力资源社会保障部、自然资源部	2019-04-12
78	4-08-03-05	不动产测绘员	人力资源社会保障部、自然资源部	2019-04-12
79	4-08-07-01	地勘钻探工	人力资源社会保障部、自然资源部	2019-04-12
80	4-08-07-02	地勘掘进工	人力资源社会保障部、自然资源部	2019-04-12
81	4-08-07-03	物探工	人力资源社会保障部、自然资源部	2019-04-12
82	4-10-01-04	孤残儿童护理员	人力资源社会保障部、民政部	2019-04-22
83	6-21-06-02	矫形器装配工	人力资源社会保障部、民政部	2019-04-22
84	6-21-06-03	假肢装配工	人力资源社会保障部、民政部	2019-04-22

参考文献

人力资源和社会保障部：《2018 年度人力资源和社会保障事业发展统计公报》，2019。

人力资源和社会保障部：《关于在工程技术领域实现高技能人才与工程技术人才职业发展贯通的意见（试行）》，2018。

人力资源和社会保障部考试中心：《关于部分职业资格考试在“三区三州”试行单独划定合格标准的通告》，2019。

《广东将加快推进粤港澳职业资格互认》，《羊城晚报》2019 年 4 月 18 日。

谢晶：《国际视野下国家资历框架对我国职业资格制度改革的启示借鉴》，《中国行政管理》2018 年第 8 期。

杨伟国：《新论：让新就业形态更好地生长》，《人民日报》2019 年 4 月 17 日。

人力资源社会保障部办公厅、市场监管总局办公厅、统计局办公室：《关于发布人工智能工程技术人员等职业信息的通知》，2019。

蔡学军、谢晶、黄梅：《职业资格证书制度研究》，中国人事科学研究院，2017。

公共部门人事管理篇

Personnel Management in the Public Sector

B.9

公务员管理改革进展与展望

刘军仪*

摘　要： 党的十九大提出了“建设高素质专业化干部队伍”的目标。进入新时代，公务员管理，在加强队伍政治建设和素质能力建设、推行职务与职级并行改革制度以及完善考录、考核和奖励制度等方面进行了新的实践探索。新公务员法的实施，将为建设高素质专业化公务员队伍、增强党的执政能力、推进国家治理体系和治理能力现代化提供更有力更有效的法律保障。

关键词： 公务员管理　新公务员法　队伍建设

---

* 刘军仪，博士，中国人事科学研究院公务员管理研究室副研究员。

一　新时代公务员管理面临的新要求

（一）党的十九大、十九届三中全会对公务员管理提出的新要求

中国特色社会主义进入新时代，开辟了中国特色社会主义事业发展的新局面。党和国家事业发展的新要求对公务员队伍建设提出了更高的要求。党的十九大提出“建设高素质专业化干部队伍”，[①] 进一步明确了干部队伍建设的基本要求和重点工作，为进一步加强公务员队伍建设提供了遵循。党的十九届三中全会提出要坚持党的全面领导，深化党和国家机构改革，加快推进国家治理体系和治理能力现代化，对公务员管理和队伍建设提出了新要求。公务员是干部队伍的重要组成部分，要根据新时代的新要求，坚持党对公务员管理工作的领导，把公务员队伍政治建设放在首要位置，着力完善和落实严管与厚爱相结合的管理机制，全面提升公务员的专业能力和专业精神，努力建设一支忠诚干净担当的高素质专业化的公务员队伍。

（二）新公务员法对公务员管理提出的新要求

2018 年 12 月 29 日，十三届全国人大常委会第七次会议表决通过了新修订的《中华人民共和国公务员法》（以下简称《公务员法》），2019 年 6 月 1 日新修订的《公务员法》正式实施。《公务员法》修订是认真贯彻落实习近平新时代中国特色社会主义思想、加强党对公务员队伍的集中统一领导、建设高素质专业化干部队伍的需要。《公务员法》修订在保持法律稳定性、权威性的同时，充实了相关重要制度规定，并对不适应现实情况、改革要求的规定进行了及时修改，为新时代健全和完善中国特色公务员制度，加强公务员规范化、科学化、专业化管理提供了遵循。新修订的《公务员法》

① 《习近平在中国共产党第十九次全国代表大会上的报告》，http：//cpc. people. com. cn/n1/2017/1028/c64094 -29613660 -15. html，2019 -03 -26。

共有十八章一百一十三条，在原来公务员法的基础上增加了六条法律条文，对四十九条法律条文进行了大幅修改，对十六条法律条文进行了个别文字修改，调整了两条法律条文顺序，涉及公务员“进、管、出”各个环节。修改的重点内容涉及建立公务员职务与职级并行制度、加强监督和纪律约束、健全考核评价机制、健全奖励机制、完善权益保障机制等方面。

二　新时代公务员管理的新进展

（一）切实加强队伍政治建设

中国特色社会主义进入新时代，迫切需要提升公务员的思想政治意识、公共服务精神、道德修养和专业素养。2018 年 7 月，习近平总书记在全国组织工作会议上指出，“贯彻新时代党的组织路线，建设忠诚干净担当的高素质干部队伍是关键，重点是要做好干部培育、选拔、管理、使用工作”。①公务员主管部门把加强队伍政治建设放在首位，突出体现政治标准，把讲政治的要求贯穿于公务员管理的各个环节。

一是坚持好干部标准，严把队伍“入口”关，从源头上确保公务员队伍的纯洁。

二是规范干部选拔任用工作。2019 年 4 月中共中央印发的新修订的《党政领导干部选拔任用工作条例》提出，要坚持和加强党的全面领导，坚持新时期好干部标准，必须把政治标准放在首位，严格按制度规定选人用人，加强纪律监督，坚决防止“带病提拔”。

三是强化从严管理。中央和地方公务员主管部门深入开展学习宣传贯彻党的十九大精神活动，加强公务员理想信念教育，将政务诚信作为公务员职业道德建设主题，加强公务员诚信教育，深入推进公务员职业道德建设。江

① 《习近平出席全国组织工作会议并发表重要讲话》，http://www.chinanews.com/gn/2018/07-04/8556689.shtml，2018-07-04。

西、山东、湖北等多地出台文件，探索建设公务员诚信档案，并将诚信记录与干部考核、使用和奖惩挂钩，大力加强公务员诚信建设。

（二）推行职务与职级并行制度

党的十八届三中全会明确提出要推行公务员职务与职级并行、职级与待遇挂钩制度，旨在构建公务员职务晋升与职级晋升的"双梯制"，进而完善公务员激励机制，拓宽基层公务员的职业发展空间，调动公务员队伍积极性。近年来，公务员职务与职级并行制度建设在试点基础上不断向前推进。2015 年 1 月，中共中央办公厅和国务院办公厅联合印发《关于县以下机关建立公务员职务与职级并行制度的意见》，在县以下机关实行公务员职务与职级并行制度。2016 年底，全国人大授权国务院在部分地区和部分在京中央机关暂时调整适用《公务员法》有关规定的决定，启动覆盖地市以上机关和全部综合管理类公务员的职务与职级并行制度试点工作。这些前期试点工作取得了明显成效，已经具备在全国推行的基础和条件。2018 年 12 月，十三届全国人大常委会第七次会议表决通过了新修订的《中华人民共和国公务员法》，其中，一个重要变化是确定了公务员职务与职级并行制度。2019 年 3 月，中共中央办公厅印发《公务员职务与职级并行规定》。此规定第二章第七条规定："职级序列按照综合管理类、专业技术类、行政执法类等公务员职位类别分别设置。综合管理类公务员职级序列分为一级巡视员、二级巡视员、一级调研员、二级调研员、三级调研员、四级调研员、一级主任科员、二级主任科员、三级主任科员、四级主任科员、一级科员、二级科员。"① 该职级由高到低共分为四等十二级，与原来的非领导职务的八个层次相比，增加四个层级。同时，对职级设置与职数比例、职级确定与升降、职级与待遇和管理与监督等方面进行了具体规定。此外，第七条还提出"综合管理类以外其他职位类别公务员职级序列另行规定"。为后续专业技

① 《中共中央办公厅印发〈公务员职务与职级并行规定〉》，http：//www. gov. cn/zhengce/2019 -03/27/content_ 5377422. htm，2019 -03 -27。

术类、行政执法类公务员建立职级序列预留了制度空间。职务与职级并行制度的推进意义重大。一方面，公务员职级的建立拓宽了公务员待遇晋升的空间，有利于激发公务员队伍敢于负责、勇于担当的干事热情。另一方面，公务员职级依据其德才表现、工作实绩和资历确定[①]。职级的晋升体现了正确的用人导向，可以避免混日子、熬资历的不作为行为。

（三）不断完善公务员考录工作

1. 进一步加强基层考录工作，缓解“招人难”“留人难”问题

针对艰苦边远地区基层机关“招人难”问题，加大政策倾斜力度，在设置招考计划时，加大县乡基层职位的比例。同时，在保证招录质量的同时，结合各地需求实际发挥降低艰苦边远乡镇机关进入门槛政策效力。截至2017年底，县乡机关录用人数占总招录人数的72.16%，乡镇机关招录计划的完成率提升到96.81%，[②] 艰苦边远地区基层机关“招人难”问题进一步缓解。针对基层机关“留人难”问题，落实最低服务年限等相关规定，较好地保证了基层机关新录用公务员队伍的稳定性。积极开展面向服务基层项目人员、大学生退役士兵、优秀村（社区）干部考试录用公务员等工作，进一步拓宽来源渠道。

2. 深入推进公安机关人民警察招录制度改革

坚持分类招警、科学考录，完善公安招录配套政策，进一步优化招考流程。坚持优化来源、畅通渠道，全国各个省份分别面向公安院校公安专业应届毕业生和社会考生开展招警工作，共招警3.55万名。其中，面向公安院校公安专业毕业生招警1.6万名，入警率达84%。[③]

3. 不断完善考录制度，提高考录科学化水平

一是有序推进分类分级录用考试。国家公务员局在宏观层面进一步完善

① 《中共中央办公厅印发〈公务员职务与职级并行规定〉》，http：//www.gov.cn/zhengce/2019－03/27/content_5377422.htm，2019－03－27。

② 《中国人力资源和社会保障年鉴（2018）》，中国人事出版社，2018，第530页。

③ 《中国人力资源和社会保障年鉴（2018）》，中国人事出版社，2018，第530页。

公务员分类分级考试框架设计，就公务员分类分级考试录用工作的指导意见征求各地区各单位意见。一些地方在分级分类考试方面也进行了积极的探索。比如上海市实施行政执法类公务员、人民警察学员、残疾人专项招录工作，出台行政执法类公务员招录办法。

二是进一步推进分类面试工作。在加强对已开展自主命题单位指导的基础上，将民航系统纳入试点范围，单独命制针对本行业系统的面试题，提高精准选任水平。

三是细化完善公务员考录规范。在中央主管部门指导下，各地公务员主管部门结合实际出台相关政策，进一步规范考录过程，确保考录公平公正。比如江苏制定了考试录用公务员工作规范。比如山东制定了《山东省公务员录用考察办法（试行）》（自 2018 年 2 月 1 日起施行），对考察组织和实施、考察内容和标准、考察方法和程序、考察纪律与监督等方面进行了规定，对考察工作中出现的违纪行为将受到相应的处罚。

（四）持续完善公务员考核奖励工作

党的十八大以来，习近平总书记多次强调要把严管和厚爱结合、激励和约束并重，激发广大干部干事创业的活力和热情。2018 年 5 月，中共中央办公厅印发《关于进一步激励广大干部新时代新担当新作为的意见》，从大力教育引导干部担当作为、干事创业，鲜明树立重实干重业绩的用人导向，充分发挥干部考核评价的激励鞭策作用，为敢于担当的干部撑腰鼓劲，着力增强干部适应新时代发展要求的本领能力，凝聚形成创新创业的强大合力六大方面，就进一步激励广大干部新时代新担当新作为提出明确要求。同时，要求公务员主管部门坚持严管和厚爱结合，完善考核评价机制，建立容错纠错机制，深化表彰奖励工作，进一步激发广大公务员担当作为、干事创业的热情。

1. 加强公务员考核工作

2019 年 6 月 1 日，新修订的《中华人民共和国公务员法》正式实施，其中涉及公务员考核的修改条文有三条，主要内容包括：考核重点增加了政治素质；考核方式增加专项考核；考核指标增加了分类分级考核的要求；拓展了定期考核结果的运用范围，可作为调整公务员职位、职务、职级、级别、工资以及公务员奖励、培训、辞退的依据。[①] 这些规定有利于破解公务员考核中存在的考核指标细化不够、针对性不强、考核结果运用不足等问题，进一步完善了考核机制。2019 年，针对干部考核工作中存在的突出难题，中共中央办公厅印发《党政领导干部考核工作条例》（以下简称《条例》）对考核谁、谁来考、如何考、考什么、考核结果怎么用等问题作出了明确的规定，为开展平时考核、年度考核、专项考核和任期考核，加强考核结果运用提供了遵循。《条例》的出台有利于进一步发挥干部考核的指挥棒、风向标、助推器作用，激励引导广大干部干事创业。

2. 积极开展公务员奖励工作

坚持严管和厚爱结合、激励和约束并重的要求，新修订的《公务员法》规定“对工作表现突出，有显著成绩和贡献，或有其他突出事迹的公务员或者公务员集体，给予奖励”。[②] 这将进一步激励公务员勇于担当、干事创业。推动表彰奖励工作创新发展，建立有中国特色的功勋荣誉表彰制度，全面推进国家表彰奖励工作，认真抓好《国家功勋荣誉表彰条例》的学习培训。

（五）加强公务员队伍专业化建设

为进一步加强公务员能力素质建设，公务员主管部门积极加大公务员培训力度。

一是贯彻落实《“十三五”行政机关公务员培训纲要》的要求，国家公务员主管部门召开全国行政机关公务员培训工作会议，部署“十三五”公务员培训工作。

二是坚持贯彻落实中央决策部署，围绕贯彻落实打赢脱贫攻坚战，2017

① 《中华人民共和国公务员法》，http：//www. gov. cn/xinwen/2018 - 12/30/content_ 5353490. htm。

② 《中华人民共和国公务员法》，http：//www. gov. cn/xinwen/2018 - 12/30/content_ 5353490. htm。

年6月，国家公务员局、国务院扶贫办出台了《关于开展行政机关公务员脱贫攻坚培训的意见》，2017年8月，联合举办了全国脱贫攻坚培训工作研讨班；贯彻落实《关于公务员管理工作更好服务于京津冀协同发展战略的实施意见》的要求，围绕推动京津冀协同发展战略，举办了京津冀县市区公务员管理培训班，提高公务员管理工作主动服务京津冀协同发展战略的思想意识和能力本领。

三是围绕贯彻落实国家区域协调发展战略，积极开展公务员对口培训，推动东部与西部、东北与中部区域经济新合作。

四是加强公务员特色实践教育基地建设，确定北京中关村为第9个国家公务员特色实践教育基地，充分发挥基地优势，强化基地特色，突出基地办学理念，强化培训针对性、实效性。

三　公务员管理改革的重点任务展望

（一）全面推行公务员职务与职级并行制度

推行公务员职务与职级并行制度是党的十八届三中全会确定的重大改革任务。实行公务员职务与职级并行、职级与待遇挂钩制度将在完善公务员激励机制、激发基层公务员队伍活力和稳定基层公务员队伍等方面发挥重要作用。与此同时，在制度实施过程中，也要关注一些可能出现的问题，包括如何正确认识职务与职级并行制度与公务员职位分类制度之间的关系，如何科学有效地平衡好领导职务、职级之间的关系，如何防止职务与职级兼任情况，防止职级职务化，如何确保职级晋升考核的客观公正科学合理等。只有正确处理好这些问题，才能深入推进公务员职务与职级并行制度，进而发挥职务与职级并行制度对公务员的持续激励作用。

（二）持续推进公务员分类管理制度改革

在公务员分类管理改革不断深入推进的基础上，新修订的《公务员法》

吸收了我国公务员分类管理改革多年实践的经验，在第十五条明确提出“国家实行公务员职位分类制度”，同时对分类考录、分类考核、分类培训方面作了规定。在后续改革推进的过程中迫切需要解决一些重点、焦点、难点问题，包括如何科学界定三类公务员的适用范围，如何制定清晰的职位职责规范，如何合理设置公务员的分类结构、职位设置配比以及三类人员之间如何进行交流等，因此，需要出台相应的配套管理办法来进行保障，使分类管理改革落到实处。

（三）加强正向激励保障机制

为了贯彻落实党的十九大报告提出的坚持严管和厚爱结合、激励和约束并重的干部工作要求，新修订的《公务员法》在公务员考核评价、职务晋升、奖励惩戒、工资福利、权益保障等管理环节均完善了公务员的激励保障机制。面对新形势，需要根据新修订的《公务员法》的要求，确保相关制度规定落到实处。一是进一步完善公务员考核评价机制，除了平时考核和定期考核之外，增加了专项考核，定期考核以平时考核、专项考核为基础；根据不同职位类别、不同层级机关分类分级设置考核指标，提升公务员考核的科学性、针对性和可操作性；强化考核结果运用，为选拔任用培训提供依据。尽快出台《公务员平时考核办法（试行）》，为各地各部门贯彻落实平时考核工作提供指导和依据。二是完善公务员奖励表彰制度，坚持定期奖励与及时奖励相结合，对勇于担当、工作实绩显著的公务员给予奖励，向参与特定时期、特定领域重大工作的公务员颁发纪念证书或者纪念章。① 三是要按照“三个区分开来”的要求，建立公务员容错纠错机制，支持公务员履职担当，解决后顾之忧。四是进一步加强工资福利保险的保障作用，进一步完善公务员申诉控告条款，增强公务员的职业荣誉感和获得感，调动广大公务员干事创业的热情。

---

① 《中华人民共和国公务员法》，http：//www. gov. cn/xinwen/2018 - 12/30/content_ 5353490. htm。

（四）加强公务员惩戒与监督工作

党的十八大以来，为了贯彻落实全面从严治党要求，中央不断加强对公务员的管理和监督，建立健全从严管理约束制度。随着2019年6月1日新修订的《公务员法》正式实施，在公务员录用、选拔任用、职务升降、考核评价、监督约束、退出等管理环节将全面强化公务员的纪律要求，在以下方面加强监督管理：一是强调公务员对党忠诚，严格遵守政治纪律和政治规矩；二是要求公务员积极作为，推动形成能上能下的机制督促公务员正确履行职责、积极有效作为；三是强化公务员道德纪律，展现良好的社会风尚；四是对公务员任职回避情形、地域回避情形、离职后从业限制规定等方面强化监督措施，落实对“关键少数”的从严管理要求。

B.10
机构改革背景下的事业单位人事制度改革进展

丁晶晶*

摘　要： 在机构改革背景下，事业单位人事制度改革不断深化：事业单位工作人员奖励规定出台，县以下事业单位管理岗位职员等级晋升试点工作启动，申诉案件办理规则发布，人才评价机制进一步优化，人员聘用合同制、单位用人自主权和人员激励政策进一步落实，教育培训、职称制度改革、领导人员选拔任用等工作稳步推进。展望事业单位人事制度改革，制度体系建设以及人员分类科学评价、向关键岗位倾斜的人员激励、落实单位用人自主权等方面的改革将逐步深化发展。

关键词： 机构改革　事业单位　职员等级晋升　职称分类改革

党的十九届三中全会召开后，从中央到地方事业单位改革热度提升。改革的目的是进一步提高事业单位公共服务水平，增强事业单位发展活力。在此背景下，事业单位人事制度改革稳步推进。

一　党和国家机构改革推动事业单位改革深化发展

党的十九届三中全会明确了今后一段时间事业单位的改革方向。党中

* 丁晶晶，博士，中国人事科学研究院事业单位管理研究室助理研究员。

央、国务院根据发展需要，结合职能特点，率先对直属事业单位进行机构整合与重组。

（一）事业单位改革的新要求

2018 年 2 月，党的十九届三中全会审议通过《中共中央关于深化党和国家机构改革的决定》（以下简称《决定》）。《决定》明确指出，事业单位目前面临着定位不准、职能不清、效率不高等问题。《决定》还明确了事业单位的改革方向。对于承担行政职能的事业单位，要避免出现政事不分的问题；对于经营性的事业单位，要实现事企分开；而公益类的事业单位，则要根据其服务对象的不同采取不同的改革办法：对于向社会提供公益服务的事业单位，要明确公益目标，增强独立自主运行能力；对于为机关提供支持保障的事业单位，可根据需要，与机关实行人员统筹使用与管理。

2018 年 3 月，中共中央印发《深化党和国家机构改革方案》，对部分党中央和国务院所属事业单位进行重新组建。中央党校和国家行政学院合并，一个机构两块牌子，合并后的机构即中央党校（国家行政学院）为中央直属事业单位。将中央党史研究室、中央文献研究室、中央编译局合并，组建党中央直属事业单位——中央党史和文献研究院。将中央电视台（中国国际电视台）、中央人民广播电台、中国国际广播电台合并，组建国务院直属事业单位——中央广播电视总台。将中国银行业监督管理委员会和中国保险监督管理委员会整合，组建国务院直属事业单位——中国银行保险监督管理委员会。

（二）地方事业单位改革的探索和突破

地方改革主要是通过对事业单位的规模、结构进行相应调整强化其公益属性、自主性，激发发展活力。以下以黑龙江、辽宁两省的事业单位改革为例做说明。

1. 黑龙江省事业单位改革

2018 年 3 月，中共黑龙江省委办公厅黑龙江省人民政府办公厅印发

《黑龙江省深化事业单位机构改革实施意见》，明确了黑龙江省深化事业单位机构改革的指导思想、原则、任务、步骤以及有关要求。改革以大幅压缩事业单位编制规模为主要目标。对于省直事业单位提出了三个数字性目标，即机构及其内设部门总数各至少精简 20%，编制总数至少精简 15%；对于市（地）、县（市）事业单位，则提出了两个数字性目标，即机构总数和编制总数原则上至少精简 10%。

为实现这些目标，对“虚大空”事业单位，压缩编制数量；对“空壳”事业单位予以撤销；对“小散弱”事业单位进行整合撤并；对职能相同或相近事业单位，进行优化整合；对不同领域和隶属的同类事业单位也可以进行跨部门跨层级跨地域整合；事业单位不再承担行政职能，原有职能回归机关；对于从事生产经营活动的事业单位，根据不同条件分别采取转企改制、撤销、退出等方式进行改革；对于公益类事业单位进行去市场化改革，公益一类不得有经营性收入，对公益二类的竞争性收入进行限制。

2. 辽宁省直事业单位改革

2018 年 5 月，中共辽宁省委办公厅印发《省直公益性事业单位优化整合方案》。改革亮点在于通过对职能相同的事业单位进行跨部门整合，解决“有事没人干、有人没事干”的问题，同时以公益性为导向，增强事业单位自主权，激发事业单位内部活力与创造力。

具体来说，对隶属不同省直部门具有相同职能的事业单位进行优化整合，组建省政府直属“五基地”建设工程中心；对职能接近的事业单位进行跨部门整合，组建省委、省政府直属事业单位；整合保留省委、省政府、省直民主党派及群团机关所属事业单位。

以辽宁锦州市为例，截至 2018 年 7 月，纳入改革的市直事业单位共有 352 个，34 个公益性事业单位进行了优化整合，318 个进行了精简，18 个转企，10 个被撤销，精简比例达到 90.34%。[①]

---

① 数据来源于网站，http：//cai. 163. com/article/18/0723/12/DND93F22000597U8. html。

（三）新一轮事业单位转企改制工作启动

1. 经营性文化事业单位转企改革继续推进

2018 年 12 月，《国务院办公厅关于印发文化体制改革中经营性文化事业单位转制为企业和进一步支持文化企业发展两个规定的通知》指出，要鼓励有条件的经营性文化事业单位转为企业，在确保国有资本占主导的前提下，按照现代企业制度进行法人治理和市场化经营改革。

转制后，在职人员按企业办法参加社会保险，以前在事业单位工作的工龄视同缴费年限，不用补缴保险费。转制时距退休年龄五年以内的人员可以申请提前离岗，离岗期间待遇不变，待达到退休年龄时可正常退休。对于分流人员应支付经济补偿。转制时涉及的费用可从评估后的净资产中预留或从国有产权转让收入中优先支付，净资产不足的，财政部门也可给予一次性补助。①

2. 山东省关于省属事业单位转制为企业有关问题的处理意见

2019 年 1 月，山东省人民政府办公厅印发《关于省属事业单位转制为企业有关问题的处理意见》，对省属转制事业单位的人员安置与保障问题做出具体规定。

转制时，单位应与人员解除人事关系，建立劳动关系。转制人员一律按企业参保，原先个人账户中的储存额转入企业账户，建立企业年金后，原先职业年金可以转入个人账户。转制单位可继续参加省级直管单位基本医疗保险。

值得注意的是，山东省的这一规定还对编制内在职职工发放一次性养老保险补贴，补贴标准为：转企改制前本人按国家规定计发的月基本工资 × 机关事业单位（军队）工作年限 ×0.5% ×120 个月。② 这笔补贴全部计入职

① 引自 2018 年 12 月 18 日《国务院办公厅关于印发文化体制改革中经营性文化事业单位转制为企业和进一步支持文化企业发展两个规定的通知》。

② 引自 2019 年 1 月山东省人民政府办公厅印发的《关于省属事业单位转制为企业有关问题的处理意见》。

工企业基本养老保险个人账户，一次性交给参保地社会保险经办机构。

另外，转制企业还可实行内部退养制度。转制时，工作年限满 30 年，或工作年限满 20 年且距国家法定退休年龄 5 年以内的工作人员，可按照事业单位退休人员待遇办理内部退养，到达法定退休年龄时按规定办理退休手续。

此外，转制时不进入转制单位工作的编制内人员，转制单位可发给其经济补偿，具体标准为：在转制单位的工作年限每满 1 年，支付 1 个月的月平均工资。

二　事业单位人事制度改革持续推进

（一）出台事业单位工作人员奖励规定

2018 年 12 月，中共中央组织部、人力资源和社会保障部印发的《事业单位工作人员奖励规定》（以下简称《奖励规定》），明确了奖励条件和种类、权限、时间、实施、监督等方面的标准和操作规范。

《奖励规定》以事业单位公益性、专业性为导向，结合行业特点，规定了 7 种具体奖励情形，主要涉及对公共利益的维护、对公共服务事业的改革贡献、敬业精神、专业成果的社会效益、国家荣誉等方面。奖励分四个等级，根据贡献和成就程度，分别予以嘉奖、记功、记大功、授予称号。

《奖励规定》授予党中央、国务院直属以及中央各部门所属事业单位充分的自主权，即单位具有自行奖励权限。同时除记大功外的奖励，地市级及以上的地方事业单位均可自行做出，县级及以下事业单位需报县级事业单位人事综合管理部门批准并做出。这一规定有利于进一步发挥事业单位管理自主权。

《奖励规定》将奖励分为定期奖励和及时奖励。定期奖励依据年度考核、聘（任）期考核结果，以年度或者聘（任）期为周期。定期奖励有比例限制，嘉奖、记功的比例一般分别不超过人员总数的 20%、2%，但可向基层和艰苦边远地区事业单位倾斜。及时奖励是定期奖励的有益补充，主要对重大突发事件、重大专项工作中具有贡献的人员和集体进行奖励。

《奖励规定》明确提出对获得嘉奖、记功、记大功的人员可给予一次性奖金，且奖励所需的经费不纳入单位绩效工资总额，即与绩效工资进行区分，这有利于调动工作人员的积极性。

同时，《奖励规定》还提出要对奖励的过程和结果进行有效监督，应听取业内专家、服务对象等方面的意见，以避免滥用奖励。为此，提出了撤销奖励的 4 种情形，以及追究违法违纪责任的 6 种情形。

（二）开展县以下事业单位管理岗位职员等级晋升试点工作

2018 年，国家有关部门发布了县以下事业单位管理岗位职员等级晋升试点意见，对县以下管理岗位职员的晋升条件、比例、程序等做出明确规定，并在东、中、西部多个省份共选取 15 个县开展试点工作。

2018 年底，有关部门发文对县以下事业单位管理岗位职员等级晋升后的工资问题进行规定，明确了县以下事业单位职员等级的工资标准、起点薪级等。

（三）制定事业单位工作人员申诉案件办理规则

2019 年 1 月，中共中央组织部办公厅、人力资源和社会保障部办公厅印发《事业单位工作人员申诉案件办理规则》（以下简称《办理规则》）。《办理规则》以《事业单位人事管理条例》《事业单位工作人员申诉规定》为指导，在总结地方申诉实践经验的基础上，完善具体申诉案件办理程序，解决案件办理中出现的问题和矛盾，进一步提高申诉案件的办理效能。

《办理规则》首先规定了申诉公正委员会、审理组及申诉公正委员会办事机构的人员组成、具体职责等；对申诉的申请、受理、审理、决定等具体操作环节中涉及的证据类型、办理流程、举证责任、办理时限等做出了具体规定。

《办理规则》的出台，有利于增强申诉案件办理的规范性、时效性和可操作性，可以更好地维护事业单位工作人员的合法权益，并可以提升申诉案件办理质量。

（四）进一步优化事业单位人才评价机制

1. 分类推进人才评价机制改革

2018 年 2 月，中共中央办公厅、国务院办公厅印发《关于分类推进人才评价机制改革的指导意见》（以下简称《指导意见》）。

《指导意见》不仅明确了人才评价的地位作用，即人才评价是人才发展体制机制的重要环节，人才资源开发管理和使用的质量有赖于人才评价体系的健全，还指出了目前人才评价中存在评价机制不科学、评价手段和标准单一、评价主体不够多元化等问题。

为此，《指导意见》明确：人才评价的标准要分类、科学设定；要根据成果情况引入多元主体参与评价；要依据人才成长规律设置合理的评价周期；对科技、哲学社会科学、文化艺术、教育、医疗、技术技能人才和企业、基层一线、青年人才等，要根据其行业特点建立评价制度；要尊重和发挥用人单位的自主评价权，政府应侧重在宏观管理、公共服务、监督等方面发挥作用。

2. 深化项目评审、人才评价、机构评估改革

2018 年 7 月，中共中央办公厅、国务院办公厅印发的《关于深化项目评审、人才评价、机构评估改革的意见》（以下简称《意见》）指出，“三评”① 要坚持尊重规律、问题导向、分类评价、客观公正的原则，“十三五”期间，要在优化工作布局、减少数量、改进机制、提高质量效率等方面取得更大突破，更为有效地配置科技资源，激发科研人员活力和潜能，从而提升科技贡献度。

《意见》提出了具体的改革措施，涉及科研项目评审管理的优化、科技人才评价方式的改进、科研机构评估制度的完善等，强调分类评价、科学评价，合理确立评价与使用的结合度，发挥用人单位的主体评价作用等。同时

---

① “三评”是指项目评审、人才评价、机构评估。

《意见》还要求相关部门加强监督评估，构建科研诚信体系。

3. 开展清理“唯论文、唯职称、唯学历、唯奖项”专项行动

2018 年 10 月，科技部、教育部、人力资源和社会保障部、中科院、工程院联合下发《关于开展清理“唯论文、唯职称、唯学历、唯奖项”专项行动的通知》。该专项行动对人才评价中“唯论文、唯职称、唯学历、唯奖项”问题进行集中清理，清理范围包括科技部、教育部、人力资源和社会保障部、中科院、工程院、自然科学基金委、中国科协、行业主管部门、地方相关部门，强调对代表作、标志性成果的评价。

（五）深化事业单位聘用合同管理制度落实

虽然全国层面的事业单位聘用合同管理制度还未出台，但一些地方已经陆续根据新的政策要求和实践需求，制定和修订相关管理办法，不断深化聘用合同管理制度的落实。例如，2018 年 11 月，中共上海市委组织部、上海市人力资源和社会保障局下发《关于印发〈上海市事业单位聘用合同管理办法〉的通知》（以下简称《管理办法》）。该《管理办法》是在 2013 年规定的基础上，依据《事业单位人事管理条例》、鼓励事业单位人员创新创业等相关政策的要求，对聘用合同的订立、履行、续订、变更、解除、终止等相关内容加以修订。

与 2013 年的管理办法相比，此次特别新增了从事创新创业专业技术人员应对聘用合同中有关期限、待遇、成果分配与归属等内容进行变更的规定，聘用单位应解除聘用合同的五种情形和暂缓办理解除、终止聘用合同手续的情形；删除了聘用合同中止的情形、担任工会职务的合同期限变更的规定、对执业资格证书的单独规定等内容。此外，《管理办法》依据《事业单位人事管理条例》对相应条款进行了调整。

（六）强化落实单位自主权和人员激励政策

1. 落实科研单位自主权

2018 年 7 月，国务院印发《关于优化科研管理提升科研绩效若干措施

的通知》强调，要赋予科研人员技术路线调整的决策权、更大的人财物支配权。

2019年1月，国务院办公厅发布《关于抓好赋予科研机构和人员更大自主权有关文件贯彻落实工作的通知》，对“深入推进下放科技管理权限工作”提出明确要求并作出具体安排。

2019年3月，上海出台《关于进一步深化科技体制机制改革增强科技创新中心策源能力的意见》，明确提出要进一步扩大医疗卫生机构、科研院所、高校等在职称评审、选人用人、科研管理、薪酬分配等方面的自主权。对机构评价要以创新绩效为核心，采用中长期综合评价与年度抽查评价相结合的评估机制，且评估结果直接作为经费预算、绩效工资、领导干部考核等的重要依据。要按照“一所（院）一策”原则，打造国家战略科技力量，探索试点不定行政级别、不定编制、不受岗位设置和工资总额限制，赋予研究机构充分自主权。

2. 强化科研人员和高层次人才激励

《关于优化科研管理提升科研绩效若干措施的通知》明确提出，要对承担关键领域核心技术攻关任务的科研人员进行薪酬激励：科技成果转化的现金奖励计入绩效工资总量，但不受总量限制，不纳入总量基数；允许单位从科研业务费中提取不超过20%作为奖励经费；提高间接经费比例，对基础研究项目可进一步提高比例；加大经费补助力度，保障其人员有合理的薪酬待遇。

同时，《关于抓好赋予科研机构和人员更大自主权有关文件贯彻落实工作的通知》亦提出，允许科研人员在完成本职工作的前提下兼职并取得合法报酬，并再次明确科技成果转化收益不受总量限制，不纳入总量基数。

除了中央多次发文外，不少地方针对科研人员特别是高层次人员，也相继出台了一些激励政策。

上海出台的《关于进一步深化科技体制机制改革增强科技创新中心策源能力的意见》强调，以增加知识价值为导向确立事业单位绩效工资总量和科研人员收入水平。竞争性科研项目中用于科研人员的劳务费用、职务科技成果转化奖酬支出、兼职离岗创业收入、间接费用中绩效支出、高层次人才薪酬等均不纳入事业单位绩效工资总量。

2018 年 12 月，山东省人力资源社会保障厅、省财政厅联合印发的《关于山东省事业单位高层次人才收入分配激励机制的意见（试行）》（以下简称《意见》）提出，允许对于高层次人才集中、知识技术密集、国家战略发展重点扶持的事业单位，突破一般事业单位绩效工资调控水平，可以适当提高绩效工资总量。《意见》还提出，要实行更加灵活的分配方式，根据不同情况可设置为协议工资制、年薪制、项目工资制，且高层次人才的薪资不计入本单位绩效工资总量。《意见》明确，支持高层次人才兼职兼薪，兼职收入归个人支配，不纳入所在单位绩效工资总量管理；可用科技成果转移转化收入单位留用部分自有资金，对高层次人才做出奖励。

（七）部署事业单位人员教育培训工作

2018 年 11 月，中共中央印发《2018～2022 年全国干部教育培训规划》（以下简称《规划》），对事业单位领导人员、专业技术人员的培训工作做出明确部署。

对于事业单位领导人员，要在尊重其成长规律的基础上，着重提高政治觉悟、管理能力、专业水平和职业素养，分类开展教育培训。为此，《规划》提出了五项具体措施。

对于专业技术人员，通过培训，不仅要提升专业能力、职业素养，还要提升思想政治素质和创新创造创业能力。培训内容以新理论、新知识、新技术、新方法为主，以高精尖缺和骨干专业技术人才为重点。

（八）分类推进事业单位职称制度改革

1. 深化会计人员职称制度改革

2019 年 1 月，人力资源和社会保障部、财政部下发的《关于深化会计人员职称制度改革的指导意见》强调，完善会计人员评价标准，引导用人单位根据工作需要择优聘任具有相应职称的会计人员；对应于事业单位专业技术岗位等级，增设正高级会计师职称，因而会计人员的职称分为初级（助理会计师）、中级（会计师）、副高级（高级会计师）和正高级（正高级会计师）。

2. 深化工程技术人才职称制度改革

2019 年 2 月，人力资源和社会保障部、工业和信息化部印发的《关于深化工程技术人才职称制度改革的指导意见》强调，对于工程技术人才，应以职业分类为基础，突出技术性、实践性和创新性，将职业资格制度与职称有效衔接，并增设正高级工程师，建立专业设置动态调整机制。

3. 深化民用航空飞行技术人员职称制度改革

2019 年 3 月，人力资源和社会保障部、中国民用航空局印发的《关于深化民用航空飞行技术人员职称制度改革的指导意见》（以下简称《指导意见》）强调，要根据运输航空和通用航空飞行技术人员的不同特点，统筹兼顾不同作业形式实际，分类施策，分别评价。

《指导意见》规定了评审范围：民用航空器驾驶人员，包括民航飞行员、领航员、飞行通信员和飞行机械员。飞行技术人员职称设初级、中级、高级，高级分设副高级和正高级。初级、中级、副高级和正高级的名称分别为三级飞行员（领航员、飞行通信员、飞行机械员）、二级飞行员（领航员、飞行通信员、飞行机械员）、一级飞行员（领航员、飞行通信员、飞行机械员）和正高级飞行员（领航员、飞行通信员、飞行机械员）。职称分别与事业单位专业技术岗位等级相对应。

（九）优化事业单位领导人员选拔任用制度

2019 年 3 月，中共中央印发了修订后的《党政领导干部选拔任用工作条例》（以下简称《条例》）。《条例》明确要求政府直属事业单位的领导成员及其内设机构担任领导职务的人员，参照本《条例》执行。

《条例》提出了党政领导干部必须具备六个基本条件，提拔担任党政领导职务的，应当具备七个基本资格。党政领导干部应当逐级提拔，特别优秀或者工作特殊需要的干部，可以破格提拔。党政领导干部可以从党政机关或党政机关以外选拔任用，注意从企业、高等学校、科研院所等单位以及社会组织中发现选拔。选拔任用党政领导干部，应当经过民主推荐，将民主推荐与日常了解、综合分析研判以及岗位匹配度等情况综合考虑，防止简单以推荐票取人。党政领导职务实行选任制、委任制，部分专业性较强的领导职务可以实行聘任制。实行党政领导干部任职试用期制度，提拔担任非选举产生的厅局级以下领导职务的，试用期为一年。①

三　事业单位人事制度改革展望

（一）事业单位人事制度体系构建以机构改革方向为引领

在党和国家机构改革背景下，从中央到地方事业单位也要进行相应的机构改革。在完成机构改革之后，事业单位人事制度亦将面临跟进调整。

在机构改革过程中，编制部门、人社部门、财政部门及相关主管部门还应根据情况制定编制动态调整、人员分流与安置、离岗补偿、提前离岗或退休、辞聘解聘等相关规定，以确保机构改革有效落实。此外，一些经过重新整合、分类的事业单位，应及时进行人事制度调适，使之适应现有职能定位。

（二）事业单位人员分类科学评价将会持续推进

事业单位涉及行业多、领域广，人员类型复杂多样，专业方向、专业能力差异较大，不适合用“一刀切”的方式进行人才评价。

过去那种简单化、刻板化的评价方式操作性差，且缺少科学性，已导致人才评价不准确、不真实、不全面等问题出现，不仅不利于人才脱颖而出，也使一些做出突出贡献的人才未得到相应激励。

---

① 引自2019年3月中共中央印发的修订后的《党政领导干部选拔任用工作条例》中的相关内容。

因此，如何根据不同行业、岗位、人员的特点制定出科学、合理的分类评价指标体系将会是未来政策细化的重点。

（三）事业单位人员激励制度将进一步向关键岗位倾斜

事业单位作为知识密集型、技术密集型组织，集聚着大批专业技术人员。为实现科技强国目标，就要充分调动和发挥各类专业技术人员尤其是高层次人才的作用，因此必须对关键领域、关键岗位的人才进行适当的政策倾斜，实现优劳优酬，激励其不断提升科研能力、科技成果转化能力，有效提高我国的科技实力。

从目前出台政策来看，对于事业单位人员的激励既包括物质激励，也包括精神激励。激励手段和方式也日益丰富，例如股权激励、绩效工资倾斜、提升科技成果转化收益比例、突出贡献奖励等方式频繁出现在各种政策文件中。虽然相关政策出台了不少，但真正有效贯彻落实到位还尚待时日，其症结往往在于政策衔接不够，甚至还存在一些政策相互冲突的情况。因此，如何加强部门协调配合，促进不同政策间融通协同是下一步需要跟进的重点工作。

（四）事业单位用人自主权将会进一步加强

近年来，从中央到地方均陆续出台了关于落实用人单位自主权的政策规定。但从政策实施来看，由于政策协同问题，落实用人单位自主权相关规定的部分内容落地仍有难度。再加上目前一些事业单位还存在法人治理能力不足以及日常管理还会受到行业主管部门一定干预等问题。当前事业单位用人自主权的行使仍不够充分。

从政策走向和事业单位自身特点来看，事业单位作为独立的法人主体，势必要对组织的战略发展具有一定的决策权，尤其是在用人自主权方面。任何组织发展均离不开人才的科学使用和合理调配。在微观人力资源管理层面，即具体用人单位，特别需要精细化、个性化地使用人才，科学有效地评价人才、激励人才，充分激发人才的积极性和主动性，更好地提升组织绩效。因此，落实事业单位用人自主权将会是最应该也是最能够实现事业单位自主权的一个重要突破口。

（五）事业单位专技人员职称终身制将会打破

近年来，各行业、各领域陆续进行事业单位职称制度改革。相关改革政策，一方面集中于如何科学设定职称评定标准，即如何进行科学的分类评价；另一方面某些地方和部门（行业）为优化岗位管理，已经开始探索打破职称终身制。

职称终身制带来的最大弊端是人员能上不能下。在实行评聘结合的制度框架下，一方面，如果没有空岗，再优秀的人才也不能正常评职称；另一方面，有的具有高级职称的人即使在高级岗位上不思进取，也不会因此而降低岗位等级。这既不利于激发人才积极性，也不利于在事业单位内部形成公平竞争、积极向上的组织氛围。

因此，为了让优秀的人才能够匹配合适的岗位，就必须打破职称终身制，回归职称评价和岗位管理的本来含义，在配置上，因岗择人，在考核上，因岗估人，真正实现人岗匹配。

B.11
国有企业人事制度改革状况分析

佟亚丽*

摘　要： 2018年适逢改革开放40周年，国有企业按照中央“1+N”系列文件的各项要求，积极推进各项改革试点工作。作为国企改革的突破口，混改已经由点及面迅速铺开。国企改革要“混”，人事制度要“改”。本文论述了在各项改革试点推进工作中的国企人事制度改革的相关举措。

关键词： 国有企业　人事制度　改革状况分析

一　央企工资总额决定机制和管理制度体系全面改革

在2018年5月国务院印发的《关于改革国有企业工资决定机制的意见》基础上，国资委印发《中央企业工资总额管理办法》（以下简称《办法》），自2019年1月1日起施行。根据此《办法》，中央企业工资总额决定机制和管理制度体系将进行全面改革。

（一）工资总额决定采取“一适应、两挂钩”方式

按照《办法》要求，国资委将进一步完善中央企业工资总额与经济效益挂钩决定机制。打破现行工资增长与经济效益“单一挂钩”的方式，转

* 佟亚丽，中国人事科学研究院企业人事管理研究室副研究员，研究方向为工资薪酬问题、企业家队伍建设与职业化问题、高级专门人才的管理问题、企业人事制度改革、专业技术人员队伍建设、技能人才培养。

变为“一适应、两挂钩”，主要按照效益决定、效率调整、水平调控三个环节决定中央企业工资总额预算。“一适应”是与劳动力市场基本适应，“两挂钩”是与企业经济效益和劳动生产率挂钩。具体地说，就是如下几点。一是“效益决定”，即企业工资总额随着企业经济效益增长而增长。中央企业工资总额预算与企业年度业绩考核指标挂钩。中央企业可以根据功能定位，在工资总额与经济效益挂钩的前提下，选取与功能定位相匹配以及与主业相关性大的经济效益指标与工资增长挂钩。对于在一定时期内主要承担国家重大专项任务的中央企业，无论是公益类企业，还是商业类企业，都允许其工资总额中的一定比例与企业公益性业务和所承担特殊任务完成情况挂钩。允许实行这一做法的，还包括那些主业处于关系到国家安全以及国民经济命脉的重要行业，特别是关键领域的公益类和商业类企业。二是“效率调整”，即工资总额根据企业效率变动而浮动。总体而言，企业效益增了工资总额才能涨，效益降了工资总额原则上要适度降，但经济效益又不是唯一的决定因素，确定工资水平还要对标劳动力市场价位，并统筹考虑劳动生产率等效率指标，这就进一步丰富了工资与效益挂钩的内涵。

与此同时，收入分配的公平性也是改革的重要考量。《办法》提出要进行水平调控，注重收入分配的公平、有序。依据国家有关部门发布的工资指导线，国资委将对非竞争类国有企业尤其是主业不属于充分竞争行业和领域的企业的工资进行调控，对有些工资整体水平偏高、过高，工资增长过快的行业与企业进行适当约束，确保国有企业职工工资的水平与增长幅度更加规范、合理。此外，《办法》明确，对中央企业承担重大专项任务、重大科技创新项目等特殊事项，要予以适度支持。《办法》还特意明确：企业同口径增人不增工资总额、减人不减工资总额，这也意在引导企业提高效率。

（二）工资总额实行分类、分级管理

今后按照《办法》要求，国资委将按中央企业功能定位对工资总额实行分类、分级管理。

1. 分类管理

即针对不同功能定位的中央企业的工资总额实行差异化管理。主要分为如下三大类。

一是备案制。实行备案制的企业是主业处于充分竞争行业或主业处于充分竞争领域的商业类企业，国资委对这一类企业的管理由之前的事前核准转变为事前引导，并增加了事中监测和事后监督环节。此类企业由董事会依法依规自主决定年度工资总额预算。

二是核准制。实行工资总额预算核准制的企业是主业处于关系国家安全、国民经济命脉的重要行业和关键领域，以提供公共产品和服务为主的公益类中央企业以及主要承担重大专项任务的商业类中央企业。

三是探索制。实行工资总额预算探索制的企业既可以是混合所有制改革试点企业，也可以是开展国有资本投资或国有资本运营公司试点的企业。这种管理方式可以实现工资总额管理工作与国企国资改革试点工作全面对接部署。

2. 分级管理

即国资委作为出资人的依法调控和企业作为经营者的自主分配有机结合，各有分工，统分结合；各司其职，权责清晰。国资委负责政策制度制定、总量调控、执行情况监督检查；国资委所属中央企业负责工资总额预算分解落实、各项管理制度具体操作执行、搞活内部自主分配。

（三）进一步下放分配自主权

《办法》依据“放管服”改革要求，将适用工资总额“备案制”管理的企业范围大幅拓展，进一步改善了国资委调控和监管企业工资水平的方式，突出了企业的市场主体地位，强化了国资委以管资本为主、简政放权、加强监管的改革方向。《办法》还明确，央企对其子企业的工资总额以及内部收入分配事宜应承担起主体责任，这是法定权利。只有这样，才能因地制宜、“一企一策”，激发微观主体活力。

《办法》明确，对于实施备案制管理的企业，如果治理、内控机制出现问题，严重违反了国家政策的有关规定，会被取消“备案制”管理资格，将其工资总额预算“备案制”再变更为核准制。

《办法》还明确，企业工资总额管理情况纳入各项监督检查范围，与审计、巡视等工作形成合力，切实保证监管到位。

《办法》最大的亮点就是，坚持了市场化的工资分配方向、差异化的工资决定机制和管理方式，特别是强调了企业分配的自主权，较好地体现了中央《关于改革国有企业工资决定机制的意见》的要求，对促进中央企业实现高质量发展、推动国有资本做强做优做大具有重要意义。

二　启动“双百行动”，健全法人治理结构和激励约束机制

（一）“双百行动”目标

2018 年 3 月，国资委下发《关于开展“国企改革双百行动”企业遴选工作的通知》（以下简称《通知》）。《通知》提出，在中央和地方同时选取 100 多家国有企业，实施国企改革“双百行动”，全面落实国有企业改革“1 + N”政策要求，更加深入地推进国有企业综合性改革，力求在国企改革的重点领域以及国企改革的关键环节上，率先突破，特别是在企业党的领导、公司法人治理结构、企业经营机制转换以及创新能力和市场竞争力提升方面成为国企改革的一支尖兵。8 月这一行动正式启动。国资委要求入围企业要实现“五大突破、一个加强”，即率先在健全法人治理结构、完善市场化经营机制、稳妥推进股权多元化和混合所有制改革、健全激励约束机制及解决历史长期遗留的问题方面取得突破；与此同时，进一步加强党的领导和党的建设。

（二）“双百企业”标准

“双百企业”遴选标准有三条。

第一，代表性较强的企业。双百企业应当兼顾不同功能定位、行业类

别、发展阶段和经营状况，其主营业务应当能够代表本集团或本地区国有企业功能定位和发展方向。企业主营业务突出，原则上应当是利润中心，而非成本费用中心，资产具有一定规模，在行业发展中具有较大影响力。

第二，发展潜力较大的企业。可以是在经营管理方面具有一定基础、发展势头良好的核心骨干企业，也可以是亟须通过深化改革提高企业管理效率和经济效益、提升市场竞争力的企业。那些目前在改革中遇到困难和阻力，但决心攻坚脱困的企业也可以选入。

第三，具有改革意愿的企业。领导班子对本企业改革发展所面临的矛盾和问题有清醒的认识，对改革的思路和方向有准确的把握。企业主要负责人及业务部门能充分理解掌握国企改革精神，具备改革积极性和主动性，有想干事、敢干事、干成事的信心和决心，有敢担当、善作为的魄力和勇气，有开拓进取的精神，敢于探索，勇于创新，不畏艰难，能在改革重点领域和关键环节率先取得突破。

从 8 月起，各地相继明确入围企业名单并及时上报企业情况。统计数据显示，在入围国企改革“双百行动”的 404 家企业中，地方国企 180 家；[①] 近半数为国有独资企业；大部分央企和地方国企入选，那些在近年来试点开展改革的企业、处于竞争行业和领域的企业以及已确定为去产能行业的企业，基本包含在其中；有 118 家（占上市国企数量约 12%）A 股国企上市公司和 27 家海外中资股公司。

“双百行动”标志着国企改革开始由点向面全面铺开，综合推进，从设计阶段开始进入施工阶段，试点将进一步扩围并向纵深发展，地方国资国企改革在双百行动号角声中掀起新一轮的改革热潮。

（三）“双百企业”再放权

国企改革“双百行动”入围企业有三个特点。一是在混合所有制改革、员工持股、股权激励等方面实行改革试点的上市公司。二是试点改革取得初

① 《多地出台国企改革最新政策　明确提出混改目标》，《上海证券报》2018 年 10 月 10 日。

步成效的，希望将之前的单项改革试点转向“一企一策”的综合国企改革试点的企业，包括之前开展的“十项改革试点”企业等。三是在改革过程中遇到困难、陷入经营困境的企业，这一类企业的试点的主要工作在于攻坚脱困，解决企业遗留的历史问题。

“双百企业”以一线的基层企业为主，大多处于改革发展的前沿且具有一定的自主权限和改革意愿，在完善市场化经营体制的过程中，健全激励约束机制不容忽视。下一步作为国有资本出资人代表的各地国资委，要在条件允许的情况下，进一步推进对所属企业授权放权的相关工作，将企业中长期发展的决策权、重大财务事项管理权以及职工工资分配权，特别是经理层成员业绩考核、薪酬管理权全部交给企业董事会。与此同时，还要继续探索落实董事会对企业经理层成员的选聘权。“双百企业”在落实董事会职权的过程中，要健全法人治理结构，规范治理主体各自所应具有的职责，逐级实现授权充分、放权规范、行权有序；要全面推行经理层成员的契约化管理，实行任期目标考核责任制，明确权利义务、职责和收益，激发企业家的热情和干劲，保护企业家权益，弘扬企业家精神。

按照国企改革领导小组办公室的要求，所有参加这一行动的国有企业，原则上都可以建立与企业经营管理层成员、科技研发人员、技术骨干以及高技能人才的风险共担、利益共享机制，采用各种中长期激励方式，激励不同群体员工，为企业出力献策，实现国有企业的改革发展。

三　创建世界一流企业，给予企业更多自主权

让国有企业成为具有全球竞争力的世界一流企业，是国企发展的目标，也是国企改革的愿景。[①] 为此，国务院国资委决定在中央企业开展创建世界一流示范企业试点工作。

---

① 国务院总理李克强在政府工作报告中提出的。

（一）“三个领军”“三个领先”“三个典范”的标准要求

世界一流示范企业的选择首先要综合考虑三个方面。在创新驱动方面：是“在国际资源配置中占主导地位、引领全球行业技术发展、在全球产业发展中具有话语权和影响力的领军企业”。① 在高质量发展方面：是在全要素生产率和劳动生产率等效率指标、净资产收益率和资本保值增值等效益指标以及创造优质产品和社会服务等方面的领先企业。在发展观方面：是践行科学发展观，履行国企社会责任、具有国际知名度和影响力的典范企业。

其次，主营业务突出、竞争优势比较明显，与国有资本投资运营公司互有侧重的产业集团公司。

最后，在公司治理、国际资源配置、引领行业发展、人才队伍等方面优势比较突出。

（二）人事制度改革方面的多项自主权限

2019 年 1 月，国资委选定 10 家央企作为首批创建世界一流示范企业。② 这 10 家企业具有大量的海外业务，多年来集聚了“走出去”的核心技术优势。

对于这些示范企业，国资委将进一步放权授权：在向国资委事中备案之后，可以在下属企业混改、职工持股方面自主决策；自主审批子公司股权激励方案；发展规划和年度投资计划不再需要上级审批；实行备案制的工资总额预算管理方式；企业的超额利润不计入工资总额并可以提成使用；对战略新兴产业子企业，对领军人才和高层次人才的市场化协议工资和专项奖励，可以单独列支，不受集团工资总额的限制；年度工资总额的增幅由集团公司自主分配，但必须在利润增幅的限度内，并在事后向上级备案；企业可以自

---

① 《关于中央企业创建世界一流示范企业有关事项的通知》，2019。

② 航天科技、中石油、国家电网、三峡、国家能源集团、中移动、中航集团、中国建筑、中国中车、中广核 10 家央企，见《关于中央企业创建世界一流示范企业有关事项的通知》，2019。

主决策，在未来3年左右的时间内有针对性地铺开包括混改、员工持股、加大放权等多领域的综合性改革。

（三）加快创建世界一流示范企业的进程

2019年，央企创建世界一流示范企业是国企改革的重点工作。国资委要在放权的同时，加强事中、事后监管。按照国资委对示范企业在三个方面“领军、领先、典范”的标准要求，示范企业要坚持目标和问题导向，完成改革“顶层设计”，绘制出改革“路线图”，制定出企业战略发展长远规划，进一步优化产业布局、完善组织架构和管理运营体制机制；要与国际上同一领域的5～10家企业对标，将追赶的目标量化为企业的各项可考核的指标，力争用3年的时间在整体上见效显著，在个别领域和关键环节上取得质的突破。

创建世界一流示范企业是综合性改革试点，试点进程中，改革放权的力度会进一步加大。下一步国资委将按照动态管理的方式，推进创建进程，促进创建世界一流示范企业整体水平的提升，形成试点经验。

四　改革国有资本授权经营体制，加大授权放权力度

（一）加大向相关央企的授权放权力度

在前期开展10家中央企业试点的基础上，2018年底，国资委又新增11家央企国有资本投资公司试点，其中绝大部分试点企业是投资公司。这意味着96家中央企业有近五分之一进入试点，加快改组组建国有资本投资运营公司态势明显，并取得了积极成效和经验。在这一改革的进程中，履行国有资本出资人职责的部门及机构能够从管好国有资本的角色定位出发，积极转变管理职能，逐步取消、下放一批管理事项，但是管理权限取消不彻底、下放不到位、授权不充分等问题依然不同程度存在。2019年，国资委将在企业发展战略与规划、工资总额管理制度、企业人才选拔和使用以及薪酬分配

机制等方面进一步向新一批11家国有资本投资公司授权放权，着力打造国企改革的“升级版”。

2019年4月，国务院印发《改革国有资本授权经营体制方案》（以下简称《方案》）。《方案》明确了授权放权方式、范围、保障机制和改革目标，从实行清单管理、强化章程约束、发挥董事作用、创新监管方式四个方面提出优化出资人代表机构履职方式。《方案》还明确，与中国特色现代国有企业制度相适应的国有资本授权经营体制2022年基本建成。

从管企业向管资本转变，制定出台出资人代表机构监管权力责任清单，清单以内事项要大幅减少审批或事前备案，清单以外事项具体经营事务由企业依法自主决策，明确国资监管部门与国有企业的权力边界，尽量将企业应该有的权限返还给企业，让企业真正成为自主经营的主体，确保管理不越位、不缺位。《方案》明确，要对国家出资企业按照企业的功能实行分类管理、分类授权、分类放权，并在定期评估基础上，采取扩大、调整或收回权限等措施动态调整监管方式。

与此同时，出资人代表机构对于国有资本投资、运营公司可以依据其所具备的治理水平和管理基础，结合企业所处的发展阶段和所在的行业特点等，分期、分批地向具备条件的企业授权和放权。内容可包括企业战略与规划、企业员工招聘与选用、企业工资总额分配方案、股权激励方案以及大财务事项管理等，授权放权内容亦可根据企业实际情况增加。

对于那些非试点的其他商业类和公益类企业，出资人代表机构要依据股权关系参与公司治理，并充分落实企业经营决策自主权。对其中已完成公司制改制的企业，在规范董事会运行的基础上，要逐步落实董事会职权，维护董事会应享有的重大决策、人事任免、考核分配权利；对集团公司下属各级企业的生产经营具体事项不干预，主要通过集团公司层面实施监管。

（二）明确人事管理制度方面的放权内容

随着国资授权经营体制改革持续深化，2019年6月初，国务院国资委印发了《国务院国资委授权放权清单》（以下简称《清单》），《清单》明确的授权放权事项共有5个大类35个项目。

《清单》明确了21项对各中央企业的授权放权事项。涉及人事管理制度改革的内容主要[1]有如下几个方面。

在混改方面：除生产经营主业是涉及国家安全、国民经济命脉的关键领域和重要行业以及在一定时期内主要承担国家重大专项任务的央企子公司之外，其他央企所属企业的混合所有制改革方案由企业自行审批。

在股权激励方面：支持中央企业在符合条件下属企业开展多种形式的股权激励。股权激励的收益不纳入本单位工资总额基数，与员工个人薪酬不挂钩。由中央企业审批其控股上市公司股权激励分期实施方案，但股权激励计划须报国资委同意。

在落实在董事会职权方面：对于国有资本投资、运营公司试点企业，国资委授权董事会可根据落实国家战略需要、国有经济布局结构调整方向、中央企业中长期发展规划以及企业五年发展战略和规划，在已批准的主业范围以外，新增1~3个拟培育发展的新业务领域，国资委同意后，即按主业进行管理并视发展成熟情况，纳入主业管理。对于非主业投资，国资委授权董事会可提出年度投资比例限额，幅度在5%~15%。对综合改革试点企业，国资委授权董事会审批企业五年发展战略和规划，并将战略规划报告上报国资委。企业的年度投资计划，国资委授权董事会按照《中央企业投资监督管理办法》要求批准实行，报国资委备案即可。企业主业范围内的计划外新增股权投资项目授权董事会决定，当总投资规模变动超过10%时，须向国资委报告，并应及时调整年度投资计划。

在工资与激励机制方面：国资委授权中央企业审批所属科技型子企业股权和分红激励方案，企业实施分红激励所需支出不受当年本单位工资总额限制，不纳入本单位工资总额基数，但需要计入企业工资总额且不作为社会保险费、补充养老及补充医疗保险费、住房公积金以及企业职工教育经费、工会经费等的计提依据。

---

① 《国务院国资委授权放权清单（2019年版）》。

在市场化选聘职业经理人方面：支持中央企业所属企业采取公开遴选、竞聘上岗等市场化方式选聘职业经理人，实行市场化薪酬分配制度，薪酬总水平由相应子企业的董事会根据国家相关政策，统筹考虑企业发展战略、经营目标及成效、薪酬策略等因素，并参考市场同类人员薪酬价位，与职业经理人协商确定；采取多种方式完善职业经理人中长期激励机制。

（三）改革着力解决一些痛点难点问题

《清单》直指一些痛点难点问题，首次将央企审批混改方案、股权激励方案纳入授权放权清单范围。从具体授权内容看，中央企业的自主经营权明显增加，在子公司混改、职业经理人聘用、工资与激励机制建立、上市公司股权转让等方面的权限都有所增加。就改革的实质而言，要全面激发微观主体活力，授权放权应分期、分批地落实到各级子企业或管理主体上，不能只停留在企业集团总部。这无疑将有力推动今后企业的混改、股权激励、薪酬分配等各项改革，有利于从市场上选聘职业经理人，推进职业经理人制度实施的进程。

加大授权放权力度，但并不等于放任不管。针对国有资本投资、运营公司的新的管理运营机制，特别是法人治理结构的有效运行，要切实提高监管的科学性和有效性，同时针对试点过程当中出现的新情况和新问题，要及时总结和研究，不断完善监督与管理。

五　积极推动地方国企综合改革，完善现代企业人事管理制度

2018 年，各省（区、市）国有企业按照中央要求，结合国际形势变化、本行业发展实际情况、地域环境和企业自身实际情况，不断深化各项改革。

2019 年，北京市政府工作报告提出，要深化国资国企改革，加快实现从管企业向管资本转变，推动国有经济战略性重组，压缩企业管理层级。上海研究制定了区域性国资国企综合改案，重头戏包括打造上海国资改革示范区等。广东提出，要推动省属国企战略性重组，还要积极推进混合所有制改

革，深化国有资本投资和运营公司改革试点。江苏提出，要推进国有企业混合所有制改革试点，加快实现国资监管方式的转变，推动国有企业做强做优做大。湖北指出，促进国有资本向重大基础设施、基础产业和战略性新兴产业集中，向优势主业集中。优化国有经济布局，推动国有企业战略性重组，支持国企构建和完善现代企业制度。山西提出，要全面开展混合所有制改革，优化调整国有资本布局，全面提升国企创新能力。继续推动专业化重组。稳步推进员工持股试点。广西提出，加快国有经济布局优化、结构调整、战略性重组，发展混合所有制经济。推进国有资本投资、运营公司改革试点和国有控股混合所有制企业员工持股试点，实行职业经理人制度改革，市场化选聘企业经营管理者，改革企业经营管理者绩效考核和薪酬分配制度。山东出台的《关于进一步加强省属企业主业管理工作的意见》要求“省属企业要推动技术、人才、资本等要素向主业集中”。[①]

结　语

2018 年，作为本轮国有企业改革的重要“突破口”，混合所有制改革进入了新的阶段，重心由产权的“混”转向注重形成新经营机制的“改”。国务院国资委副主任翁杰明在谈到对国有企业混合所有制改革的几点认识体会时说，国有企业混合所有制改革，既要引资，更要引制，要规范各治理主体之间的权责关系，提高治理水平，要推动企业转换经营机制。总之，混合所有制改革，“混”不是最终目的，要着力健全优化法人治理结构，转换经营机制，增强国有经济活力，提高竞争力。

2019 年，混合所有制改革既加速进入批量落地期，也进入窗口机遇期，要坚定不移、规范有序地推进混改，更加注重混改的质量和效果，坚持“两个一以贯之”，把混合所有制改革工作向纵深推进。

① 《山东省人民政府办公厅关于进一步加强省属企业主业管理工作的意见》，鲁政办字〔2019〕15 号。

就业创业与劳动关系篇

Employment, Entrepreneurship and Labor Relations

B.12
2018年我国就业状况分析

奉　莹*

摘　要： 2018年，我国就业局势总体稳定，就业结构进一步优化。就业工作持续推进，各级政府加强宏观调控和政策支持，扎实推进重点群体就业，积极促进创业，不断加强就业服务，稳步开展就业扶贫。今后一段时间，从面临的就业形势看，就业总量压力仍然很大，结构性矛盾突出；新就业形态不断出现，就业替代效应明显；国际经贸形势不确定性加大，需要更好防范失业风险。

关键词： 就业总量　就业结构　新就业形态　公共就业服务

* 奉莹，博士，中国人事科学研究院就业创业与政策评价研究室助理研究员。

一 2018年就业发展基本状况

2018 年是我国改革开放 40 周年，我国就业总体平稳，就业形势延续稳中向好态势。

（一）就业局势保持总体稳定

1. 城镇新增就业超额完成目标任务，就业总量首次下降

全国城镇新增就业 1361 万人，连续 6 年保持在 1300 万人以上。就业大局的稳定为促进经济发展和社会和谐稳定发挥了重要作用。

2014～2018 年，就业总量先增后减，从 2014 年的 77253 万人增加到 2017 年的 77640 万人，2018 年有所下降，为 77586 万人，这是就业总量首次出现下降（见图 1）。

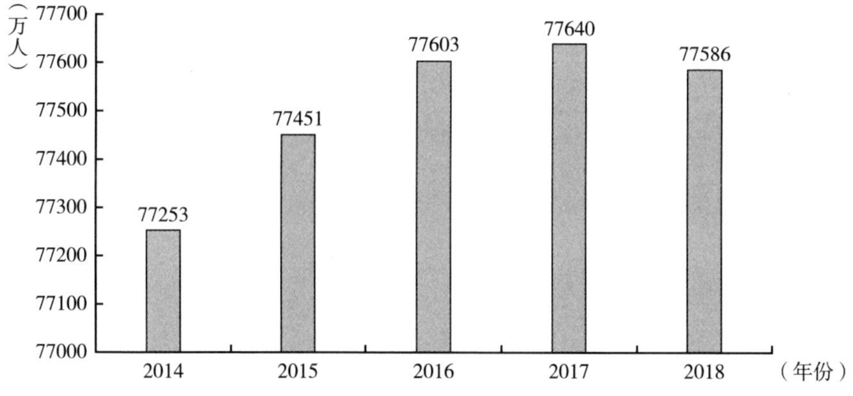

图 1 2014～2018 年就业总量

资料来源：人力资源和社会保障部历年《人力资源和社会保障事业发展统计公报》。

2. 城镇新增就业量有所增加，登记失业率持续下降

2018 年，城镇就业人员 43419 万人，比上年末增加 957 万人；城镇新增就业 1361 万人，同比增加 10 万人。根据人社部公布的数据，2013～2018 年，我国城镇新增就业人数连续 6 年保持在 1300 万人以上，累计城镇新增

就业达7970万人。城镇新增就业增长率先从2014年的0.90%下降到2015年的-0.80%，然后逐渐增加，在2017年达到2.80%的高位之后又迅速下降到0.74%（见图2）。

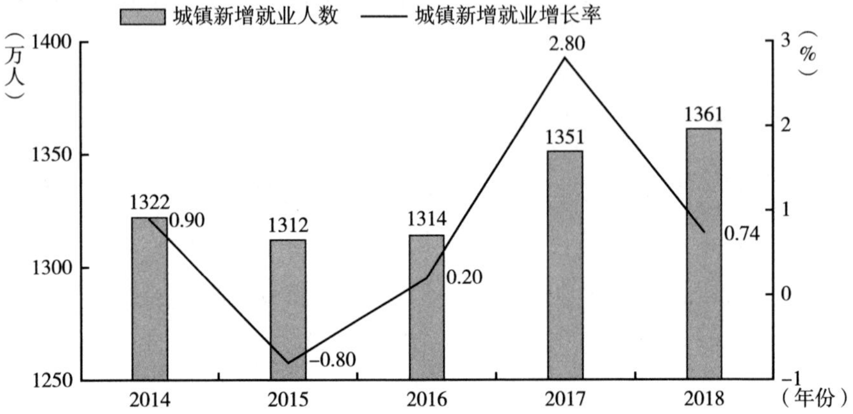

图2　2014～2018年城镇新增就业人数及增长率

资料来源：人力资源和社会保障部历年《人力资源和社会保障事业发展统计公报》。

2018年，城镇失业人员再就业人数为551万人，就业困难人员就业人数为181万人，与2017年相比，前者减少7万人，后者增加4万人（见图3）。

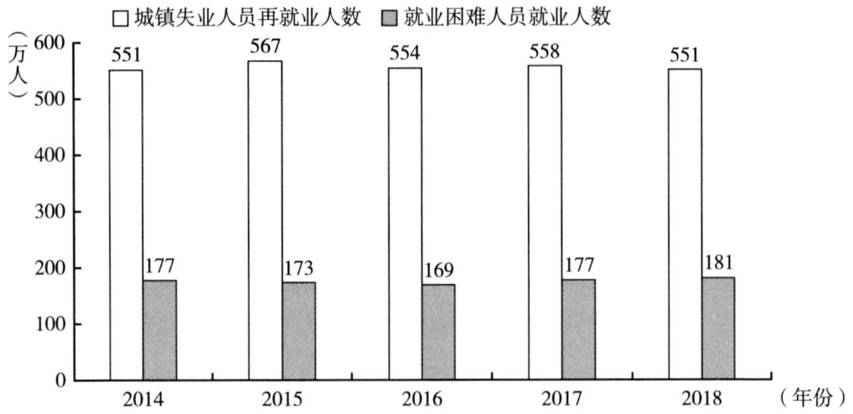

图3　2014～2018年城镇失业人员再就业人数和就业困难人员就业人数

资料来源：人力资源和社会保障部历年《人力资源和社会保障事业发展统计公报》。

2014～2018年，城镇登记失业人数呈现出稳中有降的趋势，从2014年的952万人增加到2016年的982万人，再下降到2018年的974万人。城镇登记失业率逐年下降，从4.09%下降到3.80%，下降了0.29个百分点。（见图4）。

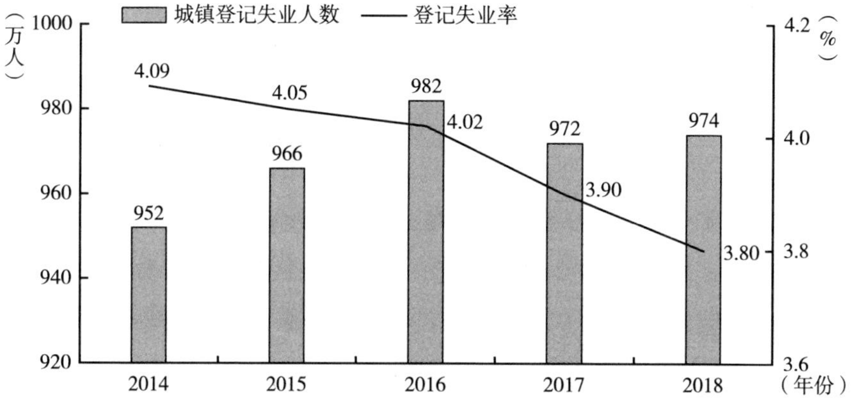

图4　2014～2018年城镇登记失业人数及登记失业率

资料来源：人力资源和社会保障部历年《人力资源和社会保障事业发展统计公报》。

3. 农民工总量稳步提升，外出务工人数不断增加

2018年，全国农民工总量28836万人，其中，本地农民工11570万人，外出务工农民17266万人。2014～2018年，农民工总量从27395万人增加到28836万人，增加了1441万人，年均增加360.25万人；外出务工农民数量从16821万人增加到17266万人，增加了445万人，年均增加111.25万人。从农民工总量增速来看，总体呈下降态势，从2014年的1.86%下降到2018年的0.64%（见图5）。

（二）就业结构进一步优化

1. 第一、第二产业就业比重继续下降，第三产业就业比重持续增加

2018年，全国就业人员中第一、第二、第三产业就业人员分别为20257.7万人、21390.5万人和35937.8万人。2014～2018年，三次产业就

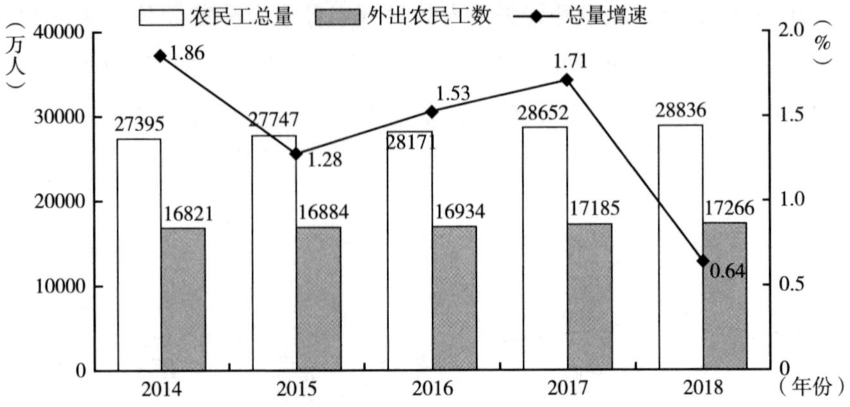

图5　2014～2018年农民工总量、外出农民工数及总量增长率

资料来源：人力资源和社会保障部历年《人力资源和社会保障事业发展统计公报》。

业人员中，第一产业就业人员减少2532.3万人，年均减少633.1万人，就业人员比重下降了3.4个百分点；第二产业就业人员减少1708.5万人，年均减少427.1万人，就业人员比重下降了2.3个百分点；第三产业就业人员增加4573.8万人，年均增加1143.5万人，就业人员比重提高了5.7个百分点。三次产业就业人员的比重已从2014年的29.5∶29.9∶40.6转变为2018年的26.1∶27.6∶46.3（见图6）。

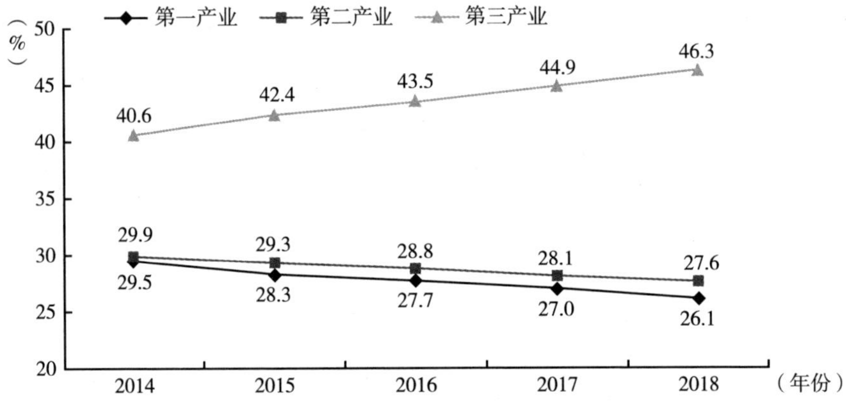

图6　2014～2018年三次产业就业结构分布情况

资料来源：人力资源和社会保障部历年《人力资源和社会保障事业发展统计公报》。

2. 城镇就业人员数量不断增加，城乡就业结构持续改善

2018 年，我国城镇就业人员数量为 43419.0 万人，乡村就业人员数量为 34167.0 万人。2014～2018 年，城镇就业人员增加了 4109 万人，年均增加 1027.3 万人，城镇就业人员占比从 50.9% 增加到 56.0%；乡村就业人员减少了 3776 万人，年均减少 944 万人，乡村就业人员占比从 49.1% 下降为 44.0%（见图 7）。

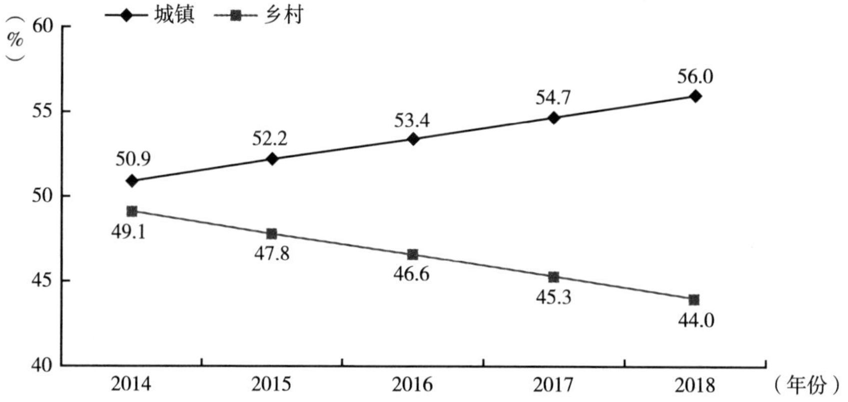

图 7　2014～2018 年城乡就业结构分布情况

资料来源：《中国统计年鉴 2018》。

（三）劳动报酬继续增长

1. 城镇单位就业人员工资继续保持较快增长，工资差距进一步加大

2018 年，在城镇单位就业人员中，城镇非私营单位就业人员年平均工资为 82461 元，同比增长 11.00%；城镇私营单位就业人员年平均工资为 49575 元，同比增长 8.30%。2014～2018 年，城镇非私营单位就业人员年平均工资与城镇私营单位就业人员年平均工资之间的差距逐年增大，从 19949 元增大到 32886 元。后者与前者工资金额比值从 64.6% 减小到 60.1%（见图 8）。

从工资增长速度来看，整体而言，城镇非私营单位的工资增速高于城镇

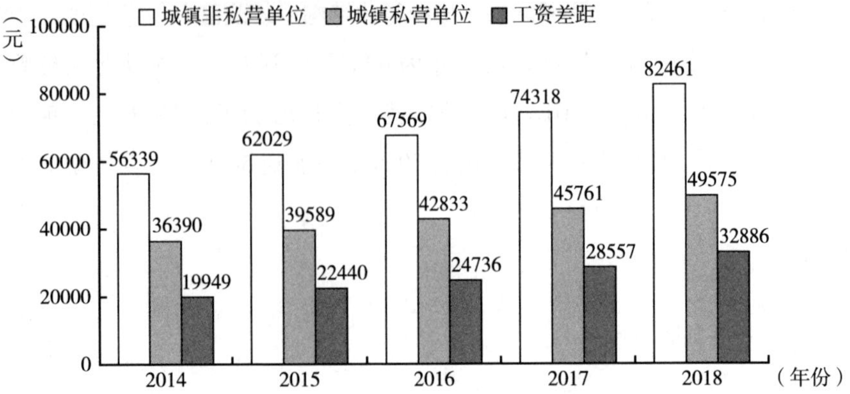

图8　2014～2018年城镇单位就业人员年平均工资及工资差距

资料来源：人力资源和社会保障部历年《人力资源和社会保障事业发展统计公报》。

私营单位。2018年，城镇非私营单位就业人员工资增速为11.00%，高于城镇私营单位就业人员工资增速2.70个百分点。同时，城镇私营单位的工资增幅呈先减后增趋势，从2014年的11.26%下降到2017年的6.84%，再增加到2018年的8.30%（见图9）。

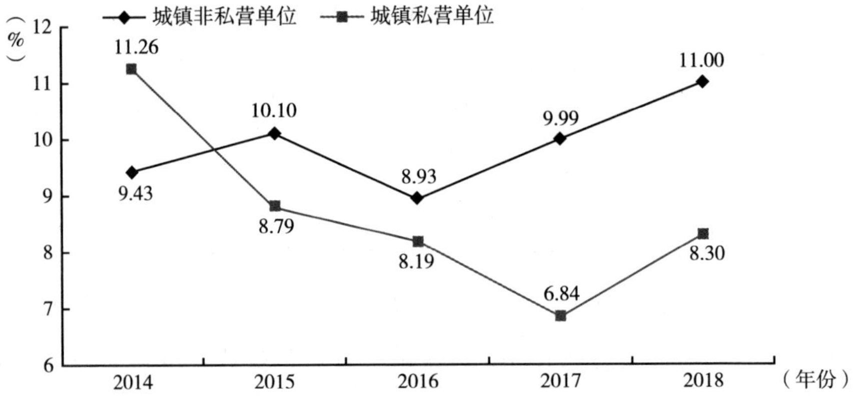

图9　2014～2018年城镇单位就业人员年平均工资增速

资料来源：人力资源和社会保障部历年《人力资源和社会保障事业发展统计公报》。

2. 农民工收入保持增长，增速有所回升

2018年，农民工人均月收入为3721元，比2017年增加236元，同比增长6.8%。2014～2018年，农民工人均月收入逐年稳步增加，从2864元增加到3721元，增加了857元，年均增加214.2元；人均月收入增长率从2014年的9.8%先下降到2017年的6.4%，再增加到2018年的6.8%（见图10）。

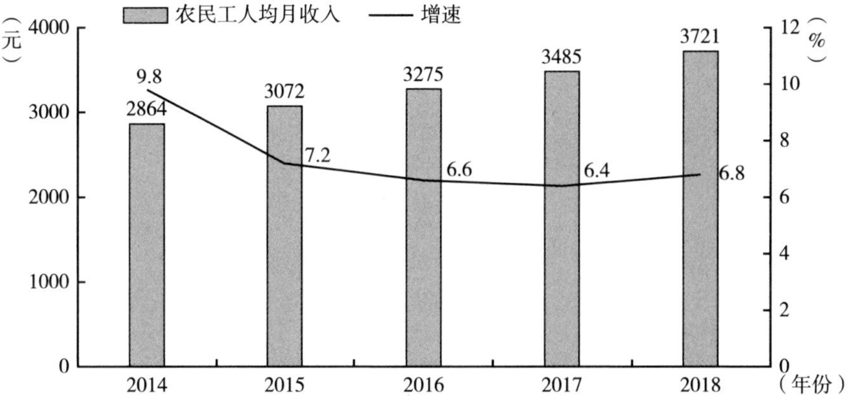

图10　2014～2018年农民工人均月收入及增速

资料来源：人力资源和社会保障部历年《人力资源和社会保障事业发展统计公报》。

3. 绝大部分行业年平均工资同比增长，行业增速差异明显

2018年，全国城镇非私营单位就业人员中，年平均工资最高的三个行业依次是“信息传输、软件和信息技术服务业”“金融业”“科学研究和技术服务业”，年平均工资分别为147678元、129837元和123343元，分别为全国平均水平的1.79倍、1.57倍和1.5倍。年平均工资最低的三个行业分别是“农、林、牧、渔业”“住宿和餐饮业”“居民服务、修理和其他服务业”，年平均工资分别为36466元、48260元和55343元，分别为全国平均水平的44%、59%和67%。

从年平均工资增长速度来看，增速最高的三个行业依次为“采矿业”、“科学研究和技术服务业”和“批发和零售业”，年平均工资增长率分别为17.2%、14.4%和13.1%。增速最低的三个行业依次为“农、林、牧、渔业”、“租赁和商务服务业”和“住宿和餐饮业”，增长率分别为-0.1%、

4.6%和5.5%。全部19个行业门类中，有6个行业的年平均工资增速高于全国平均增速（见表1）。

表1　2018年城镇非私营单位就业人员分行业年平均工资

单位：元，%

行业	2017年	2018年	名义增长率
农、林、牧、渔业	36504	36466	-0.1
采矿业	69500	81429	17.2
制造业	64452	72088	11.8
电力、热力、燃气及水生产和供应业	90348	100162	10.9
建筑业	55568	60501	8.9
批发和零售业	71201	80551	13.1
交通运输、仓储和邮政业	80225	89380	11.4
住宿和餐饮业	45751	48260	5.5
信息传输、软件和信息技术服务业	133150	147678	10.9
金融业	122851	129837	5.7
房地产业	69277	75281	8.7
租赁和商务服务业	81393	85147	4.6
科学研究和技术服务业	107815	123343	14.4
水利、环境和公共设施管理业	52229	56670	8.5
居民服务、修理和其他服务业	50552	55343	9.5
教育	83412	92383	10.8
卫生和社会工作	89648	98118	9.4
文化、体育和娱乐业	87803	98621	12.3
公共管理、社会保障和社会组织	80372	87932	9.4
合计	74318	82461	11.0

资料来源：国家统计局网站。

二　2018年就业工作的基本进展情况

2018年，相关部门结合自身职能，加强宏观调控和政策支持，坚持就业优先战略和积极的就业政策，围绕突出问题，聚焦重点群体，全力稳住就业大局，采取多种措施积极促进创业，不断加强公共就业服务，稳步推进就业扶贫工作。

（一）加强宏观调控和政策支持

2018年，国内经济处于结构调整转型升级的关键时期，在复杂多变的国际经济形势下，我国政府进一步加大促进就业工作力度，将稳就业放在更加突出的位置，加强就业工作总体部署。

1. 将稳就业放在更加突出位置

2018年7月4日，国务院总理李克强主持召开国务院常务会议，部署进一步做好稳定和扩大就业工作，会议指出，稳就业是经济发展的重中之重，也是最大的民生。7月31日，中央政治局会议明确要求做好"六稳"工作，[①] 将"稳就业"摆在首要位置。9月17日，中央召开就业工作座谈会，增强对当前稳就业重要性的认识，按照党中央、国务院决策部署，扎扎实实做好各项就业工作，确保就业大局稳定。11月，国务院常务会议确定了进一步促进就业的针对性措施，指出要按照党中央、国务院部署，坚持就业优先战略，推出更加积极的政策。

2. 加强就业工作总体部署

2018年4月，人社部在北京召开了全国就业创业工作电视电话会议，对当前就业工作面临的形势进行了分析，交流各地经验做法，对做好2018年就业创业工作进行了安排部署。7月，国家发改委等17个部门联合发布的《关于大力发展实体经济积极稳定和促进就业的指导意见》，针对产业结构转型升级以及国际国内各种不确定不稳定因素，提出了化解结构性就业矛盾的指导意见和措施。11月，国务院印发了《关于做好当前和今后一个时期促进就业工作的若干意见》，为做好新时代就业工作指明了方向。

3. 出台进一步促进就业的政策措施

2018年1月，国务院办公厅出台《关于进一步支持农民工等人员返乡下乡创业的意见》，进一步支持农民工等人员返乡下乡创业。为了充分调动和激发各地干事创业的积极性、主动性和创造性，鼓励各地切实做好就

① "六稳"即稳就业、稳金融、稳外贸、稳外资、稳投资、稳预期。

业创业工作，5 月，国务院办公厅对落实鼓励和支持就业创业政策措施工作力度大，促进城镇失业人员再就业、就业困难人员就业等任务完成较好的浙江、山东、河南、重庆、贵州五省市予以督查激励，明确 2018 年对上述省（市）在安排中央财政就业补助资金时给予倾斜和支持。8 月，人社部颁布《关于废止〈台湾香港澳门居民在内地就业管理规定〉的决定》，明确规定港澳台人员在内地（大陆）就业不再需要办理“台港澳人员就业证”。

（二）扎实推进重点群体就业

2018 年，在各部门的共同努力下，促进高校毕业生就业的各项计划任务深入实施，促进农民工就业创业稳步推进，其他重点群体就业工作继续推进。

1. 促进高校毕业生就业各项计划任务深入实施

2018 年高校毕业生就业创业工作的主线体现在政策落实方面，高校毕业生就业工作进展主要表现在以下方面。

第一，促进高校毕业生就业工作部署继续加强。2018 年 5 月和 9 月，中央和人社部分别召开高校毕业生就业创业工作电视电话会议，均强调了高校毕业生就业工作的重要地位。此外，国务院大督查将高校毕业生就业创业内容作为督查重点内容之一，对高校毕业生就业创业工作政策落实情况进行了座谈和走访。

第二，高校毕业生基层服务项目进一步推进。2018 年 4 月，人社部召开全国“三支一扶”工作领导小组会议，会上和相关部委交流了高校毕业生“三支一扶”计划、大学生村官、教师特岗计划、农技特岗计划和西部计划等基层服务项目工作情况。6 月，人社部、财政部联合印发通知，对 2018 年“三支一扶”人员能力提升专项计划进行部署，中央财政支持各地举办 55 个培训班，培训 5200 名“三支一扶”人员。

第三，加强高校毕业生和青年群体的就业服务。开展高校毕业生就业创业政策宣传推介活动；开展“高校毕业生就业指导百城行”活动，对毕业生进行有针对性的职业指导；启动实施青年就业启航计划，聚焦长期失业、就业困难毕业生等青年，加大政策服务倾斜力度；提供一站式服务、“最多跑一次”等便利；优化高校毕业生创业指导服务；优化就业服务专项活动，丰富就业服务周、服务月、民营企业招聘周、大中城市联合招聘等内容；将“三区三州”高校毕业生、建档立卡贫困家庭毕业生、就业困难离校未就业高校毕业生作为重点关注对象，提供精准就业服务。此外，人社部和教育部在7月毕业生离校时同步启动未就业毕业生信息交换、报到接收、服务接续工作，完善信息核查、登记反馈、跟踪服务制度。2019年4月，人力资源和社会保障部、共青团中央发布相关文件，开始实施“青年就业启航计划”，促进16~35岁有劳动能力、失业一年以上的青年就业创业。

第四，加强青年毕业生能力培养。2018年7月，中德两国政府签署《中华人民共和国政府和德意志联邦共和国政府关于青年实习交流计划的联合意向声明》，双方每年各接收1000名青年实习生，两国18~35周岁的在校学生或毕业不满1年的青年将有机会赴对方国家进行不超过6个月的实习，学习职业技能，弘扬工匠精神，丰富国际阅历，提升就业能力。人社部等六部委联合印发《关于实施三年百万青年见习计划的通知》，决定于2019年1月1日起，对离校2年内未就业高校毕业生和16~24岁失业青年，实施三年百万青年见习计划。

2. 鼓励农民工就业创业，加强权益保障

一是组织开展“春风行动”。人社部与国务院扶贫办、全国总工会、全国妇联于2~3月在全国开展“2018年春风行动”，针对春节后农村劳动力集中外出求职就业，通过组织政策宣讲、开设专场招聘、加强服务、培训、维权等方式，帮助农村劳动力转移就业和返乡下乡创业。

二是保障农民工工资支付，建立和实施拖欠农民工工资“黑名单”制度。2018年9月，人社部印发《2018年度保障农民工工资支付工作考核细则》，部署对各省、区、市保障农民工工资支付工作进行年度考核。7月、10月和12月，人社部分别发布并向国家发展改革委推送了三批拖欠农民工工资“黑名单”信息，并由30个部门和单位对克扣、无故拖欠农民工工资等情况的企业和个人进行联合惩戒。

3. 继续推进其他重点群体就业工作

采取措施促进退役军人、城镇困难人员、去产能职工等重点群体就业。

一是促进退役军人就业创业。2018 年 8 月，退役军人事务部等军地 12 个部门联合印发《关于促进新时代退役军人就业创业工作的意见》，从提升就业创业能力、加大就业支持力度、积极优化创业环境、建立健全服务体系、切实加强组织领导等五个方面提出了促进退役军人就业创业的具体措施。

二是实施援企稳岗“护航行动”，助力推行终身职业技能培训制度。2018 年，共向 68.1 万户企业的 6445 万职工发放稳岗补贴 197.7 亿元；向 61.4 万人次职工发放技能提升补贴 9.8 亿元。

三是促进妇女就业。2019 年 2 月，人社部等九部门印发《关于进一步规范招聘行为促进妇女就业的通知》，在招聘环节中减少对女性的歧视，加强对妇女就业的培训服务。

（三）积极促进创业

1. 加强创业工作部署

一是中央政府继续保持对创业工作的重视。2018 年 12 月，中央经济工作会议指出，要落实创新驱动发展战略，全面提升创新能力和效率，提高“大众创业、万众创新”水平。

二是人社部门牵头促进各类群体创业。2018 年 4 月，人社部召开了全国就业创业工作电视电话会议，对做好 2018 年就业创业工作进行了安排部署，河北、上海、山东、贵州、安徽五个省份介绍了就业创业领域的创新实践。此外，人社部召开 2018 年留学人员回国服务工作部际联席会议，会议总结交流 2017 年留学人员回国服务工作情况，部署安排 2018 年工作要点。12 月，人社部办公厅印发《关于推进技工院校学生创业创新工作的通知》，在全国技工院校大力推进学生创业创新工作。

2. 举办创业活动

搭建交流对接平台，组织第三届“中国创翼”创业创新大赛、第四届中国“互联网+”大学生创新创业大赛，举办创业项目展示推介、选树创业典型等活动。

3. 加强创业国际交流

举办了以“高质量创业服务，推动创新、就业和经济增长”为主题的G20创业圆桌对话会，会议集中讨论了创业服务、创业培训和社会保障等议题，正式发布了第一份《二十国集团创业服务报告》。G20成员劳工部门和研究机构、有关国家驻华使馆、国际劳工组织、经合组织及国内有关单位代表共约80人参加了会议。

（四）不断加强公共就业服务

1. 出台完善公共就业服务的法规和政策

一是国务院公布了《人力资源市场暂行条例》（以下简称《条例》）。此项条例是系统规范在我国境内通过人力资源市场求职、招聘和开展人力资源服务活动的第一部行政法规，自2018年10月1日起施行。该《条例》对人力资源市场培育、人力资源服务机构、人力资源市场活动规范、人力资源市场监督管理及法律责任等作了全面规定。《条例》对建设统一开放、竞争有序的人力资源市场，更好地服务于就业创业和高质量发展，实施就业优先战略和人才强国战略，具有重要意义。

二是人社部等三部门联合发布了《关于推进全方位公共就业服务的指导意见》明确了各级公共就业服务机构要免费提供的10项基本服务，提出了推进全方位公共就业服务的具体措施。

2. 组织公共就业服务活动

一是提供精准服务，促进高校毕业生等青年群体、农民工多渠道就业创业。4月，人社部、教育部、全国总工会、全国工商联在全国县级以上城市开展“2018年全国民营企业招聘周活动”，服务对象包括2018届高校毕业生、去产能企业分流职工、农村进城务工人员、建档立卡贫困人员等各类求职者以及有招聘需求的民营企业、中小微企业和各类企事业单位。此外，还举办了全国中小企业网上百日招聘活动，县级以上城市金秋招聘月活动等。

二是针对就业领域找政府办事存在的堵点和如何疏通淤堵做好稳就业工作。由国家发展改革委、国办信息公开办、新华社、中国政府网、人社部、国家市场监督管理总局、公安部、住建部等 8 部门和单位联合启动第五批堵点难点征集“群众办事百项堵点疏解行动”，集中全力疏解就业创业领域的烦心事。对所征集的信息进行大数据分析后，选择群众反映最强烈的 20 个堵点问题，推动有关地方、部门限时解决。

三是推动高校结合人才培养特色和学科优势，加快培养具有国际视野的高素质人才。通过开展讲座报告等多种方式，为毕业生到国际组织实习任职提供咨询、指导等服务。

3. 建设人力资源服务产业园

2018 年 11 月，在广东省广州市和深圳市分别挂牌建立国家级人力资源服务产业园，即“中国广州人力资源服务产业园”和“中国深圳人力资源服务产业园”。规划将这两个人力资源服务产业园建设为立足服务华南、辐射港澳的粤港澳大湾区人才高地，在服务广东省乃至全国经济社会发展、促进就业创业和优化人才配置中发挥重要作用。

（五）稳步开展就业扶贫

2018 年是全面打好脱贫攻坚战的关键一年，也是就业扶贫巩固成效、攻坚克难之年。通过送岗位、送技能、送服务，共帮扶 388 万建档立卡贫困劳动力实现就业。

1. 建立健全就业扶贫政策体系

人社部门会同财政、国务院扶贫办等相关部门，出台了多个政策文件。2018 年 3 月，人社部和国务院扶贫办共同发布了《关于做好 2018 年就业扶贫工作的通知》。8 月，为贯彻落实党中央、国务院关于打赢脱贫攻坚战三年行动的部署安排，人社部、财政部联合印发《关于进一步加大就业扶贫政策支持力度　着力提高劳务组织化程度的通知》。9 月，人社部印发《打赢人力资源社会保障扶贫攻坚战三年行动方案》，提出全力推进就业扶贫。2019 年 5 月，人社部等四部委联合印发《关于做好易地扶贫搬迁就业帮扶工作的通知》。

2. 大力开发就业岗位

一是推动区域间劳务协作。通过东西部劳务协作、对口帮扶等，促进单位和贫困劳动力对接，帮助更多贫困劳动力找到就业岗位。二是促进就地就近就业。建设扶贫车间、卫星工厂，配合产业扶贫、项目扶贫推进岗位开发，帮助不便长期外出务工的贫困劳动力实现就业。三是鼓励返乡下乡创业，带动贫困劳动力就业。四是大力开发公益性岗位进行托底安置。将贫困地区新增和腾退的公益性岗位优先用于安置贫困劳动力，并给予公益性岗位补贴。

3. 提升就业技能

一是对于建档立卡贫困户的“两后生”给予免费就读技工院校、接受技工培训教育的机会，通过技能帮扶提高其就业技能。二是对建档立卡的贫困劳动力提供就近的免费技能培训，并在培训期间给予生活费补贴。

4. 提供就业帮扶

一是提供精准帮扶。对所有建档立卡的贫困劳动者进行实名登记，了解就业能力、就业意愿，有针对性地提供职业介绍、技能培训和职业指导，帮助他们尽快实现就业。二是开展“就业扶贫行动日”系列活动。为配合做好全国扶贫日活动，深入推进就业扶贫工作，人社部在全国范围内开展了“就业扶贫行动日”活动，以“就业扶贫，帮困脱贫”为主题，重点对农村建档立卡贫困劳动者开展需求登记、政策宣讲、专场招聘、上门送岗等帮扶活动。

三　就业形势展望

2019 年及今后的一段时间，我国就业形势依然复杂严峻。总体来看，就业总量压力有增无减，就业结构性矛盾更加突出。同时，国际形势错综复杂，中美贸易摩擦频繁，国内经济结构调整深入推进，人工智能等新技术不断发展，这些都对就业产生影响，促进就业工作依然面临严峻挑战。

（一）就业总量压力大，结构性矛盾突出

就业总量压力和结构性矛盾并存。一方面，就业总量压力大。城镇新增就业保持在1500万人以上，其中，高校毕业生数量达834万人，再创新高。另一方面，结构性就业矛盾更加突出。适应产业转型升级需要的高技能工人、高层次研发人员和创新型复合型人才不足，部分新成长劳动力的实践能力还难以跟上市场需求，大龄低技能劳动者就业问题也将持续存在。同时，结构调整中的失业问题仍须密切关注，化解钢铁煤炭等行业过剩产能的职工安置任务依旧十分艰巨。此外，就业扶贫任务仍然繁重，建档立卡贫困劳动力中依然有一定数量的劳动能力、未实现就业的人员，特别是“三区三州”等深度贫困地区的劳动力就业门路狭窄，帮扶压力大。

面对这些问题，一是把稳就业摆在突出位置，实施就业优先政策。例如，对符合条件的参保企业采取减费、社保返还的方式减轻企业负担；对民营企业、中小微企业给予融资担保、创业担保贷款等优惠，支持其吸纳就业。二是促进高校毕业生、农民工、退役军人等重点群体就业。例如鼓励失业人员参加技能培训，扩大就业见习补贴范围，对就业困难人员和零就业家庭成员在培训期间给予生活费补贴等；对符合条件的失业人员及时发放失业保险金；对符合条件的生活困难失业人员给予临时生活补助、临时救助或纳入最低生活保障；做好农民工就业服务。三是加强就业形势特别是重点地区和群体就业状况监测，做好有针对性的预案。

（二）新就业形态不断出现，就业替代效应明显

随着互联网、计算机技术的发展，传统的工作模式在发生变化，新的就业形态不断出现，以互联网平台连接供给和消费两端的“分享经济”和“零工经济”下的工作模式蓬勃发展。去雇主化、平台化的就业模式也使未来的劳动关系更加复杂、劳动者的权益保护问题越来越突出。物联网、人工智能、新能源、生命科学、智能制造等一系列科技变革引发的第四次工业革命，在促进经济发展的同时，也将对就业岗位产生影响，既创造一定新岗位，又对高

风险、高人工成本、高重复性的就业岗位产生替代效应，造成失业。

面对未来新的就业形势，一是要加强就业政策与经济政策的协调，促进人工智能等新兴产业的快速发展，扩大其就业创造效应，在推动高质量发展中创造更多高质量就业机会。二是完善人工智能等新技术高端人才使用机制，打造世界优秀人工智能等新技术人才的聚集高地，创造有利于中国发展的就业空间分布。三是强化适应人工智能等新技术变革需要的高等教育改革和职业技能培训，削弱其就业替代效应。四是鼓励创新创业，创造形式多样的新就业，注重新就业形态下的劳动关系维护，优化完善相关劳动保障政策措施。五是深化就业领域改革，促进劳动者自由流动，完善平等就业制度。

（三）经贸摩擦不确定性加大，失业风险增加

未来国际经济环境发展面临较大的不确定性因素，使失业风险加大。特别是随着美国贸易保护主义的抬头，经贸摩擦风险加大，贸易摩擦会通过对经济的影响，最终波及就业，中美经贸中占较大份额的制造业、服务业领域就业不确定性加强。

面对复杂的国际形势，一是要促进中小微企业发展，鼓励企业吸纳就业。落实“放管服”改革，优化营商环境，减轻企业负担，降低制度性交易成本。二是加强就业形势监测和失业预警。对重点群体、重点企业、重点行业、重点城市进行就业监测，建立多维度就业风险监测机制。三是加强公共就业服务。建立公共就业服务平台，促进劳动力供需高效对接。

参考文献

国家统计局：《中国统计年鉴 2018》，中国统计出版社，2018。

中国就业促进会：《2018 年中国就业十件大事》，2019。

人力资源和社会保障部：《2018 年度人力资源和社会保障事业发展统计公报》，2019。

国家统计局：《中华人民共和国 2018 年国民经济和社会发展统计公报》，2019。

人力资源和社会保障部：《2018 年中国就业十件大事和地方就业创新事件》，2019。

B.13
我国城乡就业融合发展的现状与展望

曹 佳*

摘 要： 城乡就业融合发展是党的十九大精神在就业领域的体现。目前我国城镇就业人数逐年增长，农村劳动力资源有序开发，职业培训帮扶力度不断加大，基层公共就业服务平台体系日益完善，城乡就业融合发展稳步推进，但也存在农民群体就业边缘化、技能培训政策对接难、传统制度性和社会观念习俗性障碍亟待破除等问题。未来，需要建立有中国特色的兼顾城乡特点的劳动力统计制度，构建终身教育的培训体制机制，整合各级公共就业服务资源，优化城乡劳动者利益关系，促进城乡融合发展。

关键词： 城乡就业 融合发展 技能培训 适度参与

党的十九大报告明确提出“建立健全城乡融合发展体制机制和政策体系”。城乡就业融合发展是这一理念在就业领域的体现，是一种新的就业工作思路和模式，反映了全新的城乡关系，是我国城乡关系发展新思维。

一 城乡就业融合发展的内涵及现状

（一）我国城乡就业融合发展的内涵

城乡就业融合涉及社会经济、生态环境、文化生活、空间景观等方面。

---

* 曹佳，博士，中国劳动和社会保障科学研究院就业创业研究室助理研究员，主要研究方向为就业、创业、人力资源市场。

综合经济学、社会学、人类学等角度的考量，本文对我国城乡就业融合发展做如下理解：为适应新经济发展客观要求，统筹谋划城乡经济发展，把城乡劳动者作为相互扶持的有机整体，统一政策体系、劳动力市场、公共就业服务等，着力促进城乡生产力优化分工、合理布局、协调发展，逐步缩小直至消灭城乡基本差别，使城乡融为一体。

具体而言，城乡就业融合发展可从以下三个层面理解。

第一，城乡就业融合发展不仅以国民经济和社会发展总体布局、战略规划为依据和前提，同时也是国民经济和社会融合发展的重要组成部分，是实现经济发展与就业增长良性互动的一个关键因素。

第二，城乡就业融合发展，将城乡劳动者作为密不可分、互相联系、互相扶持的整体，改变长期以来的劳动就业没有涵盖农民这一群体的思想，破解农民群体在就业领域边缘化的问题。对城乡劳动力就业与开发进行统一规划部署，促进城乡劳动力合理有序流动，实现城乡劳动力平等就业。

第三，城乡就业融合发展，要强化制度设计，发挥好政府和市场两方面的作用。政府在顶层设计方面要做好整体规划、统一部署、统筹兼顾，切实履行对城乡劳动者的服务承诺，努力做到公正公平公开；要发挥市场在资源配置中的决定性作用，做到既要“有为的政府”，也要“有效的市场”。

（二）我国城乡就业融合发展的现状

1. 城镇就业人数逐年增长

城乡就业人数的变化从某种程度上能够说明我国城乡就业融合发展的状况。从图 1 可以看出，1990 年以来，我国城镇就业人数呈现逐年增长态势，而乡村就业人数呈现逐年下降态势，且在 2014 年首次出现乡村就业人数少于城镇就业人数的现象。具体而言，城镇就业人数由 1990 年的 17041 万人增加至 2018 年的 43419 万人，增幅为 154. 8%；乡村就业人数由 1990 年的 47708 万人减少至 2018 年的 34167 万人，减幅为 28. 4%。这说明随着我国城镇化的发展、一系列统筹城乡就业的政策出台，流动外出的农村劳动力增加，这也在一定程度上促进了城乡劳动力就业的融合发展。

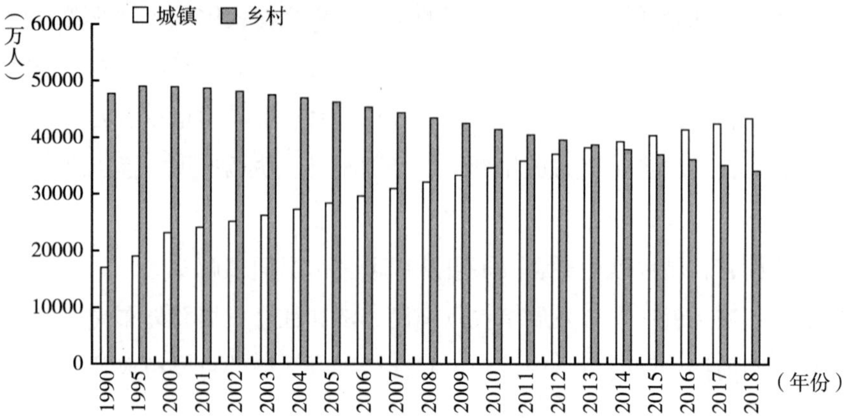

图 1　1990～2018 年城乡就业人数

资料来源：《中国统计年鉴 2018》，《中华人民共和国 2018 年国民经济和社会发展统计公报》，2019。

2. 农村劳动力资源有序开发

近 10 年来，我国农民工总量持续增加，其中本地农民工的增速较快，就业结构不断优化，从事行业逐渐由二产向三产过渡。据国家统计局对全国 31 个省（区、市）6.8 万个农村住户和 7100 多个行政村的农民工监测调查结果推算，2018 年农民工总量达到 28836 万人，比上年增加 184 万人，增长 0.6%。纵观近 10 年农民工总量的增速，2010 年是一个小高峰，增幅为 5.4%，2015 年增幅下降至 1.3% 后上升，2017 年增幅为 1.7%，2018 年降至 0.6%（见图 2）。2010 年的增幅小高峰主要得益于前几年加强基层就业社会保障公共服务平台建设、税收优惠、加强职业培训等积极的就业政策和这一年开始实施的就业信息监测制度。

就务工地来看，2018 年，本地农民工有 11570 万人，比上年增加 103 万人，增长 0.9%；外出农民工有 17266 万人，比上年增加 81 万人，增长 0.5%。在外出农民工中，进城农民工 13506 万人，比上年减少 204 万人，下降 1.5%。这主要是因为，随着国家鼓励农民工就地就近就业、返乡创业等政策的出台，以及农民工对良好生活状态、归属感等方面追求，农民工在务工地的选择上有回归本地的趋势。

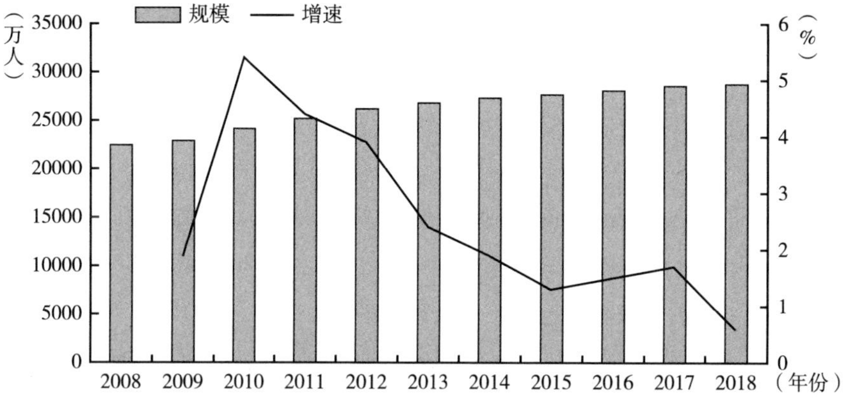

图 2　2008～2018 年农民工总量及增速

资料来源：《农民工监测调查报告》（2009～2018 年），国家统计局。

就从事的行业来看，农民工由主要集中在制造业和建筑业向主要集中在服务业转变，就业结构逐步优化。2018 年从事第三产业的农民工比重为 50.5%，比上年提高 2.5 个百分点，比重首次突破 50%，且超过第二产业，第三产业成为农民工主要集中的行业。具体而言，一是从事传统服务业的农民工继续增加。从事住宿和餐饮业的农民工比重为 6.7%，比上年提高 0.5 个百分点；从事居民服务、修理和其他服务业的农民工比重为 12.2%，比上年提高 0.9 个百分点。二是脱贫攻坚开发了大量公益岗位，在公共管理、社会保障和社会组织行业中就业的农民工比重为 3.5%，比上年提高 0.8 个百分点。而从事第二产业的农民工比重为 49.1%，比上年下降 2.4 个百分点。其中，从事制造业的农民工比重为 27.9%，比上年下降 2.0 个百分点；从事建筑业的农民工比重为 18.6%，比上年下降 0.3 个百分点。

3. 职业培训政策帮扶力度不断加大

农村劳动力的素质和技能问题是影响其转移就业、返乡创业等行为的关键因素。2018 年 5 月出台的《国务院关于推行终身职业技能培训制度的意见》针对全面提高劳动者素质提出构建终身职业技能培训体系，大力推进创业创新培训，深化职业技能培训体制机制改革。为此，地方政府积极发力，加大帮扶力度。如北京市为登记失业人员和农村转移就业劳动力提供与就业岗位“零距离”的技能培训援助。江苏省组织实施农民工职业技能提升计划，开展技能脱贫千校行动，有效落实面向低收入农户劳动力及其家庭子女的培训补贴、技工院校免学费和生活费补贴政策，激励引导其参加培训、提升技能。河南省针对农村劳动力出台实施意见，明确提出了每年创业培训15万人的目标，创新培训模式，举办“返乡创业大讲堂”。

4. 基层公共就业服务平台体系已经基本形成

目前我国已经形成覆盖全国的公共就业服务机构网，基本上形成了国家、省、市、区（县）、街道（乡镇）、村（社区）五级管理六级服务的体系格局，已经基本将国家的就业政策、各种公共就业服务层层落实到城乡服务对象即公众的身上。据2017年全国公共就业和人才服务工作及基层工作平台的调查数据，全国各级公共就业和人才服务机构、街道（乡镇）社区（行政村）基层工作平台共约55.2万个，其中区（县）级及以上的公共机构5752个，街道（乡镇）、社区（行政村）基层工作平台约54.6万个。全国从事公共就业和人才服务业务的工作人员约有85.5万人，其中专职工作人员或者有编制的工作人员约有39.7万人，占工作人员总数的46.4%。为了加大对农民工群体的服务力度，有条件的地方还专门设立了农民工服务中心，如济南农民工服务中心、深圳农民工就业服务中心、山东渤海农民工服务中心等。公共就业服务体系的建立与发展是我国开展各项公共就业服务、落实城乡统一的就业创业服务政策的有力保障，是落实城乡统一的就业创业政策的基础平台。

二　城乡就业融合发展存在的问题及挑战

我国城乡就业融合发展总体上已经进入创新提升期。但由于我国幅员辽阔，各地经济发展水平不一，需要统一发展的群体不一，统计标准不一，具体执行办法不一，工作进度也不一。故而，在具体政策内容与工作实践上还存在一些亟待解决的问题。

（一）农民群体的复杂性及边缘化问题

我国城乡就业融合是一个逐步发展的过程，在发展前期，其重点统筹的对象包括城镇失业人员、进城务工的农民工、高校毕业生、失地农民、有转移就业愿望的农村富余劳动力等，没有涉及农民群体。与此同时，在我国的就业失业统计中，农民有土地，被计算在就业者的范畴内，也不存在失业一说。另外，由于相关法律，如《劳动法》《劳动合同法》等的适用范围是具有雇佣关系的劳动者，而农民属于土地上的自给自足者，不适用这些法律。因此，长期以来劳动就业没有涵盖农民这一群体。在就业领域的边缘化给农民工的身份界定和统计造成了不少困难，既影响了就业数据的科学完整性，也增加了城乡就业融合发展的难度。另外，随着城镇化加快、“双创”工作有效推进，农村改革稳步发展，农民群体开始出现职业分化、阶层分化，形成了诸如私营企业主、个体工商户、农村知识分子、农民工等不同身份的细分群体，这不仅让农民群体的构成多元化，也给相关分类统计、精细化管理增添了难度。

（二）公共技能培训政策对接难，针对性不强

虽然目前我国各地由政府集中投资，陆续建立了符合当地经济发展、技术先进的公共实训基地。但实训基地的建设具有很强的区域性，在东部经济发达地区，如天津、浙江、江苏、广东、山东、福建等地，公共实训基地较多，而中西部地区的实训基地建设则稍落后于东部地区。目前，中西部地区也在规划建立不同规模等级的公共实训基地，如广西在南宁和柳州、宁夏在银川规划建立的公共实训基地于 2015 年正式开始建设。但是从调研情况来看，有些地区特别是经济相对落后的地区，公共实训基地少，技能培训的针对性不强。如四川省阿坝州、甘肃省临夏州人社局反映，目前全州无一所标准化公共实训基地/专门的技工院校，招工、培训、就业“三位一体”的工作模式还没有完全建立，培训的师资力量薄弱，难以满足需求。另外，技能培训政策难以对接也是存在的一大难题。青海省海北州人社局的资料显示，

在东西部协作扶贫工作中，其技能培训政策难以衔接，如在州外参加培训的住宿费没有减免政策，外省补助范围也仅限于本地生源，无法对青海省的生源进行补助，政策不能实现地区对接，使相关扶持政策落地有一定障碍。

（三）基层公共就业服务平台有待完善

公共就业服务平台是城乡就业融合发展在基层落实的“支点”，是人力资源市场在基层发挥作用的基础，特别是城镇化发展对基层公共就业服务平台的依赖更加明显。然而，目前我国基层公共服务能力不足与人社部门不断强化公共服务职能的要求之间以及与人民群众日益增长的公共服务需求之间的矛盾比较突出。具体而言，主要体现在以下几个方面：第一，基层平台管理运行水平不均衡。尤其是在经济基础比较薄弱的地区，由于财政保障不足，基层平台设施落后、人员不足、待遇不高、队伍不稳现象突出，维持日常管理运行已比较困难，无力推进规范化、标准化、信息化建设。第二，基层公共就业服务平台工作人员短缺，能力素质建设跟不上。如安徽省街道（乡镇）服务对象与工作人员的比例为12400∶1，与国家要求的6000∶1 相距甚远，平均每个机构不足 4 人。第三，基层公共就业服务信息化程度不高。如在贫困地区的乡镇，公共就业服务机构没有网络连接，甚至没有电脑能上互联网，工作方式还是采用传统的工作方式。

（四）传统的制度性和社会观念习俗性障碍亟待破除

在制度层面，比如传统户籍制度，我国目前的户籍制度是在城乡二元经济结构下建立起来的，尽管我国的户籍制度经历了三次重大变革，但只是完成了由城乡禁锢向劳动力自由流动的变革，其背后的根本利益关系并没有调整到位。我国 2015 年开始的新一轮户籍制度改革，在一定程度上回应了以农民工为主体的流动人口的利益诉求，但是长期以来户籍制度所形成的巨大的民众心理惯性仍然影响着人们的生产生活，进而影响着城乡就业融合发展机制的建立与完善。

在社会观念习俗层面，比如泛家族化、故土情怀等，这些观念习俗在长期的社会生活中逐步形成，虽不像正式的制度那样成文，却深入人心、代代相传。泛家族化观念在某种程度上，强化了社会圈子，不利于城乡融合发展。而故土情怀，一方面表现为城镇居民在心理和行为上排斥外来人口，另一方面表现为农村劳动力的“家乡宝”情结，不敢外出，不愿外出等。

三　城乡就业融合发展的展望

（一）建立有中国特色的覆盖城乡的劳动力统计制度

目前我国的劳动就业统计主要包括人社部门的城镇就业统计和国家统计局的农民工调查监测统计，都没有把农民作为重要群体考虑在内，农村劳动力的真实就业情况没能得到有效反映。因而有必要建立有中国特色的覆盖城乡的劳动力统计制度。

首先，在思想认识上，要达成“务农即就业，农民是职业”的共识，将农民包含在劳动就业统计中。只有这样，才能科学分析农村劳动力的数量、结构、就业状况等，才能更有针对性地进行培训以提高其就业能力。

其次，创新劳动力统计制度。把从事农业农村建设的劳动力全部纳入统计范畴。

最后，进行全面的农村劳动力统计调查。依托基层公共就业服务平台，进行农村劳动力资源的全面摸底调查，建立农村劳动者数据库，做好农村劳动力开发工作。

（二）把握需求，构建终身教育的培训体系机制

农民工的职业技能素质提升是推动城乡融合发展、促进城乡统一就业创业的重要动力。要打破我国现行教育培训制度对城乡统一就业创业的制约，建议从以下几个方面进行改善。

第一，构建终身教育的农民工教育培训体系。农民工是我国城乡融合发

展的生力军，按照教育部等六大部委颁布的《现代职业教育体系建设规划（2014～2020年）》中构建终身教育的理念，建议构建终身教育的农民工教育培训体系。如在乡村，可根据各地实情，开展实用型技能培训，包括融入城镇生活的常识、职业技能等；在城镇，各职业院校要构建专门针对农民工的培训体系，承担起农民工培训的主体责任，开展灵活多样的终身学习培训。

第二，引导职业院校承担培训主体责任。长期以来，政府、企业、社会培训机构承担着农民工培训的主体责任，职业院校主要针对青少年进行教育培训。改革开放以来，作为国家重点建设的领域之一，职业院校在基础设施、师资力量等方面都有了长足进步，其专业性和发展前景，均是社会培训机构无法比拟的。所以在城乡融合发展过程中，应该引导职业院校更多承担农民工的培训任务，使职业院校和政府、企业、社会机构一起，承担农民工培训主体责任，开展灵活多样的有针对性的培训。

第三，加大对农民工培训的资金支持。长期以来，政府是农民工培训投入的重要主体。但目前政府对农民工职业培训的投入满足不了广大农民工对培训的需求，因此，还要进一步加大政府投入力度，完善各级政府分担机制，依法出台各级农民工培训的经费标准。另外，可考虑建立农民工培训专项经费，参照国家中等职业教育免费政策，对农民工实施免费培训。①

（三）整合各级公共就业服务资源，推进信息化建设

基层公共就业服务平台对促进城乡就业融合发展发挥重要作用，要健全完善我国基层公共就业服务平台，建议从以下几个方面入手。

第一，加强各级公共就业服务机构资源整合。整合县级以上综合性公共就业服务机构，承担为劳动者就业求职、用人单位招聘和专业技术人员流动提供公益性就业服务的职责；健全基层服务平台，将现有街道、乡镇劳动保障事务所进行统一与规范，承担基础性人力资源社会保障服务。

① 张军霞、陈鹏：《新型城镇化进程中农民工职业培训的政策供给与制度变革》，《职教论坛》2017年第7期。

第二，完善基层公共服务平台设施建设。继续加大对基层尤其是贫困地区的投入，实现每个街道（乡镇）、社区（村）都有专门的服务场所或适量的服务窗口，使每个地区的群众都能公正而平等地享受国家公共就业服务政策和资源。

第三，持续推进基层公共就业服务平台信息化建设。推动基层公共服务线上线下同步，积极推进 12333 电话服务，拓展移动应用、自助终端、短信、微信等多种服务渠道，充分发挥不同渠道的服务优势和功能特点，提高服务的便利性和可及性。

第四，提升基层公共服务队伍能力素质，推进专业化建设。不断充实经办服务队伍，结合地方实际，通过购买服务等多种方式缓解公共服务人员不足问题。保障基层公共服务平台的工作人员的薪酬待遇，明确其具体工作职责，积极组织基层公共服务人员参加各项业务培训，提升基层公共服务人员专业素养和业务能力。

（四）完善可携带性利益流转机制，重构城乡户籍利益关系

在下一步促进城乡就业融合发展的过程中，城乡户籍制度改革需要以户籍利益协调与重组为指导，突破利益固化藩篱，构造城乡统一的激励约束机制。具体而言，需要重点考虑以下几个方面。

一是公共服务均等化。在全国范围内，包括不同区域之间、城乡之间实现基本公共就业服务均等化，确保流动人口平等地获得市民化待遇。

二是构建可携带性利益流转机制。主要针对流动人口，重点完善养老保险、医疗保险、工伤保险的转移接续工作，确保社会保险等权益能够在区域间、城乡间同步流转。当然，考虑到我国区域之间发展不平衡，不能完全放任自由流动，而是要充分尊重各地发展实情，考虑其差异性，并给予一定的自主改革权。

（五）强化引导，培育法治观念和主人翁精神

当前是我国改革的关键时期，实现城乡就业融合发展是必须完成的使命

任务。改变社会观念和习俗是一个漫长的过程，需要政府适度参与和引导，培育城乡居民的“法治”观念和“主人翁”精神。一方面，依法治国是对新中国历史经验进行深刻总结的结果，是发展社会主义市场经济的客观需要，是国家民主法治进步的重要标志，是建设中国特色社会主义文化的重要条件，是国家长治久安的重要保障，可以有力克服“泛家族化”等思想观念，用完善的法律制度来规范和约束人们的行为，形成良好的社会风尚和秩序，有效保护劳动者的积极性和主动性。另一方面，要化解我国城乡融合就业中凸显出来的矛盾，从主观上来说就是要培育全体劳动者，包括城市和农村劳动者的主人翁精神，使其形成维护自身权益平等的觉悟。

参考文献

莫荣：《统筹城乡就业是政府工作的一项重要职责》，《中国党政干部论坛》2007 年第 4 期。

张丽宾：《我国统筹城乡就业试点的现状分析与政策建议》，《经济研究参考》2008 年第 46 期。

朱志辉：《统筹城乡发展的路径选择》，西安财经学院硕士学位论文，2013。

《建立健全城乡融合发展体制机制和政策体系》，《农民日报》2017 年 11 月 4 日。

B.14

2018年我国劳动关系治理状况分析

肖鹏燕*

摘　要： 2018年，我国劳动人事关系总体保持稳定。企业劳动合同签订率超过90%；在劳动人事争议案件数量、涉案劳动者数量较往年有所增加的同时，案件结案数、调解成功率、终局裁决案件率也有所增加；劳动监察工作稳步推进，农民工权益保护持续向好。各地在劳动关系治理方面，提质增效明显。进入新时代，我国劳动关系治理应在稳步前行的基础上，进一步关注新特点、新态势，有效回应劳动关系调处需求。

关键词： 劳动关系　劳动合同　劳动人事争议　新时代

2018年我国城镇调查失业率为4.9%，城镇登记失业率为3.8%，均比上年下降0.1个百分点。① 稳定的就业形势给稳定的劳动关系形势奠定了基础。2018年，劳动关系治理工作有序推进，和谐劳动关系构建取得良好成效。当前，我国劳动关系治理应紧密结合新时代的特征和特点，持续推进和谐劳动关系构建。

---

* 肖鹏燕，博士，中国人事科学研究院助理研究员，研究方向为大学生就业创业与人才开发管理。

① 国家统计局：《中华人民共和国2018年国民经济和社会发展统计公报》，2019。

一 2018年劳动关系一般情况

（一）企业劳动合同签订率保持高位，特殊工时制度有序实施①

2018 年，全国企业劳动合同签订率仍保持在 90% 以上，全国报送人力资源社会保障部门审查并在有效期内的集体合同累计 175 万份，覆盖职工 1.55 亿人。

2018 年，特殊工时制度有序实施，惠及 1300 万人。

（二）劳动人事争议立案受理案件数量增加，涉及劳动者数量增加②

如图 1、图 2 所示，2018 年，劳动人事争议立案受理案件数量为 89.4 万件，比上年度增加 13.89%，为近六年来增加幅度最大的一年。2018 年，劳动人事争议立案受理案件涉及劳动者人数为 111 万人，比上年度增加 13.38%。

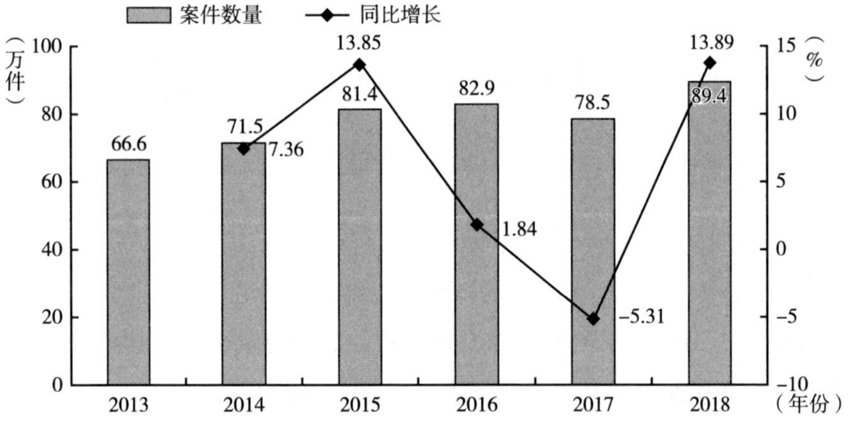

图 1　2013 ~ 2018 年劳动人事争议立案受理案件数量及同比增长情况

---

① 本部分所用数据来自人力资源和社会保障部公布的《2018年度人力资源和社会保障事业发展统计公报》，2019。

② 本部分所用数据来自 2018 年人力资源和社会保障统计快报，详见 http://www.mohrss.gov.cn/SYrlzyhshbzb/zwgk/szrs/tjsj/201901/t20190130_ 309968.html。

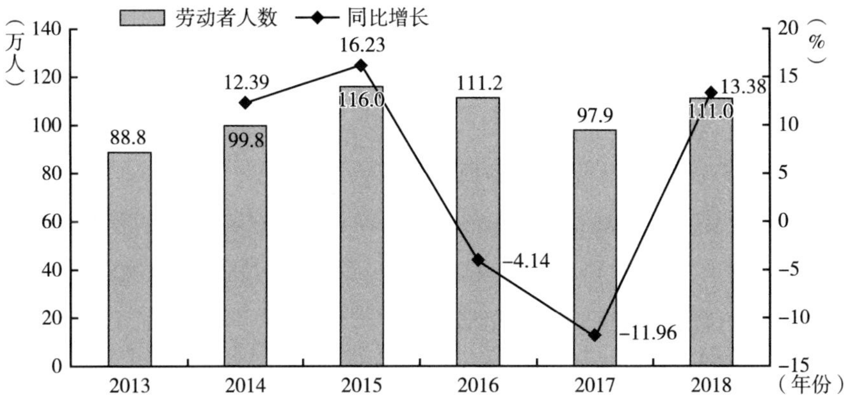

图2　2013～2018年劳动人事争议立案受理案件涉及劳动者人数及同比增长情况

（三）农民工收入持续增长，市民化程度进一步提升①

1. 农民工收入持续增长，居住条件有所改善

如图3所示，2018年，农民工月均收入为3721元，比2017年增加236元，增长6.77%。2014～2018年，农民工收入持续增长，平均增长速度为6.76%。

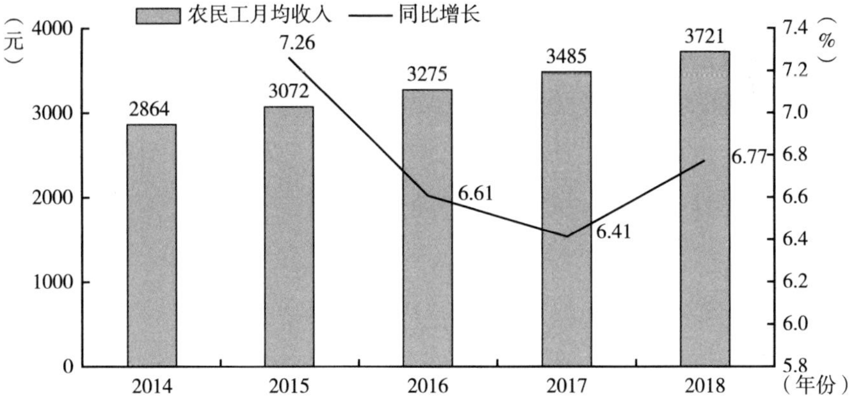

图3　2014～2018年进城农民工收入变化情况

① 本部分所用数据均来自国家统计局发布的2018年农民工监测调查报告，详见 http://www.stats.gov.cn/ztjc/qjd/tjdt/201904/t20190429_1662313.html。

从人均居住面积、购买住房人群比例、享受保障性住房人群比例、居住设施配置等方面指标来看，进城农民工的住房条件较上年有所改善。2018年，农民工的人均居住面积为20.2平方米，比2017年增加0.4平方米；购买住房的农民工占比19%，与上年持平；享受保障性住房的农民工比例为2.9%，比上年提高0.2个百分点；在居住设施方面，不论是拥有洗澡设施、净化处理自来水设施、独用厕所设施，还是拥有上网设施、电冰箱、洗衣机以及汽车等消费品的农民工比例都有所提升。

2. 随迁儿童在校率提高，社会融合程度进一步提升

2018年，随迁儿童的入园率和在校率均有所提升。3~5岁随迁儿童入园率（含学前班）为83.5%，比上年提高0.2个百分点。义务教育阶段随迁儿童在校率高达98.9%，比上年提高0.2个百分点。此外，75.3%的进城务工农民工对随迁儿童的教育比较满意（含非常满意和比较满意两项），这一比例比2017年提升2.6个百分点。

进城农民工的归属感认知状况与上年大体一致，已定居的农民工对居住地的认同度较高。2018年，38%的农民工认为自己是所居住城镇的“本地人”，与上年持平。已定居的农民工中，对居住地高度认同的比例达到79.2%。此外，进城农民工参与社区组织活动的比例进一步提升，由2017年的25.6%提升至2018年的26.5%。其中，参加过人大代表选举的比例比上年提高1.1个百分点，加入工会并且经常参加工会活动的农民工比例比上年提高2.8个百分点。

二　2018年劳动关系治理工作情况

（一）出台农民工以及反妇女就业歧视等方面的新规

据笔者掌握的资料，自2018年6月至2019年4月，在国务院及有关部委层面出台的文件中，部分涉及劳动关系治理，其中，表1中的6份文件比较典型，主要涉及农民工工资、员工法定休假以及妇女就业歧视等问题。

表1　有关劳动关系的政策文件（2018年4月至2019年6月）

序号	政策名称	发布单位	发布时间
1	《关于调整2019年劳动节假期安排的通知》	国务院办公厅	2019.3
2	《关于在制定行政法规规章行政规范性文件过程中充分听取企业和行业协会商会意见的通知》	国务院办公厅	2019.3
3	《关于进一步规范招聘行为促进妇女就业的通知》	人力资源和社会保障部、教育部、司法部、卫生健康委、国资委、国家医保局、全国总工会、全国妇联、最高人民法院	2019.2
4	《关于印发文化体制改革中经营性文化事业单位转制为企业和进一步支持文化企业发展两个规定的通知》	国务院办公厅	2018.12
5	《关于2019年部分节假日安排的通知》	国务院办公厅	2018.12
6	《关于印发〈2018年度保障农民工工资支付工作考核细则〉的通知》	解决企业工资拖欠问题部际联席会议	2018.9

资料来源：根据中华人民共和国中央人民政府网站编制，详见 http：//www.gov.cn/zhengce/index.htm。

以下选取两个与劳动关系直接相关的政策文件予以介绍。

1.《关于进一步规范招聘行为促进妇女就业的通知》

此文由人力资源和社会保障部、教育部、司法部、卫生健康委、国务院国资委、国家医保局、全国总工会、全国妇联、最高人民法院联合印发，明确要求用人单位在拟定招聘计划、发布招聘信息、招用人员过程中不得有性别歧视行为，主要包括：限定性别或性别优先、以性别为由限制妇女求职就业、拒绝录用妇女、查询妇女婚育情况、把妊娠测试作为入职体检项目、将限制生育作为录用条件、差别化地提高妇女录用标准等。

此文还明确了消除性别歧视促进妇女就业的政策措施，主要包括：强化人力资源市场监管，健全招聘信息发布审查和投诉处理机制，对用人单位、人力资源服务机构发布含有性别歧视内容招聘信息的，给予不同程度的处罚；建立联合约谈机制，畅通举报投诉渠道，对涉嫌性别歧视的用人单位采取多种方式开展联合约谈调处，凡是拒不接受约谈或约谈后拒不改正的，要依法查处并通过媒体向社会曝光；健全司法救济机制，依法受理性别歧视起诉，为遭受就业性别歧视的妇女提供法律帮助、法律援助、司法救助。

2.《关于印发〈2018年度保障农民工工资支付工作考核细则〉的通知》

此文由解决企业工资拖欠问题部际联席会议印发（人力资源社会保障部代章），内容为部署2018年度保障农民工工资支付工作年度考核。该细则共设置6个维度18个项目65项具体考核指标。6个维度分别是加强组织领导、工程建设领域欠薪源头治理、工资支付保障制度、工资支付诚信体系、依法处置欠薪案件和加强执法能力建设；每个指标都有明确的赋分权重和具体评价说明；各项指标合计100分。

（二）持续推进劳动人事争议调解仲裁工作和劳动监察工作

1. 劳动人事争议案件结案数、调解成功率、终局裁决案件率均有所增加

（1）劳动争议受理案件结案数量有所增加①

如图4所示，2013～2018年，劳动人事争议受理案件结案数量有一定波动，2018年比2017年有所增加。具体而言，2018年，调解仲裁部门受理案件的结案数量达到88.4万件，为近六年以来数量最多的一年，增长幅度达到11.90%。

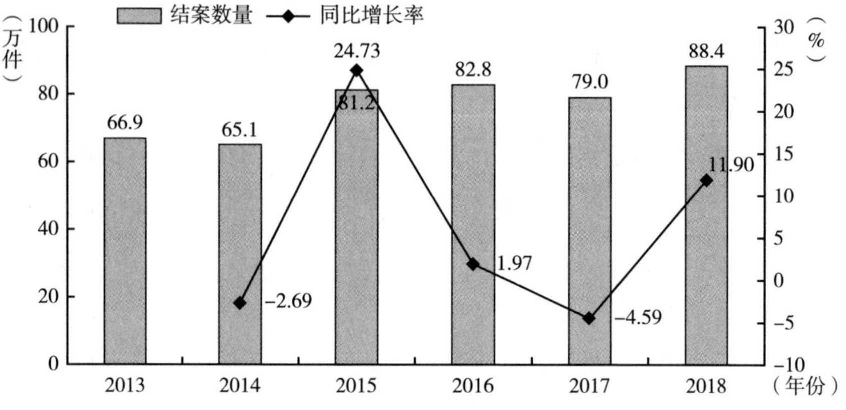

图4　2013～2018年劳动人事争议受理案件结案数

① 本部分所用数据来自2018年人力资源和社会保障统计快报，详见 http://www.mohrss.gov.cn/SYrlzyhshbzb/zwgk/szrs/tjsj/201901/t20190130_309968.html。

（2）处理争议案件数量及其涉及劳动者数量有增加，涉案金额有减少①

2018 年，全国各地劳动人事争议调解仲裁机构共处理争议案件 182.6 万件，涉及劳动者 217.8 万人，分别比上年度增加 16.1 万件和 18.7 万人，分别增长 9.7% 和 9.4%；全国各地处理劳动人事争议案件的涉案金额为 402.6 亿元，同比减少 13.8 亿元，减少 3.3%。

（3）案件调解成功率略有上升，仲裁结案率略有下降，终局裁决案件数有所增加②

2018 年，全年办结争议案件 171.5 万件，同比增加 14 万件，增长 8.9%；案件调解成功率为 68.7%，比上年增加 0.8 个百分点；仲裁结案率为 95.1%，比上年下降 0.8 个百分点。2018 年，终局裁决案件数量为 13.6 万件，占裁决案件数的 37.9%，同比分别增加 2.5 万件和 4.8 个百分点。

2. 劳动监察工作稳扎稳打③

（1）劳动保障监察案件结案数为 13.9 万件，比上年减少 32.52%，如图 5 所示

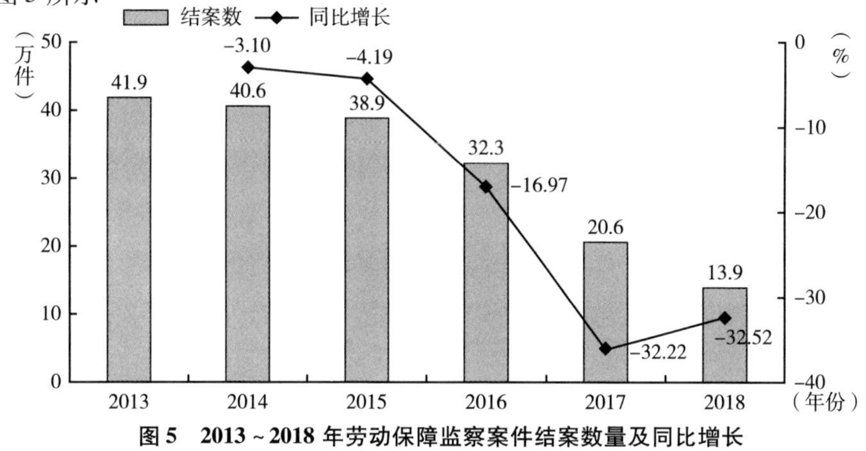

图 5　2013～2018 年劳动保障监察案件结案数量及同比增长

① 本部分数据来源于人力资源和社会保障部发布的《2018 年度人力资源和社会保障事业发展统计公报》，2019。

② 本部分所用数据来自人力资源和社会保障部发布的《2018 年度人力资源和社会保障事业发展统计公报》，2019。

③ 本部分所用数据来自2018年人力资源和社会保障统计快报数据，详见 http://www.mohrss.gov.cn/SYrlzyhshbzb/zwgk/szrs/tjsj/201901/t20190130_309968.html。

（2）主动检查用人单位数持续减少

如图 6 所示，近六年来，主动检查用人单位数量持续减少。其中，2018 年为近六年以来减少幅度最大的一年。2018 年，主动检查用人单位数量为 138.1 万户，比上年减少 19.66%。

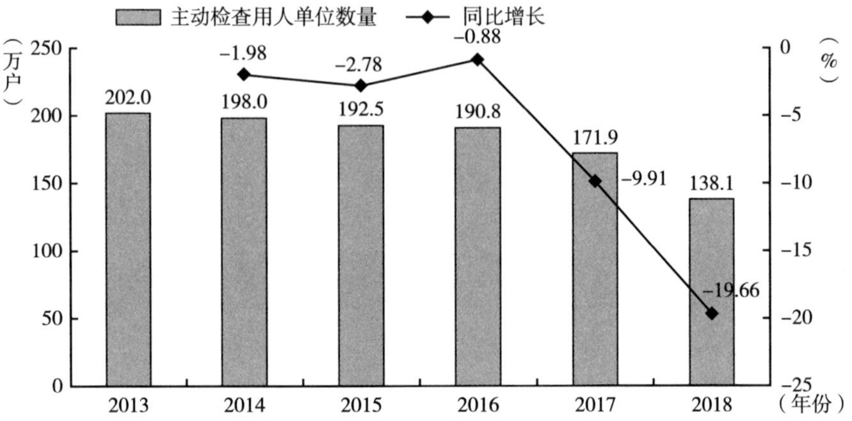

图 6　2013～2018 年主动检查用人单位数量及同比增长

（3）督促补签劳动合同数量持续减少

如图 7 所示，督促补签劳动合同数量从 2013 年始一直处于减少状态。2018 年，劳动监察部门督促补签合同数量为 106.3 万件，比上一年减少 36.54%，为近六年以来减少幅度最大的一年。

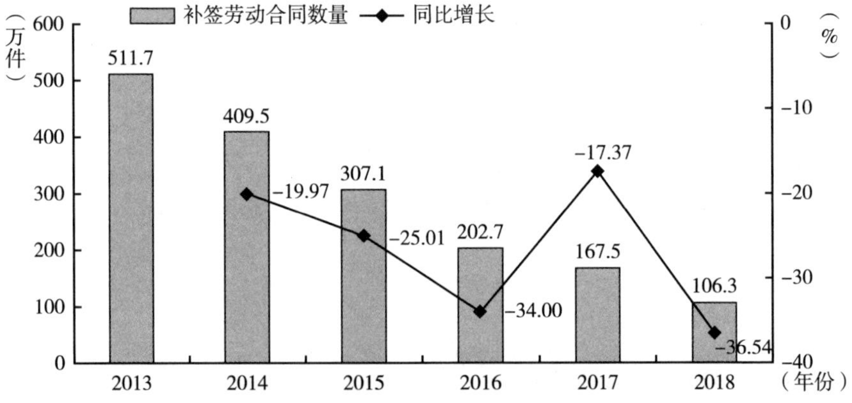

图 7　2013～2018 年督促补签劳动合同数量及同比增长

（4）追发工资等待遇金额数量持续减少

如图 8 所示，从 2015 年开始，追发工资等待遇的金额数量一直在减少。2018 年，共为 168. 9 万名劳动者追发工资等待遇 160. 4 亿元，比上年减少 89. 7 亿元，减少幅度为 35. 87%。2018 年是减幅最大的一年。

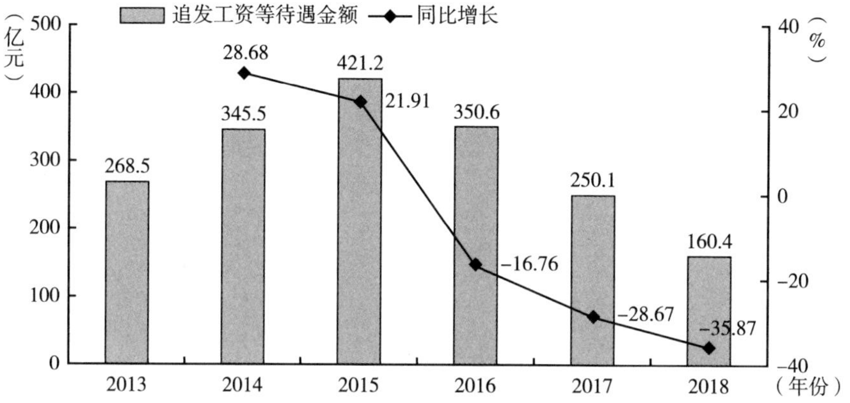

图 8　2013～2018 年追发工资等待遇金额及同比增长

（5）督促缴纳社会保险金额持续减少

如图 9 所示，近六年以来，劳动监察部门督促缴纳社会保险金额从 34. 8 亿元减少到 9. 3 亿元。其中，2018 年比 2017 年减少 27. 91%。

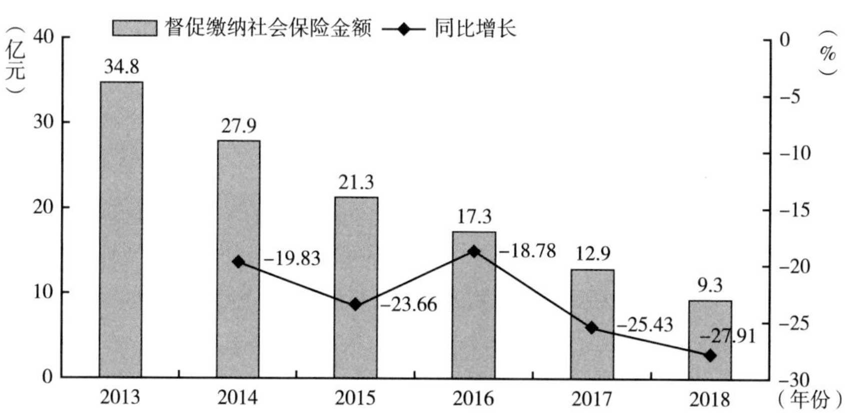

图 9　2013～2018 年督促缴纳社会保险金额

（三）地方劳动关系治理工作情况

人力资源和社会保障部网站2018年6月至2019年4月的地方劳动关系工作情况报道显示，地方劳动治理注重探索和创新。如图10所示，以“调解仲裁”为主题的报道[①]数量最多，占比达44.4%。以“和谐劳动关系构建和评估”为主题的报道数量次之，占比为14.8%，以“农民工维权”为主题的报道位列第三，占比为10.4%。“国有企业工资”“劳动法律宣传服务”“企业薪酬调查和信息公开”“女职工劳动保护”“跨区域劳动关系治理”“劳动用工管理”等方面均是有别于上年的一些新主题。我们注意到，以调解仲裁为主题的报道，2019年特别关注了劳动争议调解仲裁行风建设等方面的新主题，和谐劳动关系构建方面的报道则关注了和谐劳动关系评估等方面的主题。总体来看，各地根据实际情况，注重劳动关系治理提质增效，探索了一些新的劳动关系治理方式和手段。以下采用举例的方式详细介绍相关做法。

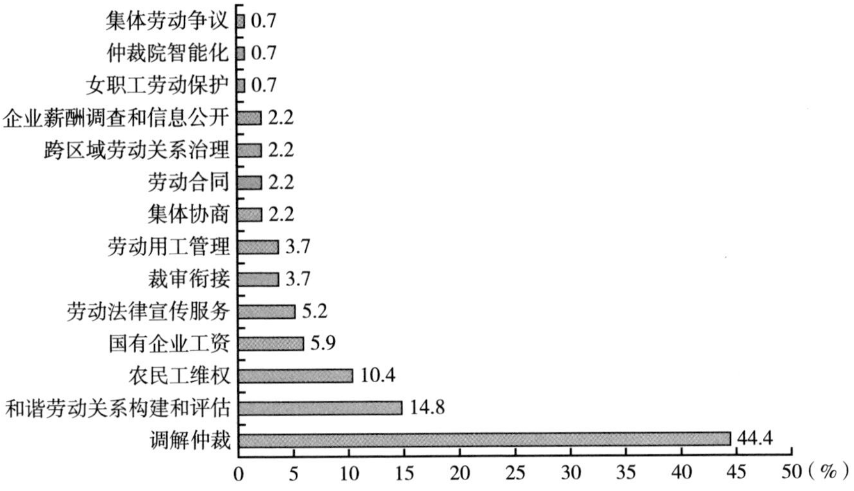

图10 地方劳动关系工作报道主题归类（2018年6月至2019年4月）

资料来源：人力资源和社会保障部网站，http://www.mohrss.gov.cn/。

① 以“调解仲裁”为主题的报道包括以调解仲裁为主题、专门以调解为主题、专门以仲裁为主题的报道。

1. 上海市在劳动争议调解仲裁行风建设上下功夫，区域合作有成效

（1）下功夫进行行风建设

上海市将调解仲裁行风建设作为重点工作，着力提升全系统工作水平和质量。具体而言，上海市调解仲裁系统加强相关制度建设，出台了《上海市劳动人事争议仲裁系统工作规范》《关于进一步规范仲裁接待和案件移送的通知》等政策文件。此外，调解仲裁接待窗口实行首问责任制、落实信息公开等要求，确保服务窗口提升服务效率和服务质量。与此同时，上海市明确要求，各级仲裁机构都要指派具体工作人员担任行风建设联系人，有效落实行风建设工作要求和任务。

（2）推行基层劳动人事争议仲裁跨区域合作

上海市青浦区、江苏省昆山市、浙江省嘉善县三地形成了长三角地区首个跨区域基层劳动人事争议仲裁机构合作方案——“青吴昆善一体化处置劳资纠纷调解仲裁合作方案”对仲裁院的合作交流机制建设、服务跨区域企业的措施手段等做出了规定。

2. 北京市在新业态用工管理以及跨区域劳动关系治理方面频频出招

（1）朝阳区积极探索新业态劳动用工服务管理模式

朝阳区在尊重共享经济发展规律的同时，紧扣人力资源社会保障工作的职能定位，坚守民生底线，出台政策，加强部门沟通，有效宣传，创新工作方式，切实保障新业态就业者劳动权益。朝阳区人社局与工商部门紧密协作，有效掌握辖区内新业态主体总量和类型；与司法部门协作，共同对辖区内互联网平台用工模式进行合法性审查，规范企业用工，鼓励合法合规用工；朝阳区还探索创新了网络工会模式，提高网络平台企业建会率和网络平台从业人员入会率，将“互联网+”工会服务延伸到电脑和手机客户端，强化工会对网络平台就业人员的代表性和服务效能。此外，朝阳区人社局从长远出发，培育行业自律组织，出台相关政策，提高行业自律性。

（2）通州区联合天津、河北等地治理跨区域劳动关系

北京市通州区、天津市武清区、河北省廊坊市为进一步加强三地劳动

关系工作的协同性，签署了《关于劳动人事争议协同处理工作的意见》《关于通武廊劳动人事争议处理过程中委托调查取证、委托送达仲裁文书的协同合作意见》等文件，在跨区域劳动人事争议案件处理、劳动保障监察跨区域突发事件联合处置等方面做出规定。《关于劳动人事争议协同处理工作的意见》规定，三地要在跨区域企业的工资分配、劳动标准、劳动用工和集体合同、劳动关系形势分析、劳动人事争议处理、劳动保障监察以及工作信息沟通等七个方面协同工作，并推动建立跨区域劳动人事争议协同工作的长效机制；《关于通武廊劳动人事争议处理过程中委托调查取证、委托送达仲裁文书的协同合作意见》对三地仲裁办案实体化建设提出了具体意见，同时对跨区域案件的委托调查求证、委托送达仲裁文书等环节进行了规定。

3. 深圳启用劳动争议 E 仲裁服务平台，实现足不出户的仲裁便民服务目标

深圳市劳动人事争议仲裁院根据“智慧人社”规划要求，创新仲裁服务模式，启用 E 仲裁服务平台，申请仲裁人除开庭审理环节需要到庭之外，其他四个环节均无须到现场办理，通过智能录入生成文书、扫码申请集体劳动争议、足不出户完成立案、随时随地查询进度、轻点手机一键送达等信息化手段，大大提高了劳动争议仲裁便民服务水平。

结　语

适应新时代发展需要，2018 年劳动关系治理工作成效明显，不仅表现在相关业务工作稳步推进、工作效率逐步提升方面，也表现在工作基础进一步加强、预防性工作机制和模式的逐步成熟方面，还表现在服务导向的工作智能化、人本化程度提升和工作协同性、开放性提升方面，特别是行风建设持续深入，提高劳动关系治理工作效能迈上新台阶。

当前，深化供给侧结构性改革、加快建设创新型国家、实施乡村振兴战略和区域协调发展战略、推动全面开放等事业稳步发展，劳动者素质全面提升，政府治理能力现代化持续推进。总之，进入新时代，劳动关系治理体系

和治理能力建设需要加大力度。未来一段时期内，特别是近一段时间内，劳动关系治理应在持续关注发展动能转换和劳动者诉求变化的同时，强化国际贸易态势、新型城镇化发展与城乡融合发展、脱贫攻坚等因素对劳动关系的影响，并进一步强化劳动关系调处机制的规范、优化与完善，提高劳动关系治理质量与水平。

社会保障篇

Social Security

B.15 2018年我国社会保险发展状况分析

王　梅*

摘　要： 2018年，我国社会保险制度的覆盖面持续扩大，各项保险基金积累额均增加，缴费费率持续降低，待遇水平稳步提升，经办服务更加便捷高效，多层次社保体系建设逐步完善。本报告回顾了2018年我国社会保险事业发展的整体情况，梳理了各项社会保险制度改革的重大事件与主要进展，并在此基础上分析了我国社会保险制度的发展趋势。

关键词： 社会保险　发展改革　保险制度

* 王梅，博士，中国人事科学研究院工资福利研究室助理研究员，研究方向为社会保障和收入分配。

党的十九大以来，我国推出了多项社会保险改革措施，待遇水平稳步提升，覆盖面持续扩大，服务便捷性更高，制度的公平性和持续性得到进一步提升。

一　总体情况[①]

（一）制度覆盖面持续扩大

2018 年，我国社会保险制度覆盖面持续扩大。

基本养老保险参保人数继续呈现增长趋势，覆盖面持续扩大。截至 2018 年底，全国参加基本养老保险的人数总计为 94293 万人，比上年末增加 2745 万人，增长 3%。参加城镇职工基本养老保险的人数比上年末增加 1608 万人，总人数达到 41902 万人，增长率为 4.0%。其中，参保职工人数 30104 万人，较上年末增加 836 万人，增长率为 2.9%；参保离退休人员共有 11798 万人，比 2017 年末增加 772 万人，增长率为 7.0%。城乡居民基本养老保险参保人数达到 52392 万人，比 2017 年末增加 1137 万人，增长 2.2%。

基本医疗保险参保人数为 134452 万人，参保覆盖率稳定在 95% 以上。其中，职工基本医疗保险参保人数为 31673 万人，比 2017 年增加 1351 万人，城乡居民基本医疗保险人数 89741 万人，比 2017 年增加 2382 万人，增长率分别为 4.5% 和 2.7%；全国参加新型农村合作医疗保险人数为 13038 万人。

失业保险参保率稳步增长，失业保险金发放人数略有减少。截至 2018 年末，全国失业保险参保人数为 19643 万人，比上年末增加 859 万人，增长率为 4.6%。全年发放失业保险金人数为 452 万人，比 2017 年减少 6 万人。

工伤保险参保人数继续增加。截至 2018 年末，工伤保险参保人数达 23874 万人，比上年末增加 1151 万人，增长率为 5.1%。2018 年认定工伤、视同工伤 110 万人，评定伤残等级 56.9 万人次，享受工伤保险待遇的达 199

① 人力资源和社会保障部：《2018 年度人力资源和社会保障事业发展统计公报》，2019；《2017 年度人力资源和社会保障事业发展统计公报》，2018。国家医保局：《2018 年医疗保障事业发展统计快报》，2019。

万人次。

生育保险参保人数总计 20435 万人，比上年末增长 1135 万人，参保人数增幅将近 6%。

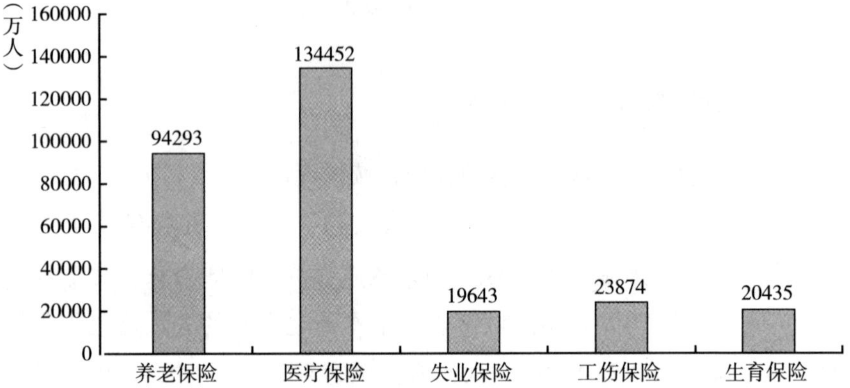

图 1　2018 年全国社会保险参保人数

2018 年度我国社会保障工作重点强调了对贫困地区和贫困群体的覆盖。《中共中央、国务院关于打赢脱贫攻坚战三年行动的指导意见》及人力资源和社会保障部发布的《打赢人力资源社会保障扶贫攻坚战三年行动方案》中都提到了尽快落实贫困人口的社会保险待遇，要求统筹各类保障措施，建立以社会保险、社会救助、社会福利制度为主体，以社会帮扶、社工助力为辅助的综合保障体系，推进贫困人口应保尽保，对符合条件的贫困人口由地方政府代缴城乡居民养老保险费，逐步提高城乡居民基本养老保险待遇水平，防范因工伤、失业致贫返贫，全面落实社会保险扶贫政策。

（二）基金规模持续增加

我国社会保险基金的总收入和总支出均有所增加，各项基金的累计结余呈持续增长的趋势。2018 年，我国社会保险基金总收入 78935 亿元，比上年增加了 11780 亿元，增长率达 17. 5%；全年基金总支出 67553 亿元，较上年增长 10407 亿元，涨幅为 18. 2%。

基本养老保险基金收入持续增加，累计结余进一步增大。全年基本养老保险基金总收入 55005 亿元，较上年增长 18.0%，基金总支出 47550 亿元，较上年增长 17.6%，年末累计结余 58152 亿元。其中，城镇职工基本养老保险基金收入 51168 亿元，基金支出 44645 亿元，年末累计结余 50901 亿元；城乡居民基本养老保险基金收入 3838 亿元，基金支出 2906 亿元，年末累计结存 7250 亿元。

基本医疗保险基金总收入与总支出均呈现增长趋势。2018 年基本医疗保险基金总收入 21090 亿元，总支出 17608 亿元，增长率分别为 17.6% 和 22.1%，年末累计结余为 23234 亿元（职工基本医疗保险个人账户结余 7144 亿元）。

失业保险基金收入与支出都比上年小幅上升。2018 年失业保险基金总收入为 1171 亿元，支出 915 亿元，增长率分别为 5.2% 和 2.3%，累计结存 5817 亿元，比上年增加 265 亿元。

工伤保险基金收入和支出均有所增加。全年工伤保险基金收入为 913 亿元，增长率为 6.9%，基金支出 742 亿元，增长率为 12.1%，累计结余 1785 亿元（含储备金 294 亿元）。

生育保险基金收入较上年增加，支出有所下降。生育保险基金总收入达到 756 亿元，增加 16.4%，总支出 738 亿元，比上年下降 3.2%，累计结存 574 亿元。

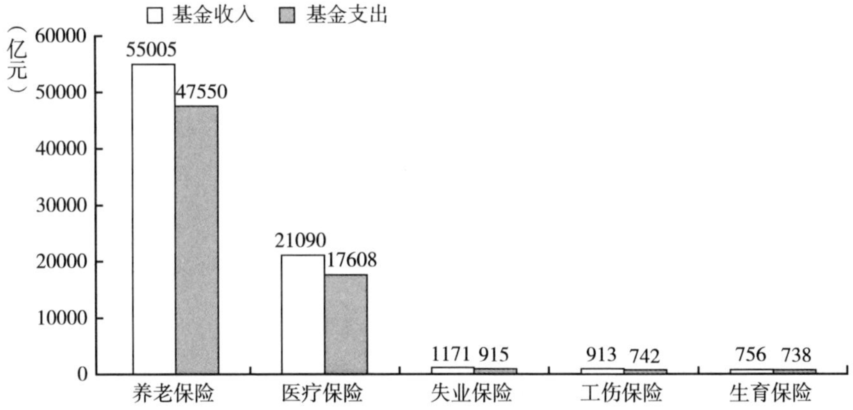

图 2　2018 年全国社会保险基金收入和基金支出

（三）信息技术提升社保服务效率

1. 取消领取社保待遇资格集中认证

2018 年 5 月，人力资源和社会保障部印发通知，全面取消社保待遇资格集中认证，构建以信息比对为主、退休人员社会化服务与远程认证服务相结合的认证服务模式。7 月，人社部召开了系统行风建设的电视电话会议，要求以信息化为支撑，规范标准流程，以服务群众为核心，让群众对社保服务感到贴心、舒心、暖心。

2. 推行电子社保卡

我国电子社保卡的签发取得了从零到有的突破性进展。2018 年 4 月 22 日，人力资源和社会保障部签发了全国首张电子社保卡。截至 2019 年 1 月 23 日，电子社保卡已在 26 个省份 230 座城市签发。预计 2019 年要在所有地市实现签发应用全国统一标准的电子社保卡，不低于 10% 的社保持卡人领取电子社保卡，所有地市开通移动支付服务。主管部门正在进行社保卡线上服务平台的规划设计，制定线上应用标准，整合基础能力，统一线上应用入口，形成社保卡线上线下融合应用能力。同时，在实际运用场景中对电子社保卡的应用进行探索，逐步完善和提升社保卡的使用能力，扩大使用范围，谋求给群众带来更大的便利。

我国采用信息化手段进行的各项社会保险制度变革，促进了社保管理规范化、社保服务便民化，对于深化“放管服”要求、推动社会保险制度改革、激发市场主体活力等各方面都有重要的意义。

二　社会保险制度改革进展

（一）养老保险制度改革进展

1. 持续降低养老保险缴费费率

2018 年 4 月，人力资源社会保障部、财政部印发《关于继续阶段性降低社会保险费率的通知》，规定企业职工基本养老保险单位缴费比例超过19%的地区，以及2016年以来单位缴费比例已经降至19%的地区、基金累计结余可支付月数高于9个月的地区，单位缴费比例可继续按照19%执行，执行日期至2019年4月30日。

2. 提高退休人员基本养老金待遇水平

2018年3月，人力资源和社会保障部、财政部印发《关于2018年调整退休人员基本养老金的通知》，为2017年前退休的人员调整基本养老金。调整标准为2017年退休人员平均养老金的5%左右，采取定额调整、挂钩调整与适当倾斜相结合的方式，在体现公平的同时，强调“多工作、多缴费、多得养老金”的激励机制，并适当向高龄退休人员、艰苦边远地区退休人员、基本养老金低于当地企业退休人员平均水平的企业军转干部倾斜，加强相关人员退休的基本保障，改善其退休生活水平。

3. 建立企业职工基本养老保险基金中央调剂制度

2018年5月30日，国务院印发相关通知，提出将于2018年7月1日开始建立企业职工基本养老保险基金中央调剂制度。

养老保险基金中央调剂制度指在省级统筹的基础上，使用各省份养老保险基金上解建立的中央调剂基金来对各省份的养老保险基金进行适度调控。上解额的基数按照在职应参保人数和各省份职工平均工资的90%确定，制度初期上解比例为3%，以后逐步提高。据统计，全年调剂基金的总规模达2422亿元。① 中央调剂基金按照人均定额拨付，根据各省份离退休人数确定拨付资金数额。

中央调剂基金纳入中央级社会保障基金财政专户，实行收支两条线管理，专款专用。中央调剂基金采取先预缴预拨后清算的办法，资金按季度上解下拨，年终统一清算。

4. 完善城乡居民基本养老保险待遇确定和正常调整机制

2018年3月26日，人力资源和社会保障部、财政部出台建立城乡居民

---

① 人力资源和社会保障部：《2018年度人力资源和社会保障事业发展统计公报》，2019。

基本养老保险待遇确定机制、基础养老金正常调整机制的有关指导意见，文件提出五项主要任务。

一是完善待遇确定机制。中央确定全国基础养老金最低标准，地方可根据实际，适当提高基础养老金标准，对65岁及以上的老年居民、超过最低缴费年限的居民，增加年限基础养老金。

二是建立基础养老金正常调整机制。综合考虑城乡居民收入增长、职工基本养老保险标准和物价变动等因素，提出城乡居民基础养老金最低标准调整方案。

三是建立个人缴费档次标准调整机制。参考城乡居民收入增长情况，合理调整基本养老保险个人缴费档次标准。

四是建立缴费补贴调整机制。根据经济发展、财力状况和个人缴费标准提高等情况，动态调整基本养老保险缴费补贴。

五是实现个人账户基金保值增值。开展城乡居民基本养老保险基金委托投资，实现基金保值增值。

上述政策立足于党的十九大提出的兜底线、织密网、建机制的要求，建立正常有效的调整机制以推进城乡居民基本养老保险待遇水平能随着经济的发展逐步提高，有利于促进制度的公平与可持续发展，确保参保居民可以共享经济社会发展成果。

5. 提高城乡居民基本养老保险基础养老金最低标准

2018年5月10日，人力资源社会保障部、财政部《关于2018年提高全国城乡居民基本养老保险基础养老金最低标准的通知》（以下简称《通知》）下发，结合近年来城乡居民收入增长、物价变动和职工基本养老保险标准调整等情况，调整全国城乡居民基本养老保险待遇水平。该《通知》指出，从2018年1月1日起，全国城乡居民最低基础养老金标准由每人每月70元提高至每人每月88元。为保证全国各地统一达到此最低标准，中央财政将对提高补助标准所需资金给予补助，中西部地区全额补助，东部地区补助50%。

6. 启动城乡居民基本养老保险基金委托投资

2018年8月，人力资源和社会保障部、财政部联合下发《关于加快推进城乡居民基本养老保险基金委托投资工作的通知》，要求各省（区、市）从2018年起按年分批启动实施居民养老基金委托投资工作。到2018年末，已经有9个省（区、市）正式启动并完成了相关目标，分别为上海市、湖北省、广西壮族自治区、西藏自治区、四川省、重庆市、云南省、陕西省、甘肃省，各地均结合当地的基金收支结余情况等确定了实施方案。

根据各地基金结余、支付能力及试点意愿，人力资源和社会保障部、财政部研究确定将河北省、河南省、吉林省、浙江省、江苏省、福建省、广东省、安徽省、青海省列为预计于2019年展开养老基金委托工作的省份。

通知要求持续扩大居民养老基金投资规模，将2017年及以后年度的各地新增养老基金结余的80%进行委托投资。

7. 实施个人税收递延型商业养老保险试点

2018年4月2日，财政部、税务总局、人力资源和社会保障部等部门联合发文，从2018年5月1日起，在上海市、福建省和苏州工业园区开展为期一年的试点，对试点地区个人通过个人商业养老资金账户购买符合规定的养老保险产品的支出，允许在一定标准内从税前工资中扣除；个人养老资金账户产生的投资收益，暂免征个人所得税；对个人符合规定条件领取的商业养老金，25%部分免税，其余75%按照10%的税率计征个人所得税。

个人税收递延型商业养老保险制度是多层次养老保险体系建设的重要内容，对贯彻落实党的十九大精神、探索建立第三支柱养老保险、推进多层次养老保险体系建设具有十分重要的意义。

（二）医疗保险制度改革进展

1. 城乡居民基本医疗保险制度逐步完善

2018年7月，国家医保局、财政部、人社部、卫健委联合下发《关于做好2018年城乡居民基本医疗保险工作的通知》，对推进统一的城乡居民医保制度、提高财政补助和个人缴费标准、全面推进和完善居民医保门诊统筹、做好贫困人口医疗保障工作等重点工作进行部署。

一是城乡居民基本医疗保险财政补助和个人缴费标准同步提高。每人每年的财政补助标准不低于490元。其中，中央财政对基数部分的补助标准不变，对新增40元的部分，西部地区补助80%，中部地区补助60%，东部地区各省分别按一定比例补助。个人缴费标准人均新增40元，达到每人每年220元。

二是推进统一的城乡居民医保制度。2019年全面启动实施全国范围内统一的城乡居民医保制度。结合全民参保计划，巩固城乡居民医保覆盖面，保证稳定连续参保，实现应保尽保，避免重复参保。

三是完善门诊统筹保障机制。全面推进城乡居民医保门诊统筹，尚未实行门诊保障的地区，加快推进建立门诊统筹；实行个人（家庭）账户的，逐步向门诊统筹平稳过渡。

四是加强贫困人口医疗保障工作。全面落实资助困难人员参保政策，确保将特困人员、低保对象、重度残疾人、建档立卡贫困人口等困难群体纳入城乡居民医疗保险。重点聚焦深度贫困地区和因病因残致贫返贫等特殊贫困人口，将2018年新增财政补助中的50%用于大病保险。在基本医保、大病保险基础上，进一步提高贫困人口受益水平，加强医疗救助托底保障能力。

五是改进管理服务。巩固完善市级统筹，逐步探索省级统筹，实现市或省范围内就医统一报销，提高城乡居民医疗服务公平性。深化支付方式改革，统筹基本医保和大病保险，逐步扩大按病种付费的病种数量，全面推行以按病种付费为主的多元复合式医保支付方式。增强风险防范意识，加强基金运行分析。

2. 基本医疗保险目录新增17种新型抗癌药物

2018年10月，国家医疗保障局出台《国家医疗保障据关于将17种抗癌药纳入国家基本医疗保险、工伤保险和生育保险药品目录乙类范围的通知》，把近几年新上市的17种抗癌药品纳入《国家基本医疗保险、工伤保险和生育保险药品目录（2017年版）》乙类范围中，规范了新纳入药品的医保支付标准。新上市药品纳入医保目录能够使患者及时受惠，同时可以促进和推动医药企业加大研发投入。

（三）失业保险制度改革进展

1. 失业保险缴费费率持续降低

人力资源和社会保障部、财政部《关于继续降低社会保险费率的文件通知》自2018年5月1日起，按照2017年2月下发的《人力资源社会保障部 财政部关于阶段性降低失业保险费率的通知》实施失业保险总费率1%的省（区、市），延长阶段性降低费率的期限至2019年4月30日。失业保险缴费费率持续降低。

2. 失业保险金标准逐步提高

人力资源和社会保障部、财政部发布文件，要求各省坚持“保生活”和“促就业”相统一的原则，统筹考虑失业人员及其家庭基本生活需要和失业保险基金运行安全，在确保基金可持续前提下，根据社会经济的发展、物价水平的提升和居民收入的增长，适当提高失业保障水平，逐步将失业保险金标准提高到最低工资标准的90%。根据人力资源和社会保障部公布的数据，[①] 2018年全国失业保险金月人均水平1266元，比上年增长13.9%。

失业保险金标准的提高将使失业人员的生活更有保障，加上降低失业保险缴费费率的措施，将让更多企业和失业人员获益。

（四）工伤保险制度改革进展

1. 持续降低工伤保险缴费费率

人力资源和社会保障部、财政部2018年4月下发《关于继续阶段性降低社会保险费率的通知》，明确降低工伤保险缴费费率的相关事项：从2018年5月1日开始，在保持八类费率总体稳定的基础上，基金累计结余可支付月数在18（含）至23个月的统筹地区、累计结余可支付月数在24个月（含）以上的统筹地区，可将现行费率分别下调20%、50%。降低费率的期限暂执行至2019年4月30日。此外，文件还要求执行降低费率的各省

① 人力资源和社会保障部：《2018年度人力资源和社会保障事业发展统计公报》，2019。

（区、市）应防范基金运行的风险，确保参保工伤职工的待遇水平不下降，为广大参保企业和职工减负的同时确保其获得感和满意度。

2. 将流动农民工、短期雇佣员工纳入工伤保险参保范围

2018 年 1 月，人力资源和社会保障部、交通运输部、水利部、能源局、铁路局、民航局联合下发文件，要求公路、铁路、水利、能源以及机场工程建设项目等需结合各行业的用工特点，为相关从业人员提供工伤保险服务，加大力度将在各类工程建设项目中流动就业的农民工、短期雇佣工人纳入工伤保险保障范围，确保在各类工地上流动就业的农民工依法享有工伤保障。对建筑施工企业相对固定的职工、不能按用人单位参加工伤保险的职工，应当由各统筹地区按照“以支定收、收支平衡”原则，根据当地工伤保险基金的收支情况，科学合理确定费率。

3. 推进工伤认定和劳动能力鉴定相关服务便民化

针对我国当前工伤认定和劳动能力鉴定工作管理制度不完善、信息化建设滞后、便民服务不到位等相关问题，2018 年 9 月，人力资源和社会保障部办公厅下发的《关于推进工伤认定和劳动能力鉴定便民化服务工作的通知》明确了推进工伤认定和劳动能力鉴定便民化服务工作的主要任务：全面下放省级人社部门工伤认定和劳动能力初次鉴定事项，全面推进工伤认定和劳动能力鉴定受理事项进驻大厅，切实清理取消重复提交的证明和材料，切实提高工伤认定和劳动能力鉴定效率，积极探索异地工伤认定和劳动能力鉴定委托合作，积极推进“互联网 + 认定鉴定”。

4. 加强工伤保险普法宣传工作

2018 年 6 月，人力资源和社会保障部办公厅下发《加强 2018 ~ 2020 年工伤保险普法宣传工作的通知》。该通知围绕十九大报告提出的“完善工伤保险制度”这条主线，以在全社会营造良好的工伤保险宣传氛围、提高工伤保险相关法规政策知晓度、保障广大应保职工的工伤保险权益为目标，明确主要工作任务：开展工伤保险主题集中宣传活动，强化“中国工伤保险”微信公众号功能，推行“互联网 + 工伤预防”，开展“漫话《工伤保险条例》”微动漫展播活动，设计推广工伤保险卡通动漫形象，拍摄投放工伤保

险公益广告，搭建工伤保险宣传“中央新闻厨房”，完善网站信息发布机制，组织制作工伤保险宣传资料、组织编写工伤保险培训教材。

三　社会保险制度发展趋势分析

（一）完善多层次社会保险制度体系

随着养老保险制度体系和医疗保险制度体系的逐步完善，我国多层次的体系逐渐清晰。但总的看，仍然存在一支柱独大、三支柱不平衡的问题。比如企业年金的参保数量不到企业法人单位总数的0.5%，参与人数仅占全国城镇就业人口的5.5%；[①] 个人税收递延型养老保险发展缓慢，2018年底累计实现保费约7000万元，税收激励效果不明显等。因此，亟须加强和完善各个层次的制度建设，尤其是推动第二支柱和第三支柱的发展，有效发挥国家、单位、个人三方作用，构建安全的社会保障网络。

（二）继续提高社会保险统筹层次

2018年，我国企业职工基本养老保险基金中央调剂制度的实施标志着养老保险的统筹层次开始由省级统筹向中央统筹转变，这必将进一步提高基金的统筹支付能力，平衡各省份之间的基金收支压力。

医疗保险逐步推进建立统一的城乡居民医保制度，统筹层次的目标是巩固完善市级统筹，有条件的地区探索省级统筹。在12个城市开展医疗保险和生育保险合并实施的基础上，提出全面开展合并实施工作，生育保险的统筹层次也相应提高。

近年来，尽管国家推出一系列举措，提高各项社会保险制度的统筹层次，取得了明显成效。但总的看，各项制度的统筹层次仍然偏低，对参保人员的异地流动、社保基金互济能力、保障参保人权益公平有一定影响，也不

① 《个人税收递延型养老保险为何遭冷遇》，《劳动报》2019年3月9日。

利于企业在市场经济中的竞争公平。

因此，应当进一步提高各项社会保险制度的统筹层次，提高社会保险基金的互济性，在更高层面上实现资金筹集、基金管理、待遇发放、经办服务、信息系统的统一。

（三）进一步提高社会保险制度公平性

公平性是衡量社会保险制度的重要指标，既反映在社会保险制度的覆盖面方面，也反映在参保人权利与义务配置的合理性方面。我国出台了一系列政策促进社会保险制度公平，例如，持续扩大各类社会保险覆盖率，统筹城乡居民养老保险制度，建立企业职工基本养老保险基金中央调剂制度，提高贫困人口医疗保障水平，将各类工程项目中流动就业农民工和短期雇佣工人纳入工伤保险范围等。这些举措在整体提高社会保险覆盖面的同时，重点向各类未纳入社会保险范围的群体、待遇水平较低的群体倾斜，持续提升社会保险制度公平性，切实提升百姓安全感和满意度。

但是由于统筹层次偏低、各类参保群体适用制度不统一等问题，不同地区、不同参保群体的社会保险待遇水平标准仍然存在差异，这在一定程度上影响了社保制度的公平性。今后应着力整合各类群体的保险制度，提高社会保险的统筹层次，增加制度的公平性，保障参保人的权益。

（四）持续推进社会保险服务信息化建设

推进社会保险信息化是提高社保服务效能的重要手段。社会保险信息化工作每年都有新突破。到 2018 年底，我国各地基本都完成了全民参保登记数据比对等前期工作，并相继完成入户调查、数据获取以及录入上报等工作，社保卡持卡人数达到 12.27 亿人，同时，推出新开发的电子社保卡，打通线上线下联通服务，电子社保卡的应用范围越来越广，社保服务效率、精准度大大提高。但强化社会信息化服务仍有很大空间。因此，今后应当充分利用方式多样的信息化手段，及时完善各个环节各层面服务，持续推进提升社会保险服务的质量和效率。

参考文献

人力资源和社会保障部：《2018 年度人力资源和社会保障事业发展统计公报》，2019。

人力资源和社会保障部：《2017 年度人力资源和社会保障事业发展统计公报》，2018。

人力资源和社会保障部政策研究司：《2018 年四季度人社部新闻发布会答问实录》，2019。

国家医保局：《2018 年医疗保障事业发展统计快报》，2019。

《个人税收递延型养老保险为何遭冷遇》，《劳动报》2019 年 3 月 9 日。

B.16 我国基本养老保险制度运行基本状况和改革进展

赵欣彤*

摘　要： 2018年，我国基本养老保险制度运行平稳：制度覆盖面持续扩大、基金规模进一步增加、保障水平稳定提高。制度改革取得一系列成效：城乡居民养老保险缴费标准和待遇调整机制进一步完善，企业职工基本养老保险基金中央调剂制度方案和降低社会保险费率综合方案相继出台。此外，养老保险基金投资运营配套税收优惠政策发布，年金基金运营和管理逐渐规范，个人税收递延型商业养老保险试点工作启动，多支柱养老保险投资运营取得新进展。

关键词： 基本养老保险制度　中央调剂金制度　社会保险费率

2018年，我国基本养老保险制度平稳有序运行，制度建设持续推进，多支柱养老保险结构有优化，制度运行效率有提升。

一　基本养老保险制度发展状况

（一）制度覆盖面持续扩大

截至2018年底，全国参加城镇职工和城乡居民基本养老保险（以下简

* 赵欣彤，中国人民大学劳动人事学院讲师，研究方向为社会政策与社会保障。

称基本养老保险）的人数为94293万人，比上年末增加2745万人，同比增长3.0%。城镇职工基本养老保险（以下简称城职保）参保人数为41902万人，比上年增加1608万人，同比增长4.0%。其中11798万人为参保离退休人员，占城职保参保人数的28.2%，同比增长7.0%；执行企业制度参保人数36483万人，比上年末增加1166万人，占城职保总参保人数的87.1%。

年末城乡居民基本养老保险（以下简称城居保）参保人数52392万人，比上年增加1137万人，同比增长2.2%。其中15898万人为实际领取待遇人员，占城居保参保人数的30.3%。2018年全年，城居保使2195万60岁以上享受待遇的贫困老人和2741万实际享受代缴保费的贫困人员受益。

2018年，不包括在校生的16岁及以上人口数107643.5万人，基本养老保险总体覆盖率约为87.6%。过去四年，城镇职工与城乡居民基本养老保险参保人数均稳定上升，城镇职工参保人数增长率略高于城乡居民参保人数增长率（见图1）。

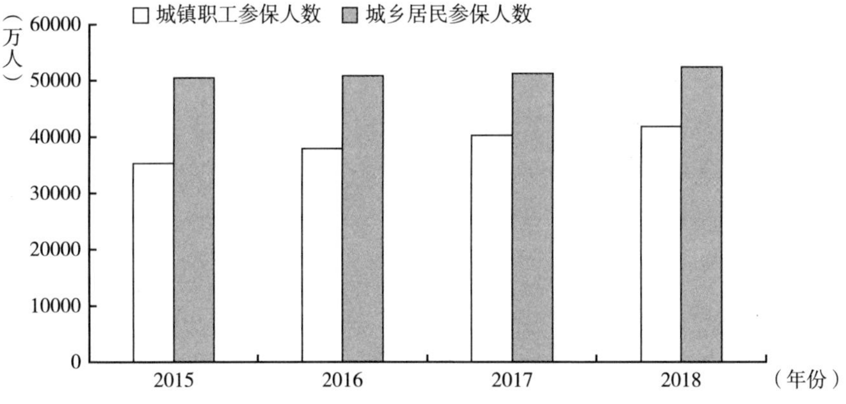

图1　2005～2018年基本养老保险参保人数

（二）基金规模进一步增加

2018年全年，基本养老保险基金总收入55005亿元，比上年增加8391亿元，同比增长18.0%。全年基本养老保险基金总支出47550亿元，比上年增加7126亿元，同比增长17.6%。

2018 年全年，城镇职工基本养老保险基金总收入 51168 亿元，比上年增加 7858. 4 亿元，同比增长 18. 1%。全年城乡居民基本养老保险基金收入 3838 亿元，比上年增加 534 亿元，同比增长 16. 1%；基金支出 2906 亿元；年末基金累计结存 7250 亿元。

2018 年全年，城镇职工基本养老保险基金征缴收入增长速度和城乡居民基金收入增长速度持平，累计结存持续增加，基金规模进一步扩大，基金收支保持基本平衡。

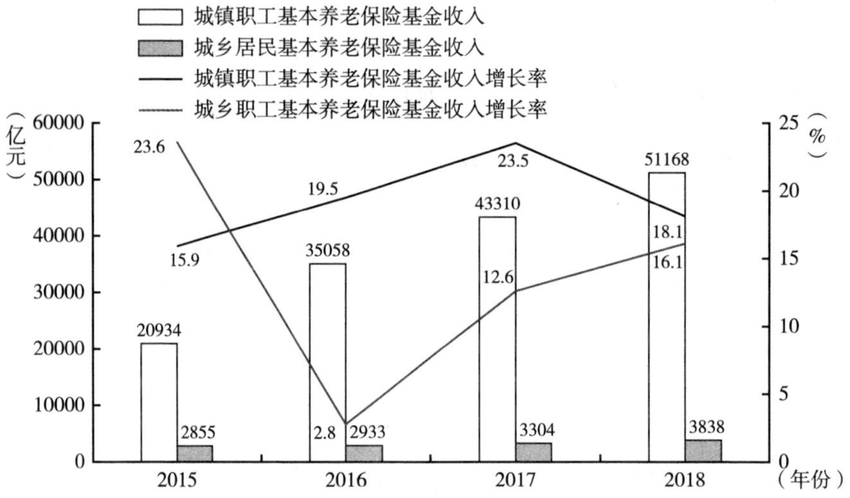

图 2　2015 ~ 2018 年基本养老保险基金收入情况

（三）保障水平稳定提高

2018 年，基本养老保险保障水平进一步提高。企业退休人员基本养老保险待遇实现“十四连调”，企业与机关事业单位基本养老保险待遇水平连续三年同步提高。同时，城乡居民基本养老保险待遇水平也有所提升。

根据人力资源社会保障部、财政部 2018 年 3 月印发的《关于 2018 年调整退休人员基本养老金的通知》，企业和机关事业单位退休人员基本养老保险待遇调整办法基本统一，结合职工工资增长、物价水平与基金支撑能力，综合确定总体调整水平为上年度退休人员月人均基本养老金的5%左右。调整办法采用与上年度相同的“三结合”方式：定额调整、挂钩调整与适当倾斜相结合。定额调整与向高龄、艰苦边远地区退休人员倾斜的调整方式体现社会公平；基本养老金与缴费年限、基本养老金水平挂钩，体现效率与缴费激励。本年度基本养老保险待遇调整所需基金，分别从企业基本养老保险基金和机关事业单位基本养老保险基金中列支。经过调整，全国企事业单位退休人员月人均养老金达2653元，实际增幅5.7%，各省份基本养老金增幅均超过5%，约有1.14亿名退休人员受益。

2018年，城乡居民养老保险待遇水平进一步提高。全国城居保基础养老金最低标准由每人每月70元增加至每人每月88元，涨幅25.7%。[①] 此次最低标准的提高是统筹考虑城乡居民收入增长、物价变动和职工基本养老金待遇调整的结果，中央财政对中西部地区提高待遇发放标准给予全额补助，对东部地区补助50%。

二　养老保险制度改革进展

2018年，我国在城乡居民养老保险制度、基本养老保险中央调剂制度、社会保险费征收体制改革方面取得了一系列成效。

（一）城乡居民养老保险缴费标准和待遇调整机制进一步完善

2018年3月，为进一步完善城乡居民基本养老保险制度、提高保障水平、建立健全待遇确定和正常调整机制、增强缴费激励，人社部、财政部出台《建立城乡居民基本养老保险待遇确定和基础养老金正常调整机制的指

① 人力资源和社会保障部、财政部：《关于2018年提高全国城乡居民基本养老保险基础养老金最低标准的通知》（人社部规〔2018〕3号）。

导意见》（以下简称《意见》），明确了如下几项主要任务。

①完善待遇确定机制，明确各级政府、集体经济组织和参保人各方责任，合理确定最低标准，对高龄、缴费年限长的参保人予以适当倾斜。

②统筹考虑城乡居民收入增长、物价变动和城职保等其他社会保障标准等调整情况，建立城居保基础养老金正常调整机制。

③根据城乡居民收入增长情况确定城居保缴费档次标准，建立个人缴费档次标准调整机制。原则上以当地灵活就业人员参加城职保的年缴费额为最高缴费档次标准。

④建立缴费补贴动态调整机制，引导城乡居民选择高档次标准缴费，鼓励集体经济组织提高缴费补助，各类主体为参保人缴费加大资助。

⑤开展基金委托投资，实现个人账户基金保值增值。

截至2018年末，全国参加城乡居民养老保险制度的总人数达到52392万人，占基本养老保险参保人数的55.6%。城乡居民基本养老保险的覆盖面已超过城镇职工基本养老保险，但制度发展过程中存在待遇机制不明确、缺乏常态化的待遇调整机制和缴费激励、缴费补贴机制不规范、个人账户基金无法保值增值等问题。[①]《意见》的下发为完善养老金制度结构和运行机制、全面推进城乡居民养老保险制度改革、促使城乡居民养老保险制度由扩面征缴向高质量发展转型，提供了依据和支撑。[②] 为贯彻落实《意见》，北京、山西、甘肃等多地人社部门先后制定出台了城乡居民基本养老保险待遇确定和调整机制的实施意见。

（二）企业职工基本养老保险基金中央调剂制度实施

2018年6月，国务院印发《关于建立企业职工基本养老保险基金中央调剂制度的通知》（以下简称《通知》），自2018年7月起实施。《通知》以建立健全更加公平更可持续养老保险制度为目标，以“促进公平、明确责

① 金维刚：《城乡居民养老保险跨入新时代》，2018年1月24日，http：//www.mohrss.gov.cn/SYrlzyhshbzb/dongtaixinwen/buneiyaowen/201804/t20180402_291432.html。

② 杨燕绥：《我国居民养老保险进入机制建设轨道》，《劳动保障世界》2018年第13期。

任、统一政策、稳步推进”为基本原则，着力解决地区间企业职工基本养老保险基金负担不均衡、省级统筹制度不够完善、难以一步实现基金全国统筹的问题。《通知》决定在现行企业职工养老保险省级统筹的基础上，以不增加社会整体负担、不提高养老保险缴费、不影响待遇发放为前提，通过建立养老保险基金中央调剂制度合理均衡地区间基金负担，确保了基金安全、可持续运营，迈出了实现养老保险全国统筹的第一步。其主要内容包括如下几点。

1. 基金筹集

中央调剂基金由各省养老保险基金上解的资金构成，由中央统一调剂使用。各省份上解额由本省城镇非私营单位和私营单位就业人员加权平均工资的90%、在职应参保人数、上解比例（3%起步，逐步提高）共同确定。其中，在职应参保人数按照在职参保人数与统计公报披露的企业就业人数的平均值核定。

2. 基金拨付

中央调剂基金实行以收定支，当年筹集的资金按照人均定额拨付的方式全部拨付地方。

3. 基金管理

中央调剂基金纳入中央级社会保障基金财政专户实行收支两条线管理，专款专用，先预缴预拨后清算。各地在《通知》实施前累计结余基金用于本省养老保险基金余缺调剂。

4. 中央财政补助

补助政策和方式保持不变，省级政府承担确保基本养老金按时足额发放和弥补养老基金缺口的主体责任。

为了确保中央调剂制度的顺利实施，《通知》还制定了完善省级统筹制度、强化基金预算管理、建立健全考核奖惩机制等一系列制度保障措施，以及建立全国养老保险缴费和待遇查询系统、中央调剂金监控系统和全国共享的中央数据库等信息化保障措施。

2018年，中央调剂基金收入（执行数）为2422.3亿元，2019年中央调剂基金预算数为4844.6亿元，预计2019年中央调剂基金规模超过60000亿元。广东、江苏、北京、浙江、山东、上海等省份2018年基金收入执行数均超过100亿元。中央调剂制度的建立和实施有助于预防和缓解部分地区企业职工基本养老保险收支失衡问题，降低养老保险携带与转移成本，提高基本养老保险基金可持续性与制度公平性，是制定全国统筹的基本养老保险方案的第一步。

（三）降低社会保险费率综合方案出台

2018年继续实施社会保险阶段性降费率政策，全年减少社保缴费1840亿元。[①] 2018年8月，人社部印发《关于报送继续阶段性降低社会保险费率政策执行情况的通知》，要求各地报送不同险种的实际降费率情况。此外，自2019年5月1日起实施的《降低社会保险费率综合方案》（以下简称《综合方案》）预计可减少当年社保缴费超过3000亿元。《综合方案》以减轻企业负担、优化营商环境、完善社会保险制度为目标，统筹考虑降低社会保险费率、推进社会保险费征收体制改革。其主要内容包括如下几点。

1. 降低养老保险单位缴费比例

各省城镇职工基本养老保险（包括企业和机关事业单位基本养老保险）单位缴费比例高于16%的，可降至16%。

2. 阶段性降低失业和工伤保险费率

自《综合方案》实施起，失业保险总费率为1%的统筹地区，阶段性降低费率的期限延长1年；阶段性降低工伤保险费率的期限延长1年；各统筹地区根据工伤保险基金结余情况，可将费率降至现行费率的50%～80%。

3. 调整社保缴费基数

各省就业人员平均工资计算口径按照城镇非私营单位就业人员平均工资和城镇私营单位就业人员平均工资加权计算核定；参加城镇职保的个体工商

① 《人社部举行2018年第四季度新闻发布会》，2019年1月24日，http：//www.mohrss.gov.cn/SYrlzyhshbzb/dongtaixinwen/fbh/201901/t20190124_309638.html。

户和灵活就业人员，其缴费基数不低于本省就业人员平均工资的60%，且不高于本省就业人员平均工资的300%。

4. 推进养老保险省级统筹，2020年底前实现全国范围内省级养老保险统收统支

5. 基本养老保险基金中央调剂比例提高至3.5%

6. 稳步推进社会保险费征收体制改革，各险种缴费原则上按现行征收体制征收，“成熟一省、移交一省”，统筹协调过渡期间的工作衔接

三　多支柱养老保险投资运营及配套措施发展

2018年，我国多支柱养老保险体系进一步完善。在第一支柱养老金方面，城镇职工基本养老保险基金和城乡居民养老保险基金投资运营取得积极进展。基本养老保险基金投资运营的税收优惠政策出台，为基金的保值增值打下了良好基础。在第二支柱养老金方面，企业年金基金规模稳定增长，职业年金基金投资和监督管理进一步加强。在第三支柱养老金方面，三地区个人税收递延型商业养老保险试点工作启动，助力我国发展健全、均衡、稳定的多支柱养老保险体系。

（一）基本养老保险基金投资运营取得积极进展

自2016年以来，城镇职工基本养老保险基金投资运营工作稳步推进。截至2018年底，委托投资基本养老保险基金的省（区、市）为17个，委托投资基本养老保险基金总额8580亿元，到账资金6050亿元。

过去一年，城乡居民养老保险基金投资工作取得较大进展。2018年8月，人社部、财政部出台《关于加快推进城乡居民基本养老保险基金委托投资工作的通知》，促进城乡居民养老保险基金保值增值。该文件明确，从2018年起，各省（区、市）按年分批启动，到2020年底全面实施城乡居民养老保险基金投资工作。截至2018年底，已有上海、湖北、广西、重庆、四川、云南、西藏、陕西、甘肃等9个省（区、市）启动实施了城乡居民

基本养老保险基金委托投资工作，合同金额773亿元。[①] 2019年，河北、吉林、江苏、浙江、安徽、福建、河南、广东、青海9省份启动了城乡居民养老基金投资工作。[②]

2018年9月，财政部、税务总局先后印发了《关于全国社会保障基金有关投资业务税收政策的通知》、《关于基本养老保险基金有关投资业务税收政策的通知》，对全国社会保障基金理事会管理的全国社会保障基金及受托投资的基本养老保险基金有关投资业务制定了税收优惠政策。其中，后者对全国社保基金理事会及养老基金投资管理机构受托投资的基本养老保险基金在投资范围内的有关投资业务的税收政策做了如下规定：提供贷款服务取得的全部利息及利息性质的收入和金融商品转让收入免征增值税；对取得的归属于养老基金的投资收入免征企业所得税；对买卖证券应缴纳的印花税先征后返，持有证券在养老基金证券账户之间划拨过户不征收印花税，养老基金转让非上市公司股权免征印花税。

2018年12月，财政部印发《社会保障基金财政专户会计核算办法》，规范了包括企业职工基本养老保险基金、城乡居民基本养老保险基金、机关事业单位基本养老保险基金在内的各项社会保障基金财政专户的会计核算。

（二）年金基金运营及管理进展

过去11年，企业年金建立企业及参加职工数增幅由快速增长的起步期过渡到逐渐放缓的平稳期（见图3）；年金积累基金和年金基金资产金额稳步增加，收益率基本保持稳定（见图4）。截至2018年底，企业年金建立企业8736个，参加职工2388万人（其中，当年领取人数156.35万人），实际运作资产金额14502亿元，当年投资收益420亿元，基金投资收益率为

---

① 《人社部举行2018年第四季度新闻发布会》，2019年1月24日，http：//www.mohrss.gov.cn/SYrlzyhshbzb/dongtaixinwen/fbh/201901/t20190124_309638.html。

② 人力资源和社会保障部办公厅、财政部办公厅：《关于确定城乡居民基本养老保险基金委托投资省（区、市）启动批次的通知》（人社厅发〔2019〕33号）。

3.01%。在企业年金养老金产品当中，权益类资产占比6.4%，固定收益类资产占比81.6%，流动性资产占比12.0%。2018年全年，在全国企业年金方案备案地当中，除人社部[①]以外，上海、北京、江苏、广东的企业年金资产金额最高。

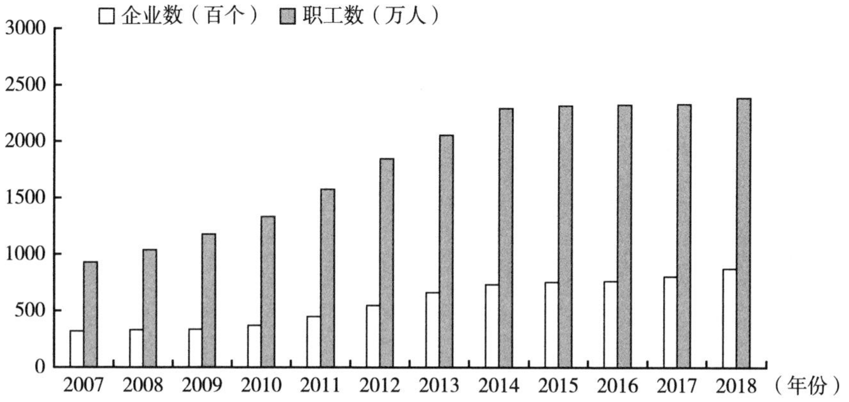

图3　2007～2018年全国企业年金覆盖情况

资料来源：《全国企业年金基金业务数据摘要2018年度》。

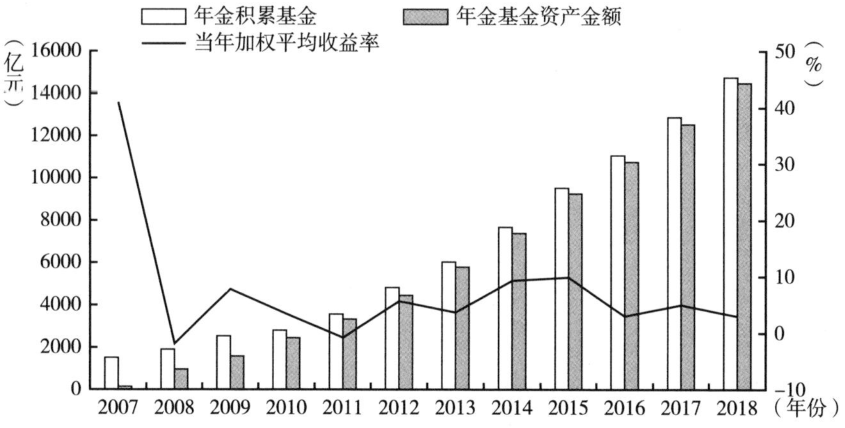

图4　2007～2018年全国企业年金资产规模及收益情况

资料来源：《全国企业年金基金业务数据摘要2018年度》。

① 人社部统计在人社部备案的单一计划及加入集合计划的中央企业。

2018 年 4 月，为了推动职业年金基金规范有序投资运营，人社部、财政部印发《关于规范职业年金基金管理运营有关问题的通知》，要求各地合理构建职业年金基金市场管理运营体制，开立本级职业年金基金归集账户并实行全程托管；规定各级社会保险经办机构不得开立职业年金基金支出户；要求健全职业年金基金管理机构评选委员会评选标准及规则；指出代理人应当建立长期稳健的投资理念和业绩考核机制，合理确定职业年金计划及组合数量，体现对职业年金计划管理人的激励作用。

2018 年 5 月，为了解决年金市场上的一些突出矛盾，人社部发布《关于企业年金基金管理机构资格有关事项的通告》，对部分已获得企业年金基金管理资格的金融机构开展资格调整申请的受理和评审工作。经专家评审委员会评审，增加 3 个基金法人受托机构资格、1 个基金账户管理机构资格、1 个投资管理机构资格，并同意 2 个管理机构资格的转移申请。[①] 下一步将稳步推进企业年金基金管理资格常规受理工作。

（三）第三支柱个人税收递延型商业养老保险试点

作为第三支柱的商业养老保险在我国发展一直较为缓慢。为了推进多层次养老保险体系建设，探索建立我国养老保险体系中的第三支柱，财政部等五部委于 2018 年 4 月联合印发《关于开展个人税收递延型商业养老保险试点的通知》，于 2018 年 5 月至 2019 年 5 月在上海、福建省和苏州工业园区试点个人税收递延型商业养老保险。试点工作包括以下内容。

第一，对个人通过个人商业养老资金账户购买符合规定的商业养老保险产品支出，允许按照“当月工资薪金、连续性劳务报酬收入（6 个月及以上为同一单位提供劳务取得的所得）的 6% 和 1000 元孰低”的办法予以税前扣除；对个体工商户业主等的保费扣除标准按照“不超过当年应税收入的 6% 和 12000 元孰低”的办法确定。投资收益不征收个人所得税。个人领取

① 人力资源和社会保障部：《关于公布企业年金基金管理机构资格调整情况的通告》（人社部函〔2018〕64 号）。

的商业养老金收入的25%免税，剩余部分税率为10%。

第二，个人商业养老资金账户与信息平台均具有唯一性。

第三，个人商业养老保险产品以稳健性为主、风险性为辅，产品名录由银监会提出，商财政部、人社部、税务总局后发布。

为了确保试点工作顺利实施，该通知还明确了负责养老账户管理和信息平台建设的政府机构，并提出试点结束后确保第三支柱顺利运行的工作设想。

截至2018年底，个人税收递延型商业养老保险签发保单约2万件。据《中国养老金融发展报告（2018）》测算，养老金第三支柱试点推广后每年的增量规模将达到2000亿元。①

① 董克用、姚余栋：《中国养老金融发展报告（2018）》，社会科学文献出版社，2018。

B.17

我国工伤保险制度运行基本状况、改革进程及发展趋势

沈澈　刘欢*

摘　要：　2018年，我国工伤保险制度的覆盖范围持续扩大，基金规模进一步增长，企业缴费负担有所减轻。在制度改革实践方面，推动农民工及新经济新业态从业人员纳入参保范围，进一步降低费率，加强普法宣传以及简化工伤认定程序。在制度改革发展趋势方面，我国工伤保险将继续健全“预防、补偿、康复”三位一体的制度体系，进一步加强法制化建设，不断完善管理服务机制，着力补齐工伤保险信息化的短板。

关键词：　工伤保险　“三位一体”　信息化

2018年，我国工伤保险事业发展蹄疾步稳，为保障职工健康安全、促进企业稳步发展、推进社会和谐发展发挥了积极作用。工伤保险制度覆盖范围持续扩大，基金规模进一步增长，企业缴费负担减轻。与此同时，工伤预防和工伤康复工作也取得长足进步，“抓人民健康就是发展生产力，保障人民健康就是保护生产力”的理念得到进一步落实，“安全第一，预防为主，综合治理”的安全生产方针得到进一步贯彻。

---

* 沈澈，中央民族大学管理学院讲师，研究方向为社会保障理论与政策；刘欢，中央民族大学管理学院，研究方向为公共管理与社会保障。

一 工伤保险制度运行现状

（一）制度覆盖范围持续扩大

2018 年，我国大力推行社会保险“全覆盖”，工伤保险积极“补短板”，提高工程建设领域参保率。截至 2018 年末，我国工伤保险参保人数达 23874 万人，比上年末增加 1151 万人，同比增长 5.1%。相较于 2016 年的 2.1%、2017 年的 3.8%，2018 年我国工伤保险参保人数增长呈现出继续加快趋势（见表 1）。

表 1　2014～2018 年工伤保险年末参保人数

单位：万人

年份	2018	2017	2016	2015	2014
工伤保险年末参保人数	23874	22724	21889	21432	20639

资料来源：人力资源和社会保障部历年《人力资源和社会保障事业发展统计公报》。

除参保人数持续增长外，工伤保险制度的职业覆盖面也不断扩大，从国有企业扩展到各类企业及事业单位、社会团体、民办非企业单位、个体工商户，部分地区扩展到公务员和参公事业单位。[①] 与此同时，新业态从业人员以及农民工等人群或开始被纳入参保范围，或继续增加参保人数。其中，参加工伤保险的农民工达到 8085 万人，比上一年度增加 278 万人；[②] 工程建设领域工伤保险参保增长态势突出，全国新开工工程建设项目参保率超过 98%，保障农民工 5500 多万人次。[③]

① 向春华：《工伤保险改革：中国特色与创新——访中国医疗保险研究会副会长陈刚》，《中国社会保障》2018 年第 10 期。

② 国家统计局：《中华人民共和国 2018 年国民经济和社会发展统计公报》，2019。

③ 人力资源和社会保障部副部长游钧在 2019 年 1 月 10 日举办的全国工伤保险工作座谈会上指出，工程建设领域工伤保险参保增长态势突出，全国新开工工程建设项目参保率达到 98% 以上，为 5500 多万人次农民工提供了工伤保险保障。

（二）基金规模进一步增长

《工伤保险条例》实施以来，随着参保人数增加、社会工资水平提高，工伤保险基金规模稳步增长。2018 年，工伤保险基金收入为 913 亿元，比上一年度增加了 59 亿元，同比增长 6.9%；工伤保险基金支出 742 亿元，比上一年度增加 80 亿元，同比增长 12.19%（见表 2）。2018 年工伤保险基金累计结余约 1785 亿元（含储备金 294 亿元）。

总体来看，2018 年工伤保险基金收入与支出情况基本保持了 2014 年以来的增长态势，基金规模进一步增长，保障能力不断增强。

表 2　2014～2018 年工伤保险基金收入与支出情况

单位：亿元

年份	2018	2017	2016	2015	2014
工伤保险基金收入	913	854	737	754	695
工伤保险基金支出	742	662	610	599	560

资料来源：人力资源和社会保障部历年《人力资源和社会保障事业发展统计公报》。

（三）企业缴费负担减轻

根据既定部署和相关政策安排，人力资源和社会保障部（下文简称人社部）2015～2018 年五次降低企业社会保险费率。前四次降费率政策已累计为企业降低成本 3150 亿元，总体费率从 41% 降到 37.25%，总体降幅接近 10%。根据测算，2018 年，社保降费率政策约为企业降低成本 1840 亿元。[①]

在工伤保险降费方面，2015 年 7 月人社部与财政部联合印发《关于调整工伤保险费率政策的通知》，在工伤保险费率“总体降低”的前提下，从当年 10 月 1 日起将行业工伤风险类别由原三类调整为八类，对应的基准费

① 人力资源和社会保障部新闻发言人卢爱红在 2019 年 1 月 24 日人力资源和社会保障部举行 2018 年第四季度新闻发布会上指出，继续实施养老保险、失业保险、工伤保险阶段性降费率政策，全年为企业降低成本 1840 亿元。

率也由原三类细分为八类。一类至八类的基准费率分别控制在该行业用人单位职工工资总额的 0.2%、0.4%、0.7%、0.9%、1.1%、1.3%、1.6%、1.9%左右。

二　工伤保险制度改革进展

2018 年，我国工伤保险制度改革稳步推进。这一年出台了多项与工伤保险相关的政策文件（见表 3），进一步扩大了工伤保险覆盖面，降低了工伤保险费率，加强了工伤保险宣传工作，推进了工伤认定和劳动能力鉴定服务便民化。

表 3　2018 年发布的工伤保险相关政策

发文日期	发文机关	政策名称
2018 年 1 月 2 日	人社部、交通运输部等六部委	《关于铁路、公路、水运、水利、能源、机场工程建设项目参加工伤保险工作的通知》(人社部发〔2018〕3 号,下文简称 2018 年人社部发 3 号文)
2018 年 4 月 20 日	人社部和财政部	《关于继续阶段性降低社会保险费率的通知》(人社部发〔2018〕25 号)
2018 年 6 月 27 日	人社部办公厅	《关于加强 2018 ~2020 年工伤保险普法宣传工作的通知》(人社厅函〔2018〕165 号)
2018 年 9 月 24 日	人社部办公厅	《关于推进工伤认定和劳动能力鉴定便民化服务工作的通知》(人社厅发〔2018〕104 号)

资料来源：作者整理。

（一）扩大职业覆盖面，提升制度公平性

2018 年，我国工伤保险进一步扩大职业覆盖面，特别是高危行业和新兴行业，加强建筑业农民工工伤权益保障，积极探索新经济新业态从业人员参加工伤保险。

2018 年人社部发 3 号文提出，合力做好工程建设领域职工特别是农民工工伤保险权益保障工作，确保各类工地上流动就业的农民工依法享有工伤保险保障；推进形成更高水平、更高效率的部门协作机制，切实做到“先

参保，再开工”。上述要求将高危行业从业人员纳入保障范围。切实保护人民权益，是全民参保计划的重要进展。我国探索新经济新业态从业人员职业伤害保障办法，有效保障了发展成果人民共享。

（二）降低费率实现“降成本”

根据2018年4月下发的《关于继续阶段性降低社会保险费率的通知》，自2018年5月1日起，工伤保险在保持八类费率总体稳定的前提下，基金累计结余可支付月数在18（含）至23个月的统筹地区，可以现行费率为基础下调20%；累计结余可支付月数在24个月（含）以上的统筹地区，可下调现行费率的50%。降低费率的执行期限暂定至2019年4月30日。这也是继失业保险、养老保险阶段性降低费率延期后，社会保险中又一降低社保费率延期的利好。

（三）强化政策普及和相关工作宣传

2018年，各级人社部门积极宣传党中央、国务院关于工伤保险的重大决策部署、工伤保险政策法规、工作动态和典型案例。与此同时，各级人社部门还加大了工伤保险工作经验、先进做法和有益尝试的宣传力度，强化了工伤预防、工伤康复和职业健康相关知识的普及工作。

上述措施有效提高了工伤保险政策和相关工作的知晓度，进一步强化了广大用人单位和职工的工伤保险的权利意识、法治意识和规范意识，有助于有效保障广大职工工伤保险权益，在全社会营造良好的工伤保险工作氛围，推动工伤保险事业改革发展。

（四）推动工伤认定便民化

2018年，工伤认定便民化改革主要包括以下几个方面：下放省级人社部门工伤认定和劳动能力初次鉴定事项；推进工伤认定和劳动能力鉴定受理事项进驻大厅；清理取消重复提交的证明和材料，提高工伤认定和劳动能力鉴定效率；积极探索异地工伤认定和劳动能力鉴定委托合作以及积极推进

“互联网＋认定鉴定”。

工伤认定是工伤保险管理服务的初始环节。通过便民化改革，简化相关程序，缩短认定时间，有利于降低工伤认定和劳动能力鉴定部门的工作量，提高办事效率，更有助于切实提高人民群众的满意度和获得感。

三　新时代工伤保险制度发展趋势

（一）加快完善“三位一体”的制度体系

我国进入各项事业全面发展的新时期，社会主要矛盾是人民日益增长的美好生活需要和发展不平衡不充分之间的矛盾，而工伤保险的发展也同样存在不平衡不充分的问题，尤其是工伤预防和工伤康复刚刚起步，制度建设较为薄弱。[①] 从单纯的重补偿转为“预防、补偿、康复”三位一体，这是我国新时代工伤保险制度体系建设的重要方向。

“促进工伤预防与职业康复”是我国现行的制度理念和基本模式。[②] 做好工伤预防工作，从源头上降低工伤事故和职业病的发生率，不仅有利于工伤保险的持续发展，也符合工伤保险制度的设立初衷。建立工伤预防机制，首先要实现从“生产安全”到“生命安全”理念的转变；其次要规定合理的工伤预防基金提取比例，界定各行为主体的责任；最后应将管制性激励与经济激励相结合，加大对高危行业、中小企业的激励力度。

在工伤康复方面，工伤职工能够恢复生活及劳动能力乃至回归工作是康复的最终目标。但是目前用人单位及职工对康复的认识尚存不足，法律规定有待完善，给实际康复工作带来一定困难，如康复机构定位不明确，技术标准及评估体系发展滞后，康复早期介入机制尚未建立等，这都是我国发展工伤保险需要改进的地方。

---

① 郑玄波：《继往开来　推动工伤保险高质量发展》，《中国社会保障》2018 年第 10 期。

② 孙树菡、毛艾琳：《风雨兼程　望远前行——中国工伤保险回顾与展望》，《中国社会保障》2018 年第 10 期。

（二）继续加强工伤保险的法制化建设

工伤保险是社会保障体系的重要组成部分，涉及多个法律责任主体，包括雇主责任方、第三方、商业保险责任方等。因此，应明确并提高工伤保险制度的法律地位，坚持工伤保险的性质及责任定位，合理配置工伤保险与其他保险项目的权责。[①] 这有助于在根本上保障各类从业人员的基本工伤权益。

为进一步规范劳动关系，确保劳动者权益，我国应加快工伤保险法制化进程，具体包括如下几点。第一，进一步完善现行法规，及时修订《社会保险法》，并建立常态化的法律修订机制。第二，以《工伤保险条例》为基础，升级拟定《工伤保险法》，确立并提高工伤保险制度的法律地位。第三，立法重点关注工伤保险实践中的难点问题和薄弱环节，如工伤保险的事后及时追偿、工伤预防体系、社区职业康复及护理服务标准、严重违法行为的刑事责任认定等。第四，在立法及修订现行政策法规过程中充分考虑相关国际公约、惯例及标准，实现中国工伤保险立法与国际接轨，助力劳动力在国际市场上合理流动。第五，重视法律的可操作性，注重新立法与现行法律法规、规章制度的协调性，力求实现工伤保险制度预防、补偿以及康复作用的有效结合，为工伤受害者维护自身合法权益提供全面保障。[②]

（三）完善工伤保险管理服务体制机制

理顺工伤保险管理服务体制机制，提高管理服务便民性，是当前工伤保险管理服务领域面临的一个重要问题。

首先应进一步明确相关各方职责。政府有关部门要充分发挥职能作用，确保符合条件的所有劳动者依法参保，监督用人单位按时、足额缴纳保险费。用人单位要按时为员工缴纳保费，发生工伤事故时积极配合和帮助员工

---

① 向春华：《工伤保险改革：中国特色与创新——访中国医疗保险研究会副会长陈刚》，《中国社会保障》2018 年第 10 期。

② 李艳军：《从立法角度谈工伤保险制度的不断完善》，《现代营销》（经营版）2019 年第 4 期。

进行工伤认定并领取相应补偿。员工责任是提高保障意识，主动了解和掌握工伤保险知识，维护自己的合法权益，并通过有效途径，监督用人单位的参保行为和政府管理服务机构履行相关职责。

在工伤保险经办方面，在给予相应的人员、场所、经费保障的基础上，要对经办人员进行一定额度的业务培训，提高经办人员的综合素质，以适应不断发展变化的工伤保险需求。此外，还要健全优化协同治理机制，形成合力齐抓共管。

（四）着力补齐工伤保险信息化的短板

通过信息化手段打造工伤保险服务平台，可以有效提高办事效率，简化办事程序，对于政府部门、用人单位以及工伤职工都是一大利好。2018 年 9 月下发的《关于推进工伤认定和劳动能力鉴定便民化服务工作的通知》提出，要积极推进“互联网 + 认定鉴定”，实现“数据多跑路、群众少跑腿”。从地方实践看，多地探索了“互联网 + 工伤”服务新模式，建设一站式工伤保险网络服务平台，提高经办效率，实现工伤认定、劳动能力鉴定及待遇发放三大环节的数据共享。补齐工伤保险信息化建设这一短板，构建业务流程一体、服务内容多样、监管决策智能的现代化工伤保险服务体系，这也是工伤保险发展的趋势。

参考文献

向春华：《工伤保险改革：中国特色与创新——访中国医疗保险研究会副会长陈刚》，《中国社会保障》2018 年第 10 期。

郑玄波：《继往开来　推动工伤保险高质量发展》，《中国社会保障》2018 年第 10 期。

孙树菡、毛艾琳：《风雨兼程　望远前行——中国工伤保险回顾与展望》，《中国社会保障》2018 年第 10 期。

李艳军：《从立法角度谈工伤保险制度的不断完善》，《现代营销》（经营版）2019 年第 4 期。

B.18

我国基本医疗保险制度运行现状、发展挑战及改革趋势

陈　敬*

摘　要： 2018年，我国基本医疗保险制度运行平稳，各项改革扎实推进。保险覆盖率继续保持高位，基金收支状况良好，保障待遇稳步提升。城乡居民基本医疗保险整合继续推进，生育保险和职工基本医疗保险合并顺利推开，医保支付方式改革进一步深化。人口老龄化加速发展将对医保基金可持续造成巨大压力，新业态从业人员规模不断扩大挑战全民医保的顺利实现。未来基本医疗保险制度改革，要进一步推进城乡居民基本医疗保险和职工基本医疗保险制度统筹协调发展，改进职工基本医疗保险个人账户，加快医保信息化建设，建设更加公平、可持续的基本医疗保险制度。

关键词： 基本医疗保险制度　医保支付方式　个人账户

机构改革后，职工基本医疗保险、城乡居民基本医疗保险和新型农村合作医疗三项基本医疗保险制度由新成立的国家医疗保障局统一管理。2018年，基本医疗保险制度保持平稳有序运行，各项改革稳步推进，有力推动了全民健康和社会公平发展。

---

* 陈敬，博士，中国人事科学研究院工资福利研究室助理研究员。

一　基本医疗保险制度运行现状

（一）覆盖率高位稳定

至2018年底，基本医疗保险覆盖率稳定在95%以上，职工基本医疗保险、城乡居民基本医疗保险、新型农村合作医疗三项制度参保总人数达到134459万人。其中，职工基本医疗保险参保人数为31681万人，比上年末增加1359万人，同比增长4.5%；城乡居民基本医疗保险参保人数89736万人，比上年末增加2377万人，同比增长2.7%；新型农村合作医疗参保人数为1.3亿人。[①]

（二）基金规模持续增长

2018年全年基本医疗保险基金总收入21384亿元，总支出17822亿元，截至2018年底，累计结存23440亿元。

职工基本医疗保险基金收入13538亿元，支出10707亿元，同比分别增长10.3%和13.1%；统筹基金累计结存11466亿元，个人账户累计结存7284亿元。城乡居民基本医疗保险基金收入6971亿元，支出6277亿元，同比分别增长23.3%和26.7%，年末累计结存4372.3亿元。新型农村合作医疗保险基金收入875亿元，支出839亿元，年末累计结存318亿元。[②]

（三）保障待遇不断提高

1. 跨省异地就医直接结算持续推进

定点医疗机构覆盖范围扩大。截至2018年末，跨省异地就医定点医疗机构数量达到15411家。其中，二级及以下定点医疗机构12803家。跨省异地就医结算规模稳步增长。2018年全年跨省异地就医直接结算131.8万人

① 由于新农合数据2018年与2017年口径不一致，不宜进行同比计算。

② 由于新农合数据2018年与2017年口径不一致，不宜进行同比计算。

次，是2017年的6.3倍；医疗费用319.4亿元，是2017年的6.6倍；基金支付188.5亿元，是2017年的6.7倍；日均直接结算3612人次，次均住院费用2.4万元，次均基金支付1.4万元。[①]

2. 城乡居民基本医疗保险筹资标准不断提高

2019年4月，国家医疗保障局、财政部印发的《关于做好2019年城乡居民基本医疗保障工作的通知》（以下简称"医保发〔2019〕30号文"）要求，2019年城乡居民基本医疗保险人均财政补助标准新增30元，达到每人每年不低于520元，个人缴费同步新增30元，达到每人每年250元。此外，该通知还要求，巩固提高政策范围内住院费用报销比例，建立健全居民医保门诊费用统筹及支付机制，把高血压、糖尿病等门诊用药纳入医保报销。

3. 大病保险保障功能不断提升

城乡居民大病保险是对基本医疗保险的补充，对大病患者发生的高额医疗费用给予进一步保障。医保发〔2019〕30号文规定，2019年城乡居民基本医疗保险财政补助人均增加30元，其中的一半用于提高大病保险保障能力，减轻大病患者，特别是困难群众的医疗支付压力。其中，具体措施包括：降低并统一大病保险起付线，原则上按上一年度居民人均可支配收入的50%确定；政策范围内报销比例提高至60%；加大大病保险对贫困人口的倾斜力度，起付线降低50%，支付比例提高5个百分点，全面取消建档立卡贫困人口大病保险封顶线。

二　基本医疗保险制度改革进展

（一）统一的城乡居民医保制度全面启动实施

2018年7月，国家医疗保障局印发的《关于做好2018年城乡居民基本

① 《2018年跨省异地就医直接结算近132万人次》，https://baijiahao.baidu.com/s?id=1623062021325886267&wfr=spider&for=pc。

医疗保险工作的通知》明确，2019 年在全国全面启动实施统一的城乡居民医保制度。

2019 年 4 月，医保发〔2019〕30 号文对全面建立统一的城乡居民医保制度做出安排。目前，我国已有 24 个省份完成城乡居民医保制度整合工作，其余 7 个省份城镇居民医保和新农合仍在并轨运行。针对两项制度尚未完全整合统一的地区，文件明确要求加快整合力度，于 2019 年底前实现两项制度并轨运行向统一的居民医保制度过渡。①

医保发〔2019〕30 号文还规定，在确保覆盖范围、筹资政策、保障待遇、医保目录、定点管理、基金管理“六统一”的基础上，统一经办服务和信息系统，确保统一的城乡居民医保制度全面建立。

（二）生育保险与职工医保合并全面推开

生育保险的待遇给付包括生育津贴和生育医疗费用，生育医疗费用发生在医院，因此，生育保险和职工基本医疗保险在实际操作中有相似之处，两项保险合并实施有利于扩大生育保险覆盖面，提升经办管理效率，增强基金共济能力。

在河北省邯郸等 12 个城市开展职工基本医疗保险和生育保险合并实施试点取得预期效果的基础上，2018 年，第十三届全国人大常委会第七次会议审议通过了国务院的总结报告，明确提出全面推进两项保险合并实施。国家主席习近平签署第二十五号主席令，公布《全国人民代表大会常务委员会关于修改〈中华人民共和国社会保险法〉的决定》，为全面推进合并实施奠定了法律基础。2019 年 3 月下发的《国务院办公厅关于全面推进生育保险和职工基本医疗保险合并实施的意见》明确，两项保险合并实施遵循“保留险种、保障待遇、统一管理、降低成本”的总体思路，其主要措施包括统一参保登记、基金征缴和管理、医疗服务管理以及经办和信息服务等，确

① 《我国将全面建立统一的城乡居民医保制度》，中国政府网，http://www.gov.cn/xinwen/2019-05/13/content_5391190.htm。

保职工生育期间生育保险待遇不变和制度可持续。

通过整合两项保险基金，增强基金统筹共济能力，会更有效地适应人口、经济和社会发展面临的新形势、新变化和新要求。

（三）DRGs 付费国家试点加快推进

在全民医保背景下，医保支出成为医疗服务的主要支付来源，为保障医保基金可持续运行，改革医保支付方式是提高医保支付效率、合理控制医保支出、优化配置医疗资源的必然选择。按疾病诊断相关分组付费（DRGs）是根据疾病类型、病人情况、住院天数等指标将住院病例分为若干诊断相关组，每组统一定额支付的预付式医保支付方式，发达国家的经验表明，这种方式能较为有效控制医疗费用支出。

2017 年 6 月，国务院办公厅印发的《关于进一步深化基本医疗保险支付方式改革的指导意见》提出，国家选择部分地区开展 DRGs 付费试点。2018 年 12 月，国家医保局下发的《关于申报按疾病诊断相关分组付费国家试点的通知》指出，正在研究制定适合我国医疗服务体系和医保管理能力的 DRGs 标准，并在部分城市启动按 DRGs 付费试点。

2019 年 5 月 20 日，国家医疗保障局召开 DRGs 付费国家试点工作启动视频会议，公布了北京、天津、昆明、西宁等 30 个试点城市名单。试点工作按照“顶层设计、模拟运行、实际付费”的思路，分三年有序推进。通过试点实现制定一组标准、完善一系列政策、建立一套规程、培养一支队伍、打造一批样板的“五个一”目标。试点工作的开展，将会提高公立医院自我管理、控制成本的积极性，强化医保标准化、精细化管理，完善对医疗服务的激励和约束机制。

三　基本医疗保险制度发展面临的挑战

（一）人口老龄化加速

我国正在进入快速老龄化时期。目前，全国 60 岁以上人口已达 2.5 亿，患有慢性病的老年人口近1.8亿，失能和部分失能的老年人口超过4000万。[①] 预计到2020年，全国60岁以上老年人口将增加到2.55亿左右，占总人口比重提升到17.8%左右。[②] 2021～2030年，60岁及以上老年人口增长速度将明显加快，到2030年占比将为25%左右，其中80岁及以上高龄老年人口总量不断增加。[③] 因此，用于老年人的社会保障支出将持续增长。

高速老龄化对医保的挑战来自两个方面。一是老年人的医疗需求远高于年轻人，65岁以上老年人口的人均医疗费用是65岁以下人口的3～5倍。[④] 老龄化不仅对医疗服务资源提出了更高要求，也对医保基金的可持续发展产生了严峻挑战。二是在我国现行医保制度下，老年人退休后不缴纳医疗保险费，参保群体年龄结构不断老化，将给医疗保险基金收支平衡带来更大挑战。

老龄化对医保基金的挑战将是长期的、不可避免的，需要积极应对，开源节流并举。一方面，要加快深化医保支付方式改革，控制医疗费用的不合理增长。另一方面，改革过时、不合理的医保缴费政策，制定退休人员逐步缴纳医疗保险费的政策，增加医保基金的收入。否则，随着老龄化的加速发展，医保基金的可持续运行将难以为继。

（二）新业态就业快速增长

随着新技术快速发展和供给侧改革推进，新业态蓬勃发展，在国民经济中的重要性不断提升，相关从业人员规模迅速增长。以共享经济为例，2018年我国共享经济参与提供服务的人数约7500万，平台员工人数约598万，同比增长分别为7.1%和7.5%。2015～2018年，网约出租车客运量占出租车总客运量的比重从9.5%提高到36.3%。据有关分析，未来三年共享经济

① 《国家卫生健康委员会老龄健康司副司长蔡菲：医疗+养老，政策更给力!》，全国老龄办官网，http://www.cncaprc.gov.cn/contents/16/188766.html。

② 《国务院关于印发“十三五”国家老龄事业发展和养老体系建设规划的通知》（国发〔2017〕13号）。

③ 《国务院关于印发国家人口发展规划（2016～2030年）的通知》（国发〔2016〕87号）。

④ 申曙光：《新时期我国社会医疗保险体系的改革与发展》，《社会保障评论》2017年第2期。

整体年均增速将在30%以上。①

新业态就业形式灵活多样，呈现“生产活动非正规化、劳动价值交换平台化、劳动场所非固定化、劳动方式多元化”等非标准就业特征，② 与传统正规就业存在明显差异，不适应根据传统就业方式设计的职工基本医疗保险制度。有关调查显示，新业态就业人员社会保险参保率较低，参加职工基本医疗保险的仅占6%，参加城乡居民基本医疗保险的占35.7%。③ 除了主观上参保意识不强外，现有职工基本医疗保险制度在筹资机制等方面的设计不适应新业态从业人员的实际状况是重要的客观因素。此外，在未对参保人员就业状况和收入合理甄别的情况下，城乡居民基本医疗保险与职工基本医疗保险的缴费和待遇倒挂问题也是重要原因，高比例的财政补助诱导新业态从业人员更倾向于参加城乡居民基本医疗保险。

党的十九大报告提出要全面实施全民参保计划。目前，实现新业态就业人员的应保尽保是推进全民参保的重点和难点工作。因此，要根据人力资源市场的新形势和新特点，科学统筹改革目前的城乡居民基本医疗保险和职工基本医疗保险的筹资办法和经办管理，使新就业人员愿意参加并且能够方便参加职工基本医疗保险，有效推进全民参保。

四　基本医疗保险制度改革趋势

（一）进一步推进制度统筹协调

目前，我国基本医疗保险制度仍然存在三个方面的不协调问题。第一，统一的城乡居民基本医疗保险制度普遍建立后，仍然存在医疗保障的不公

① 国家信息中心发布：《中国共享经济发展年度报告（2019）》，http：//www.sic.gov.cn/News/557/9904.htm。

② 关博：《加快完善适应新就业形态的用工和社保制度》，《宏观经济管理》2019年第4期。

③ 谭中和：《非正规就业人员基本医疗保险应保尽保问题的几点思考》，《中国医疗保险》2018年第1期。

平、不统一问题。统一后的城乡居民基本医疗保险，在同一统筹区域内的定点管理、筹资政策、医保目录和保障待遇等基本一致，一定程度上弥合了城乡医疗保障差距，提升了制度的公平性。但是，往往存在“分档筹资，缴费与待遇挂钩”等问题，造成实质保障不公平。[①] 另外，城乡居民医保本身存在地区分割，统筹层次比较低，绝大多数是县级统筹。[②] 第二，职工医保制度也存在不统筹问题，职工基本医疗保险基本为市级或县级统筹。[③] 第三，城乡居民和职工基本医疗保险制度之间差异较大，尤其是筹资机制不同、医保目录不同和保障待遇不同，使制度分割明显。

以上制度内外的诸多不统筹是地区、城乡发展不平衡和历史原因造成的，现在已经成为实现全民参保和健康公平的现实障碍。统筹层次低和实际的地区分割、人群分割、制度分割，不利于互助共济分散风险，不利于制度的长期健康可持续发展，不利于人口流动。城乡居民基本医疗保险“筹资和待遇倒挂”对职工基本医疗保险参保率产生冲击，不利于实现人员全覆盖。[④] 总之，随着城市化的发展，以及老龄化的加快，基本医疗保险制度的财务可持续将成为一个必须解决的问题。

在目前形势下，应充分利用国家医疗保障局成立的契机，加快整合资源和统筹规划，推动全国基本医疗保险制度的优化协调发展。一方面，要推进制度内部统筹，巩固提升统筹层次，规范统一制度政策。另一方面，在整合城乡居民基本医疗保险制度的基础上，需要调整城乡居民和职工两个基本医疗保险制度的参保条件、筹资方式和保障待遇，并依靠信息技术等手段区分收入情况，促使就业人群参加职工基本医疗保险，无收入人群参加城乡居民基本医疗保险，从而使两个制度分别发挥各自作用，促进公平参保、应保尽保，减轻财政负担，有效推动制度可持续发展。在此基础上，逐步形成全民

① 仇雨临、王昭茜：《全民医保与健康中国：基础、纽带和导向》，《西北大学学报》（哲学社会科学版）2018 年第 48 卷第 3 期。

② 乌日图：《积极稳妥提高医保基金统筹层次》，《中国医疗保险》2019 年第 3 期。

③ 乌日图：《积极稳妥提高医保基金统筹层次》，《中国医疗保险》2019 年第 3 期。

④ 赵斌、尹纪成：《我国城乡居民医保筹资机制的完善思考——基于“三险合一”改革和结构性变革的探讨》，《中国医疗保险》2017 年第 6 期。

统一的基本医疗保险制度，实现《“健康中国2030”规划纲要》所提出的“逐步缩小城乡、地区、人群间基本健康服务和健康水平的差异，实现全民健康覆盖，促进社会公平”的目标。

（二）逐步消减个人账户

现行的职工基本医疗保险制度是统筹基金加个人账户模式。制度建立之初设立个人账户主要有三个方面的目的。一是吸引人们积极参保，保障新制度的顺利推进。二是约束人们的医疗消费，减少浪费。三是为大病和年老储备医疗资金。① 实践证明，除了保障新旧制度平稳转换，个人账户基本未能达成其设计初衷。随着人们对医疗卫生和医保制度规律认识的深化，个人账户面临理论和现实的双重挑战。个人账户的存在不符合社会保障互助共济的基本原则，不利于风险分摊；增加单位和个人负担的同时，也降低了医保基金的使用效率，影响医保制度保障目标的实现。城乡居民基本医疗保险仿照职工基本医疗保险建立的个人（家庭）账户，同样存在以上问题。

基本医疗保险制度建设进入集约发展阶段后，改革医保个人账户势在必行。2019年4月，国家医疗保障局、财政部印发的医保发〔2019〕30号文要求取消个人（家庭）账户，“实行个人（家庭）账户的，应于2020年底前取消，向门诊统筹平稳过渡；已取消个人（家庭）账户的，不得恢复或变相设置”。因此，城乡居民基本医疗保险的个人账户问题将会较快解决。

下一步，应采取措施改革消减职工基本医疗保险个人账户。职工基本医疗保险个人账户建立时间较长，有的地方为提升个人账户效率，根据当地情况采取了购买商业保险或建立家庭账户等不同的处理办法。确定消减个人账户的目标后，需充分统筹考虑各地情况，逐步消减个人账户，优化个人和单

---

① 王超群、李珍：《中国医疗保险个人账户的制度性缺陷与改革路径》，《华中农业大学学报》（社会科学版）2019年第2期。何文炯：《论我国医疗保障之高质量发展》，《中国医疗保险》2019年第3期。

位的医保缴费责任分担机制,[①] 实现医保制度的互助共济，促进医保基金财务可持续发展。

（三）以信息化推动医保高质量发展

大数据、“互联网 +” 医药服务的快速发展，为医保信息化建设提供了数据和技术支撑。医保在扩面、经办、支付、监管方面的改革发展、提升质量，也必须充分利用信息技术手段。

第一，利用大数据推进全民参保。《中共中央关于制定国民经济和社会发展第十三个五年规划的建议》要求“实施全民参保计划，基本实现法定人员全覆盖”。充分利用参保人员信息登记库，排查重复参保和漏保等情况，有助于有效推动医保扩面，实现应保尽保。进一步加强与银行、税务等部门共享数据库，摸清人员收入情况，优化城乡居民和职工两个医保制度的功能定位，为医保政策的改革调整提供数据支撑，为全民参保搭建制度基础。第二，提升医保运行效率，助力医保改革科学化。充分利用先进的信息技术，推进医保缴费、查询、结算便捷化；开展医保诊疗信息历史数据的挖掘分析，运用大数据聚类、决策树等算法，为按病种付费、DRGs 等支付方式的改革探索提供数据支持。[②] 第三，利用信息化手段对诊疗服务加强监管。通过人工智能技术开展智能监控和异常数据分析，有效预防和打击各类违法、违规行为，保障医保基金安全。

今后，要加快建设医保大数据平台，并在完整性和准确性方面提升数据质量，推动各部门数据共享和信息资源整合，更好地利用信息技术为医保高质量发展服务。

---

① 郑功成:《加快完善全民医保制度》,《中国党政干部论坛》2018 年第 10 期。

② 景玺、秦靖沂:《大数据在医保管理中的应用与发展方向》,《中国医疗保险》2018 年第 7 期。

人力资源服务业篇

Human Resource Services

B.19

我国人力资源服务市场发展状况分析

田永坡　王晓辉 *

摘　要： 本文主要依据近年来人力资源服务业统计数据①撰写，从服务规模、业态发展、从业人员数量、开展的重大活动等方面，总结了我国人力资源服务市场发展状况；结合新时代的环境变化，分析了我国人力资源服务市场的发展特点与前景。

关键词： 人力资源　业态　流动人口结构

* 田永坡，博士，中国人事科学研究院人力资源市场研究室主任，研究员；王晓辉，博士，中国人事科学研究院人力资源市场研究室助理研究员。

① 除特别说明外，本文所使用的人力资源服务业的统计数据均来自人社部历年公布的人力资源市场统计报告。

一　人力资源服务规模

（一）营业收入

2018 年人力资源服务行业全年营业总收入 1.77 万亿元，比 2016 年增长 50%，连续 3 年年增长率超过 20%，人力资源服务业已经成为支撑经济发展的新动能。与此同时，人力资源服务业发展质量进一步提升，近三年从业人员的人均营业收入均保持较高增长，2018 年从业人员人均营业收入为 275 万元，比 2016 年增长 28.50%。

表 1　2016～2018 年人力资源服务业营业收入

	2016 年	2017 年	2018 年	2018 年比 2016 年增长(%)
总营业收入(万亿元)	1.18	1.44	1.77	50.00
人均营业收入(万元)	214	247	275	28.50

（二）人力资源服务机构规模

到 2018 年底，全国县级以上公共就业服务机构和人才服务机构、各类人力资源服务企业约 3.57 万家，比 2016 年增长 33.71%；各类人力资源市场网站 1.33 万个，各类人力资源服务机构共设立固定招聘（交流）场所 3.19 万个，分别比 2016 年增长 13.68% 和 51.90%。

从服务机构构成类别上看，2016～2018 年经营性人力资源服务机构数量快速增加，公共人力资源服务机构却有所减少：2018 年经营性人力资源服务机构首次突破 3 万家（30523 家），比 2016 年增加 9090 家，增长 42.41%；公共人力资源服务机构 5180 家，比 2016 年减少 82 家，减少 1.56%。这说明我国推进人力资源配置市场化效果显著，特别是 2018 年《人力资源市场暂行条例》实施以来，进一步放宽人力资源服务机构准入条件，推动了经营性人力资源服务机构数量较快增长。

表 2　2016～2018 年人力资源服务机构规模

	2016 年	2017 年	2018 年	2018 年比 2016 年增长(%)
各类人力服务机构总量(万家)	2. 67	3. 02	3. 57	33. 71
公共人力服务机构(家)	5262	5259	5180	－1. 56
经营人力服务机构(家)	21433	24903	30523	42. 41
人力资源市场网站总数(万个)	1. 17	1. 20	1. 33	13. 68
固定招聘(交流)场所(万个)	2. 10	2. 10	3. 19	51. 90

二　人力资源服务业态发展

人力资源服务各主要业态呈现如下特点：网络招聘保持高速发展；现场招聘会、人力资源外包服务、档案管理服务持续稳步增长；劳务派遣业务量保持基本稳定；高级人才寻访服务、人力资源管理咨询服务和人力资源培训等需求依然增长较快。

（一）招聘服务

从现场招聘会举办情况看，2018 年各类人力资源服务机构举办现场招聘会（交流会）23. 48 万场次，提供岗位招聘信息 1. 14 亿条，分别比 2016 年增长 17. 40% 和 12. 87%。

从网络招聘情况来看，各类人力资源服务机构通过网络发布岗位招聘信息 3. 60 亿条、求职信息 7. 29 亿条，分别比 2016 年增长 26. 32% 和 23. 14%。

相对而言，现场招聘增长较慢，而网络招聘增速较快，这说明网络招聘近年来更受市场青睐。

表 3　2016～2018 年人力资源市场招聘服务情况

	2016 年	2017 年	2018 年	2018 年比 2016 年增长(%)
现场招聘会(万场次)	20	22. 30	23. 48	17. 40
现场招聘会提供岗位招聘信息(亿条)	1. 01	1. 04	1. 14	12. 87
通过网络发布岗位招聘信息(亿条)	2. 85	3. 08	3. 60	26. 32
通过网络发布求职信息(亿条)	5. 92	6. 27	7. 29	23. 14

（二）劳务派遣服务与人力资源外包服务

近年来，劳务派遣与人力资源外包服务市场需求总量保持稳步增长。但受多种因素影响，二者的业务份额却在逐步发生变化：劳务派遣基本保持稳定，人力资源外包服务持续增长。

2018 年全国各类人力资源服务机构为 81.2 万家用人单位提供了人力资源外包服务，比 2016 年增加 27.2 万家，增长 50.37%。

表 4　2016～2018 年劳务派遣服务与人力资源外包服务情况

	2016 年	2017 年	2018 年	2018 年比 2016 年增长(%)
机构的劳务派遣服务(万家)	28.20	28.30	—	—
总的派遣人员(万人)	876	893	—	—
机构的人力资源外包服务(万家)	54	58	81.20	50.37

（三）档案管理服务

自 2014 年收费制度改革以来，随着管理服务规范程度逐步提高、人力资源流动配置能力不断增强，档案管理服务呈持续增长态势。

2018 年依托档案管理，人力资源服务机构为 4895 万人次提供开具证明、调整工资、查阅档案等服务，服务人次比 2016 年增长 10.45%；管理流动人员人事档案 8492 万份，比 2016 年增长 10.06%。

表 5　2016～2018 年人力资源的档案管理服务情况

	2016 年	2017 年	2018 年	2018 年比 2016 年增长(%)
依托档案提供的相关服务(万人次)	4432	4646	4895	10.45
人员人事档案(万份)	7716	8084	8492	10.06

（四）人力资源猎头、培训等服务

经济高质量发展对高素质人才需求快速增加，人力资源服务业态进一步优化。2018 年各类人力资源服务机构成功推荐选聘各类高级人才 168 万人，为 329 万家用人单位提供了人力资源管理咨询，举办培训班 37 万次，分别比 2016 年增长 43.67%、44.83%、32.14%。

表 6　人力资源猎头培训等服务

	2016 年	2017 年	2018 年	2018 年比 2016 年增长(%)
猎头服务(成功推荐)(万人)	116	130	168	43.67
人力资源管理咨询服务(万家)	229	258	329	44.83
举办培训班(万次)	28	32	37	32.14

三　从业人员状况

近年来，随着人力资源服务的高速发展，从业人员同步增加。2018 年，人力资源服务业从业人员约为 64.14 万人，比 2017 年增长 9.83%。

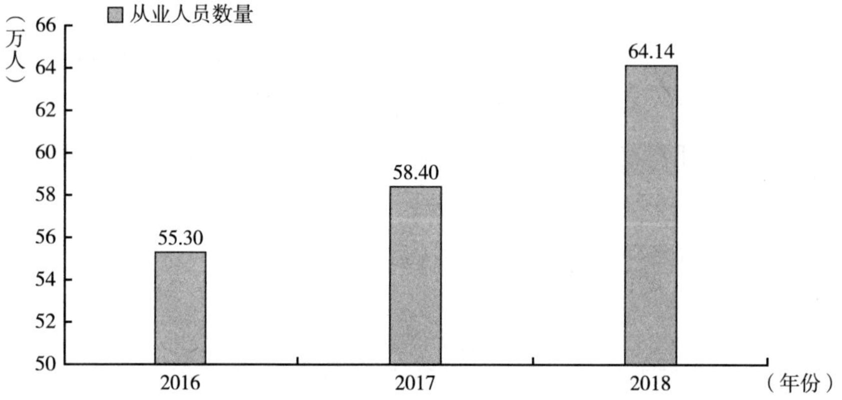

图 1　2016～2018 年全国人力资源服务业的从业人员情况

四　人力资源流动配置能力

随着人力资源市场体系的逐步完善，市场配置资源的决定性作用凸显，人力资源流动配置服务业务量增长较快。2018 年各类人力资源服务机构共为 3669 万家次用人单位提供了人力资源配置服务，比 2016 年增长 30.11%；共帮助 2.28 亿人次实现就业和流动，比 2016 年增长 28.81%。

表 7　2016～2018 年人力资源流动配置能力

	2016 年	2017 年	2018 年	2018 年比 2016 年增长(%)
用人单位提供了服务(万家次)	2820	3190	3669	30.11
实现就业和流动(亿人次)	1.77	2.03	2.28	28.81

五　人力资源服务重大活动与发展新举措

2018 年各级政府、高等院校、研究机构、协会、人力资源服务机构等各类主体举办了一系列研讨会、大赛和展览活动，探讨交流人力资源服务业发展的理论与政策、服务体系建设、服务产品创新、互联网技术应用等议题。

（一）全国人力资源市场建设工作座谈会

全国人力资源市场建设工作座谈会，于 2018 年 5 月 23～24 日在河南郑州召开。会议总结交流了党的十八大以来人力资源市场建设的工作经验，研究部署了人力资源市场建设的重点工作。会议对更好发挥市场服务大局作用、健全完善人力资源市场体系、加快发展人力资源服务业、促进高校毕业生在基层就业创业和成长成才、建立健全人才流动配置机制、加强调配工作科学化规范化建设，提出了明确要求。

（二）人力资源服务理论与实践经验研讨会

2018 年政府、大学、人力资源服务相关机构合作开展了一系列相关理论与实践经验交流活动，其中，如下会议较有代表性。

“2018 中国人力资源服务战略发展大会”。会议由多家行业协会和相关研究机构共同主办，主题为“新起点、新高度，中国人力资源服务业回望与前瞻”。来自政府人社部门、人力资源服务行业组织、人力资源服务机构、相关研究机构的1000余位专业人士，围绕“贯彻落实《人力资源市场暂行条例》，推进人力资源服务业健康有序发展”“社保新征管体制下，人力资源服务业的挑战和机遇”“加强行业协会的合作，促进人力资源服务产业发展”等问题，进行了深入探讨。

“第三届中国人力资源服务业博士后学术交流会”。会议由全国博管办①和人社部人力资源市场司共同主办，中国人民大学劳动人事学院承办，主题为“人力资本服务：新时代、新增长、新动能”。来自政府、科研院所、人力资源服务机构和相关研究领域的代表100余人参加会议，围绕人力资本服务与人力资源服务业的发展等理论与实践问题做了深入研讨。会议评选出的10篇优秀论文均做了大会宣讲交流。

“第五届中国人力资源服务业创新大会”。会议由中国对外服务工作行业协会，北京、上海和江苏省人力资源服务行业协会等主办，主题是“产品是王道”。人社部市场司领导、国内外人力资源服务供应商高级管理人员、人力资源服务产业园主要负责人、相关专家等1200余人参加了此次会议。与会代表围绕人力资源产品的创新设计、商业模式构建、组织策略实施等热门话题，以独特的视角、丰富的实践经验与战果，探讨新时代人力资源服务业的创新发展之路。

（三）人力资源服务创新创业大赛

中国人事科学研究院和宁波市人民政府联合主办的“2018年中国（宁波）人力资源服务创新创业大赛决赛”以“人力资本·创新共享·协同发展”为主题，从来自近20个城市的400余个项目参赛中评选出的20个决赛项目进行了最后对决。大赛推进人力资源创新项目与资本对接融合的产业发展平台作用进一步加强，20个决赛项目全部获得投融资机构的投资合作意

① 全称为“全国博士后管理委员会办公室”。

向，投资金额 8150 万元，比 2017 年增长 8.5%。其中，薪太软、保准牛、在华外国人才网成为最高投资项目，意向投资金额达 1500 万元。

（四）人力资源服务技术与产品展览会

“2018 年亚太人力资源开发与服务博览会”是国家外国专家局和深圳市人民政府共同主办的第十六届中国国际人才交流大会的重要组成部分。博览会期间，举办了第十四届中国人力资源服务业高峰论坛，共有 250 余家单位 550 多人与会，主题为“培育人才资本服务新增长，建设产业协同发展新体系——阔步走进中国人力资源服务新时代”。论坛上，还举行了第四届亚太人力资源服务奖评选和表彰仪式。博览会设置了 100 多个展台和展板，吸引了来自全国各地的 83 家人力资源服务机构、产业园参展。两天时间，3700 多人次到场参展、交流。

“2018 中国（浙江）人力资源服务博览会”由浙江省人力资源和社会保障厅主办，浙江省人力资源服务协会、杭州市人力资源和社会保障局、江干区人民政府共同承办，以“连接、跨界、融合”为主题，集中组织和定向邀约了千家知名企业、民营巨鲸等组织的主要负责人、高管参会观展。本次博览会现场观展人数达 2 万余人，论坛直播观看人数超过 100 万人次，达成合作意向 5800 余项。

“2018HRoot 中国人力资源服务展”分别于不同月份在北京、上海、广州、深圳、成都等地举办，每个地方开展时间为一天。五地参展的人力资源服务供应商超过 400 家，参会的人力资源总监、企业中高层管理者、人力资源经理、人力资源服务采购者等超过 3 万人。本届展会采取现场展示、产品发布、演讲、研讨会等多种形式，为人力资源服务新技术、新产品展示以及品牌建设、最佳实践经验交流、发现商机等提供了很好的载体。

六　人力资源服务市场发展展望

新时代人力资源服务市场环境发生了很多变化。一是社会主要矛盾转变。二是经济进入高质量发展阶段给人力资源服务提出更高要求。三是技术进步对工作形态产生较大影响。比如，以大数据、云计算、移动互联网等为代表的信息技术蓬勃发展并与经济社会发展深度融合，平台经济、分享经济发展等对就业产生深远影响。国家信息中心发布的《中国共享经济发展年度报告（2019）》的数据显示，2018 年参与中国分享经济领域的服务提供者约为 7500 万人，同比增长 7.1%。四是当前乡村振兴战略进一步实施，精准扶贫攻坚战步入关键决胜期，艰苦边远地区和基层一线人才匮乏，为人力资源服务业提供了广阔空间。

未来人力资源服务市场发展将呈现如下特点。第一，适应社会主要矛盾的变化，扩大和创新人力资源服务供给，将是人力资源服务市场发展最重要的任务。第二，更好为经济高质量发展服务，提供更有效和更有针对性的精细化服务，将是人力资源服务提供者必须重视的课题。第三，新一代信息技术，会更为深入地影响人力资源服务产品设计和服务模式。第四，新时代人力资源市场发展将更加规范有序，人力资源服务行业全年营收即将跨入 2 万亿元。《关于加快人力资源服务业的意见》、《“互联网 + 人社”2020 行动计划》、《人力资源服务业发展行动计划》的进一步落实，《人力资源市场暂行条例》的深入实施，为规范灵活有序的人力资源服务市场建设提供更有效的法律保障。第五，人力资源服务业将在促进落后地区发展、引导人才向艰苦边远地区流动、更好配合打好精准扶贫攻坚战等方面发挥更大作用。

参考文献

王克良：《中国人力资源服务业发展报告（2014）》，中国人事出版社，2014。

余兴安：《中国人力资源发展报告（2016）》，社会科学文献出版社，2016。

余兴安：《中国人力资源发展报告（2015）》，社会科学文献出版社，2015。

余兴安：《中国人力资源发展报告（2014）》，社会科学文献出版社，2014。

吴江：《中国人力资源发展报告（2013）》，社会科学文献出版社，2013。

张成刚：《就业发展的未来趋势，新就业形态的概念及影响分析》，《中国人力资源开发》2016 年第 19 期。

《全国人力资源流动管理工作座谈会召开》，http：//www. mohrss. gov. cn/SYrlzyhshbzb/dongtaixinwen/buneiyaowen/201905/t20190516_ 317897. html。

《2018 中国人力资源服务战略发展大会在京成功举办》，http：//www. rky. org. cn/html/1549/194/2539. html。

《2019（第五届）中国人力资源服务业创新大会盛大举办》，http：//www. sohu. com/a/279602900_ 99903261。

《2018 中国（宁波）人力资源服务创新创业大赛举办》，http：//www. people. com. cn/n1/2018/1112/c32306 - 30395363. html。

《2018 亚太人力资源服务博览会　开启人力资源服务业新时代》，http：//www. hbrl. cn/qihaixinwen/2018 - 04 - 27/6126. html。

《缔造全新人力服务方式！2018 中国（浙江）人力资源服务博览会在江干启幕》，http：//www. sohu. com/a/271326530_ 673741。

《第三届中国人力资源服务业博士后学术交流会在重庆举办》，http：//www. mohrss. gov. cn/SYrlzyhshbzb/dongtaixinwen/buneiyaowen/201812/t20181217_ 307209. html。

《往届回顾_ 2019HRoot 中国人力资源服务展》，http：//expo. hroot. com/Review. htm。

B.20
人力资源培训服务发展趋势与对策

葛　婧*

摘　要：　近年来，我国人力资源培训服务的供给数量稳步增加，质量稳步提升。在市场需求、政策供应和科技手段的影响下，我国的培训服务供给将呈现市场竞争加剧、地区交流更频繁和国际交流更开放并行、专业化程度提升和细分领域涌现并存、智能化引领供给转型、与其他产业共生发展等趋势。但是，我国培训服务供给质量有待提高，培训市场主体发育尚不成熟，政府要通过加强政策支持和评估监管等方式推动行业企业转型升级，培训机构则要重视员工队伍建设，及时追踪政策变化和行业发展信息，强化科技赋能，不断提升专业化水平。

关键词：　培训服务　人力资源　培训市场

本文所言人力资源培训服务（以下简称“培训服务”）包括实践中所有产生价值的培训活动，其内涵大于人力资源服务业中的人力资源培训服务业态，①

---

*　葛婧，博士，人力资源和社会保障部教育培训中心副研究员，主要研究方向为培训开发、人力资源和社会保障。

①　人力资源服务业中的人力资源培训服务业态特指企业为开发员工潜能提升工作绩效而为员工提供的培训，参见《中国人力资源服务业发展报告》编委会编著，孙建立主编《中国人力资源服务业发展报告（2018）》，中国人事出版社，2018，第54页。本文关注的人力资源培训服务既涵盖面向企业员工进行的培训开发，同时还包括向公务员群体、农村转移劳动力、大学生，以及退休人员等各类社会人群开展的培训服务。

小于教育培训产业。[1] 从供给方看，培训服务供给主体包括行使培训职能和具有培训资质的各类组织和从业者。

改革开放以来，随着经济结构调整和社会转型，我国各类培训机构逐渐发展起来。在40年的发展过程中，市场需求、相关政策支持和科技手段应用共同推动形成了我国培训服务供给的结构形态，并将在相当程度上影响培训供给的未来发展。

一　培训服务的发展现状

（一）培训服务供给数量和供给质量稳步发展

根据人力资源和社会保障部（以下简称“人社部”）的统计,[2] 截至2018年底，全国共有各类人力资源服务机构3.57万家，从业人员64.14万人，全年行业总营收1.77万亿元，同比增长22.9%，共帮助2.28亿人次实现就业择业和流动，同比增长12.3%，为3669万家用人单位提供了服务，同比增长15%。[3] 相对于劳动者和用人单位等服务对象的数量增长，人力资源服务业的营业收入增速更可观，这表明整个人力资源服务业（包括细分的人力资源培训服务业态）的产业附加值逐渐提升。

另据人社部统计，2018年全年开展高层次专业技术人才培训、急需紧缺人才培养培训和岗位培训，以及各类职业培训共计1761.9万人次。[4] 教育部的统计显示，2018年，全国职业技术学校资格证书和岗位证书结业生

---

① 从培训对象上来看，教育培训产业包括面向全部年龄段人口的培训业态，本文的人力资源培训服务则不包括婴幼儿和K12这两个年龄段人口的培训服务。

② 《2018年度人力资源和社会保障事业发展统计公报，来看亮点》，https：//mp.weixin.qq.com/s/JGKiOKk9RwwHESLdHj5qAQ。

③ 《全国人力资源流动管理工作座谈会召开》，http：//www.mohrss.gov.cn/SYrlzyhshbzb/dongtaixinwen/buneiyaowen/201905/t20190516_ 317897.html。

④ 人力资源和社会保障部：《2018年度人力资源和社会保障事业发展统计公报》，2019。其中，培训高层次专业技术人才2.1万人次，急需紧缺人才培养培训和岗位培训108.8万人次，各类职业培训1651万人次。

合计 1376.7 万人次。[①] 仅就上述两个部门的统计数据可以看出，2018 年我国有关人群的职业类培训和岗位类培训人次数量非常可观。

（二）政策红利助推培训服务不断升级

2018 年下半年以来，我国出台了一系列促进并规范培训服务发展的政策，启动了一系列重要的行动和计划，这主要体现在以下几个重要领域。

1. 人力资源服务领域

2018 年 10 月，《人力资源市场暂行条例》（以下简称《条例》）正式实施。《条例》旨在强化政府培育人力资源市场的职责，进一步提升公共人力资源服务水平，大力发展经营性人力资源服务，做好人力资源市场信息监测发布工作，积极推动人力资源自由有序流动和优化配置。《条例》的实施对于促进人力资源自由有序流动、推动人力资源服务业发展、更好服务就业创业和高质量发展，具有重要意义。

2019 年 1 月，人社部印发《关于充分发挥市场作用促进人才顺畅有序流动的意见》（以下简称《意见》）。针对人才流动配置机制不健全、市场决定性作用发挥不充分、体制机制性弊端有待破除、服务体系不完善、流动秩序不规范等问题，《意见》提出了十六条政策措施，强调发挥市场作用促进人才顺畅有序流动要坚持五条原则：一是坚持党管人才，二是坚持服务发展，三是坚持市场主导，四是坚持政府促进，五是坚持规范有序。此外，

① 有关数据由教育部2018 年教育统计数据中的“职业技术培训机构基本情况”计算而来，参见 http://www.moe.gov.cn/s78/A03/moe_560/jytjsj_2018/qg/201908/t20190812_394288.html。根据教育部的往年统计，我国各级各类非学历教育包括高等教育和中等教育，其中，中等教育包含中等职业学校和职业技术培训机构教育，因此教育部对资格证书培训，以及岗位证书培训数量的统计口径包括高等教育、中等职业学校和职业技术培训机构。但是，2018 年的教育部相关统计数据中未包含高等教育、中等职业学校资格证书培训和岗位证书培训的统计数据，因此本研究只介绍了 2018 年度全国职业技术学校资格证书和岗位证书结业生情况。另，根据我国各级各类非学历教育 2017 年的数据，资格证书培训和岗位证书培训的结业人数加上注册人数共计 4589.1 万人。有关数据根据教育部网站“2017 年教育统计数据”中“2017 年全国各级各类非学历教育学生情况”计算而来，参见 http://www.moe.gov.cn/s78/A03/moe_560/jytjsj_2017/qg/201808/t20180808_344697.html。

《意见》明确要求：进一步健全人力资源市场体系，加快发展人力资源服务业，积极培育各类专业社会组织和人力资源服务机构，有序承接政府转移的人才培养、评价、流动、激励等职能。

上述政策法规强调了市场机制在培训服务供给中的主导性作用，明确了政府培育培训供给市场的职责，并为培训机构的专业化发展明确了方向。

2. 职业教育培训领域

2019 年 2 月，国务院下发《关于印发国家职业教育改革实施方案的通知》，提出要完善职业教育和培训体系，优化学校、专业布局，深化办学体制改革和育人机制改革，明确了以促进就业和适应产业发展需求为导向的改革目标和要求。通知确立了完善学历教育与培训并重的现代职业教育体系、启动“1 + X”证书制度试点工作、开展高质量职业培训、打造高水平实训基地、推动企业和社会力量举办高质量职业教育、做优职业教育培训评价组织、建立健全职业教育质量评价和督导评估制度等具体举措，明确了我国职业教育和培训改革的具体方向和内容。

2019 年 5 月，国务院办公厅印发《职业技能提升行动方案（2019 ~ 2021 年)》(以下简称《方案》)。《方案》明确，2019 ~ 2021 年，国家用 1000 亿元失业保险基金结余实施职业技能提升行动，三年共开展各类补贴性职业技能培训 5000 万人次以上，到 2021 年底，技能劳动者占就业人员总量的比例要达到 25% 以上，高技能人才占技能劳动者的比例要达到 30% 以上等。《方案》指出，要坚持需求导向，面向职工、就业重点群体、建档立卡贫困劳动力等城乡各类劳动者，大规模开展职业技能培训，加快建设知识型、技能型、创新型劳动者大军。

上述两个文件厘清了市场和政府在发展职业培训中的角色和作用，大大强化了政府资金支持职业培训的力度，同时加强了对政府资金使用安全的监管。

3. 干部教育培训领域

2018 年 11 月，陈希同志在全国干部教育培训工作会议上强调，因材施教、有的放矢，是提高干部教育培训质量的重要途径。要建立以需求为导向的培训机制，适应新时代的需要，科学确立干部教育培训新内容，探索干部教育培训新形式，使教育培训的数量、质量与事业发展、干部履职尽责和健康成长的需要相适应。要着力在高质量的教育培训中造就一支高素质专业化的干部队伍，为实现“两个一百年”奋斗目标、实现中华民族伟大复兴的中国梦提供有力保证。2019 年 1 月，陈希同志在全国组织部长会议上强调，要从教育培训上促使干部善于担当，把斗争精神、斗争本领作为教育培训的重要内容等。

上述讲话精神对我国干部教育培训工作的创新发展和专业化建设提出了明确要求。

4. 民办教育领域

2018 年 8 月，《中华人民共和国民办教育促进法实施条例（修订草案）（送审稿）》完成。送审稿主要修订内容包括加强民办学校党的建设、增加和明确扶持政策、规范培训教育机构以及审慎放开民办学校融资等。将原条例中的“其他文化教育的民办学校”界定为“培训教育机构”，对于实施艺术、体育等有助于素质提升、个性发展的教育教学活动的培训教育机构和面向成人开展培训的机构，可以不经许可，直接申请法人登记。支持和鼓励民办培训机构建立行业组织加强行业自律。① 2018 年底，全国人大常委会审议通过修改后的《民办教育促进法》，将“经政府批准的职业技能鉴定机构”改为“经备案的职业技能鉴定机构”，从而将各地已经取消行政审批、改为备案的实践在立法中明确与肯定。

上述两项立法调整强化了对民办培训教育机构的政治引导，落实了国务院“放管服”改革精神，加大了政策扶持力度，明确了民办培训教育机构规范化、专业化的发展方向。

二　培训服务的发展趋势

在巨大的市场需求、不断出台的各项政策和高速发展的科学技术等力量的推动下，我国的培训服务面临重要发展机遇并呈现如下发展趋势。

① 《民办教育促进法实施条例（修订草案）（送审稿）》公开征求意见!》（全文），https：//mp. weixin. qq. com/s/GFjxjozroOf4F7Fecoom1w。

（一）市场竞争加剧

近年来，一方面，政策创新（尤其是财税、培训补贴等政策）推动培训服务发展，化解了部分培训主体和受训者积极性主动性不足的问题；另一方面，不断加强对培训机构的运营监管，提升培训机构内部管理以及规范化、专业化运营方面的主体责任，强化了各类培训机构的市场主体地位。在市场机制决定作用越来越凸显的背景下，整个培训领域的竞争必然不断加强，小微型、无品牌积淀的机构将被持续挤压，大型品牌机构更加完善，并逐渐形成积极正向循环。国内外、体制内外的优质供给主体竞争加剧，培训供给的市场集中度也会适度提高。

（二）区域交流更频繁，国际交流更开放

随着我国全面开放新格局的构建，培训领域各类信息、资源以及培训产品和商业模式的流动速度越来越快，国内区域之间、国际培训交流更频繁，也更加开放。东部的京津冀、长三角、广州深圳等地区已经形成我国培训供给的高地。中西部的武汉、西安、重庆等地在培训供给方面的竞争优势也逐渐显现。随着粤港澳大湾区的建设发展，这里将成为培训供给国际交流的又一个重要舞台。国际上有影响力、流通性强的培训项目更快速、便捷地对接国内市场，越来越多的国际培训师通过培训服务中介机构进入中国。与此同时，我国体制内外各类培训机构加速学习和追赶国际一流培训产品和服务，少数领军行业、企业培训机构在细分领域已经引领国际培训标准制定，更多培训机构通过“一带一路”等国家倡议加速“走出去”步伐，在世界各地布局。

（三）专业化程度提升，更多细分领域涌现

随着经济转型升级和消费升级，培训供给的专业化程度不断提高，一些不适合市场需求的培训项目逐渐式微，淡出人们的视线，比如面向电话销售员、照相业者、手表修理者等职业或岗位的培训；一些传统的、进入门槛较高的培训项目在改革中稳健发展或转型升级，比如厨师培训、机械类培训；

另外不少面向新职业、新岗位的细分培训领域不断涌现，比如新媒体、品牌营销、民宿、网红等培训服务领域。以家政服务行业为例，在市场、政策、技术和资本多重因素的推动下，家政服务业发展较快，已扩展到20多个门类200多种服务项目，[①] 除了抚育婴儿、陪护老人、照护病患等传统的家庭服务，涌现出家庭理财、家庭保健、家庭饮食、家庭教育、服装穿着等新兴业态和相关岗位。随着人们消费升级，在整理收纳这一细分培训领域，培训供给已从一线大城市进入二、三线城市乃至县乡一级，培训内容日益丰富。同时，国内高端培训服务正不断与国际一流的培训课程接轨。

（四）智能化引领供给转型

作为第四次工业革命和全球化4.0的突出特征，智能化对培训供给转型的引领主要体现在两个层面。第一，智能化作为一种重要的科技力量，不断推动产业形态的变迁和传统就业、职业结构的变化，从而淘汰部分旧的业态和职业，催生大量与（人工智能相关的）新职业新岗位相适应的岗位培训或转岗培训。比如，2019年，人社部发布的13个新职业[②]的主体职业都是以人工智能技术引领的新职业，包括人工智能工程技术人员、物联网工程技术人员等，新职业的诞生意味着（人工智能）相关培训市场的应运而生。第二，智能化作为一种工具，被越来越广泛地运用到培训行业中，包括培训产品的设计、培训人群的锚定、培训宣传、培训实施和培训评估等全流程，持续推动培训产品供给的定制化、个性化转型，使培训供给内容乃至提供方式的个性化重塑变得轻松而有效，从而在培训针对性、有效性，乃至成本上越来越超越传统的培训、教育行业。

（五）培训和其他产业共生发展

体制内外各类领军培训机构日益重视培训职能的发挥、业务的拓展、科

---

① 莫荣主编《中国家政服务业发展报告》，中国劳动社会保障出版社，2018。

② 人力资源社会保障部办公厅、市场监管总局办公厅、统计局办公室：《关于发布人工智能工程技术人员等职业信息的通知》（人社厅发〔2019〕48号）。

技手段的运用以及专业化程度的提升。培训、教育行业与各类产业以及各产业内头部机构跨界、交流、链接的活动会更紧密，领军机构的合作将推动行业集中度、优胜劣汰速度的提升。伴随着竞争加剧和逐渐提升的行业集中度，培训服务呈现和其他产业形态共生发展态势：在以培训为主营业务的人力资源服务机构中，培训服务和其他行业业态①相互融合、彼此滋养、相互促进；在其他行业企业中，培训业态从最初只面向组织内部提供服务，拓展到面向社会提供培训服务，以及面向国内外进行相关标准的输出，成为组织开展行业赋能的重要依托。②

三　促进培训服务发展的对策

（一）问题分析

1. 培训供给质量有待提高

尽管经历 40 年的孕育和发展，我国培训服务供给还存在质量不高以及区（地）域乃至各细分领域供给不充分不平衡等问题。这些问题短期内难以解决，尤其是供给的结构性矛盾突出，很多培训产品都存在供给和需求脱节、有效性和针对性较弱等问题，具体表现在如下几个方面。

培训内容缺乏针对性，没有体现部门和行业，或者岗位、职位差别，缺乏个性化设计。比如，不少岗位培训的内容设计仅局限于技能，缺乏对岗位素养、职业道德的设计，很多技能培训缺乏工匠精神引导。而岗位素养、职业道德水平提升对整个社会的诚信、和谐有重要影响。

培训方式方法单一，不能很好地把握成人培训的特点和规律，培训过程

① 除人力资源培训服务，人力资源服务业其他主要业态还包括高级人才寻访（猎头）服务、人才测评服务、人力资源外包服务、人力资源管理咨询服务、人才派遣服务等。参见《中国人力资源服务业发展报告》编委会编著，孙建立主编《中国人力资源服务业发展报告（2018）》，中国人事出版社，2018，第 9 页。

② 葛婧：《我国培训领域的现实问题及政策建议》，《中国人事科学》2019 年第 5 期。

灌输多互动少、说教多启发少、理论多实践少，不能有效体现成人培训中“学员主体”的本质特点。比如，党性教育培训还存在培训方式简单化、庸俗化的问题，没有揭示仪式或故事之后深层次的思想和真理，入脑入心不够，在党性教育培训从体制内走向社会和市场的过程中，党性教育培训的严肃性和深刻性亟待提升。

高端培训产品较少。很多细分领域的培训产品属于低层次运作，尚不能满足人们对高质量培训产品的需求。比如，职业技能培训大多属于中低端，不能满足人力资源市场的需求，[①] 面向新一代信息技术、智能制造、人工智能、大数据、云计算等领域的高端培训实施资源还比较稀缺。这样的培训供给能力无法适应我国深化供给侧结构性改革的形势和要求，也无法满足整个市场巨大的培训需求。

2. 市场主体发育尚不成熟

总的来看，我国各类培训机构作为市场主体的作用发挥还不充分，专业化程度低。具体表现在如下方面。

研发力量薄弱，产品缺乏核心竞争力。很多机构在师资队伍、教材、教学方法等方面的投入相对较少，产品打造依然处于低层次的复制和模仿，这造成培训产品的附加值较低，培训机构缺乏核心竞争力。

规范化、流程化、标准化程度不高。培训服务各细分领域的头部机构市场占有率还比较低，大多数培训机构规模较小，在研发、宣传、实施、评估和后续服务等各环节的规范化、流程化、标准化等方面的水平较低。

究其原因，很重要的一点在于，我国在实现快速经济增长时，尚未形成培训机构人才储备方面的优势。一是从经营管理人才队伍来看，除领军机构之外，很多培训机构的领导人或领导层对培训市场和成人培训规律的认识不足，研究不够，现代化经营管理能力较弱，法律意识淡薄，造成市场开拓的抓手不够，培训运营的水平较低。二是从专业人才队伍来看，尤其是那些业

① 《1000 亿元，怎么花？——访中国人事科学研究院研究员庞诗》，《中国劳动保障报》，http：//www. chinajob. gov. cn/h5/c/2019 – 04 – 16/103013. shtml。

态变动较快，新职业、新岗位不断涌现的行业，市场上有相关专业背景的师资、研发人才总体储备有限，无法满足行业培训需要。

（二）对策建议

1. 加强政策支持与政府监管

要继续深化“放管服”改革，厘清政府与市场、社会的界限，破除影响人力资源流动的各种体制机制性障碍，通过加强政策支持与监管推进培训市场的发育与培训机构的专业化建设。

（1）加大对各类重点群体的培训投入

各类重点群体既包括公务员、企业领导人员、事业单位领导人员、专业技术人员、年轻干部、基层干部等人群，也包括企业职工、重点就业群体和建档立卡贫困劳动力等人群。尤其是面向后面三类重点人群开展的职业技能提升培训，以及面向部分劳动力供给缺口较大、供给结构性矛盾突出的行业人员（比如，家政服务行业从业者）开展的各类职业培训，是解决我国培训服务供给地区发展不平衡、产业发展不平衡等的重要举措。

（2）强化政策落实力度，切实提高各类培训机构的供给积极性

切实破除培训补贴中的户籍、地域等限制性条件，落实中央对各类重点群体的培训投入；加强信息化建设，切实提高政府公共服务的便捷性、可及性和有效性；鼓励各地建立干部教育培训准入制度，加速干部教育培训供给领域的公平竞争；等等。

（3）加强对财政资金使用效果的评估和监督，切实提高使用效益，保障资金安全

各级政府和各相关部门要建立健全培训评估和监督制度体系，敦促培训机构不断提升培训针对性实用性，推动优秀的培训机构做优做强，加强行业专业化建设。

2. 加快培训机构专业化建设

（1）重视员工队伍建设

加快培训机构专业化建设的重要途径是培训者先接受培训。各类培训机

构要建立健全各类员工的培训开发制度，根据不同岗位对员工进行相关的岗位能力培训和职业技能提升培训，同时，员工培训要和部门（岗位）设置、职业发展通道设计、薪酬福利制度构建衔接。

（2）追踪政策变化和行业发展信息

一是及时学习和掌握相关法律法规、政策、标准等，确保培训供给的合规化和规范化运作。二是最大限度地发挥各级政策利好效应，把握行业产品、技术、标准的动态发展，整合资源促进自身发展。

（3）以研发为主导，加快科技赋能，打造培训产品核心竞争力

一是在培训需求上，重视调研，以科学的需求调研引领培训产品的打造。二是在培训方式上，充分关注受训群体的人口特征、消费习惯等，选择合适的方式方法。三是要紧密围绕国家、地方经济转型和产业结构调整，学习借鉴国际一流培训标准，推动培训供给向价值链的中高端转型升级。四是要加强与产业、企业、科研机构合作，面向不同人群打造分类的精品培训课程，加快向产业、行业的赋能。五是要加速产品开发与人工智能、大数据、云计算、互联网等科技手段的融合，将科技作为重要手段引入培训开发、管理和服务全流程，全面提高培训效率和专业化水平。

在区域性、全球性人才竞争日益加剧，国内外培训交流日益频繁的今天，我国各类培训机构唯有不断创新，才能在日趋激烈的市场竞争中获得发展，其基本路径是：遵循市场规律，立足培训需求，聚焦培训效果，以产品研发为引领，以科技为支撑，引导员工以工匠精神、专业态度打磨每一个培训产品，走专业化道路。

B.21

2018年人力资源服务企业经营状况调查分析

林　彤*

摘　要： 本文依据中国对外服务工作行业协会（外服协会）对所属会员单位2018年度经营情况调查统计问卷的结果，在从总体情况、各主要业态细分情况等角度总结2018年度人力资源服务企业经营状况的基础上，对当前与人力资源服务行业发展密切相关的一些问题进行了分析探讨。

关键词： 外服协会　行业统计　人力资源服务业

相对而言，2018年，人力资源服务行业面临的形势较为严峻，经济下行压力使人力资源服务机构的业务增长面临较大挑战。社保征收机制改革带来的政策不确定性也对人力资源服务机构的传统业务——人事社保代理产生了较大影响。近年来，人力资源服务行业一直处在调整和转型过程中。2018年，人力资源服务机构加快业务转型步伐，新政策环境下的薪酬财税服务成为2018年人力资源服务业的发展热点。

2018年，外服协会会员单位面对挑战，稳中求变，变中求新。在现有业务规模保持稳定的情况下，以市场需求为导向，积极向人力资源服务的新领域拓展。反映会员单位经营情况的各项经济指标均实现正向增长，会员单

* 林彤，中国对外服务工作行业协会研究室主任，国际商务师，研究方向为人力资源服务业。

位经营情况的整体表现优于预期。

新形势下，行业主管部门如何制定政策，保持人力资源服务业的稳定发展；人力资源服务机构如何实现转型，都是本文思考的问题。

一 总体情况

2019 年是外服协会成立 30 周年。目前，协会在全国拥有 160 家会员单位，涵盖了除青海、宁夏和西藏之外的全部省（区、市）。会员单位以外企服务、外事服务、劳动服务等人力资源服务机构为主体。为适应新形势发展，近年来，除了传统的人力资源外包服务企业以外，一批 HR 技术、HR SAAS、HR 财务类的新型人力资源服务企业也纳入会员发展范围。

作为每年度的一项重要工作，自 1999 年起，协会每年都在全体会员单位之中进行经营情况调查统计工作。与政府行业主管部门每年开展的统计内容不同，此项工作除了关注每个会员单位的总体经营状态以外，更重要的是了解人力资源服务各主要业态的发展走势。据此，从业务实践的角度，为会员单位的经营活动提供参考或决策依据。

2019 年 3 月 1 日至 4 月 30 日，中国对外服务工作行业协会针对 2018 年度协会所属会员单位的整体经营情况进行了数据统计。此项工作得到会员单位的大力支持，共有 108 家会员单位提交了翔实的统计报表，其中副会长以上单位 11 家、常务理事单位 29 家、理事单位及新会员单位 68 家，参与率为 70.5%。考虑到部分会员单位并未单独参加调查统计，而是由上级单位集合统报的实际情况，本次调查统计工作基本涵盖会员单位的主体，比较客观地呈现了会员单位在业务经营活动中的共性问题以及不同业态的变化走势。

参加调查统计的会员单位实现营业总收入 48153508.32 万元（含代收代付 42335690.75 万元）。营业净收入同比平均增长 16.56%；实现利润 245365.77 万元，同比平均增长 13.61%；总服务客户 252306 家；服务各类员工总人数为 13064213 人；参加统计的会员单位内部员工总数为 62060 人，在全国各地共有1510家分支机构。

参加统计的会员单位中有26家会员单位出现利润同比降低甚至亏损情况。

二 主要业态经营情况

2018年，参加调查统计的会员单位开展的业务主要有以下几类：人事社保代理服务、招聘［猎头与招聘流程外包（RPO）］、劳务派遣、外包、人力资源咨询服务、培训服务、人才测评服务、对外劳务合作、薪酬财税服务以及弹性福利业务。还有部分会员单位开展了境内外商务咨询、外籍人服务、生活服务等其他业务。

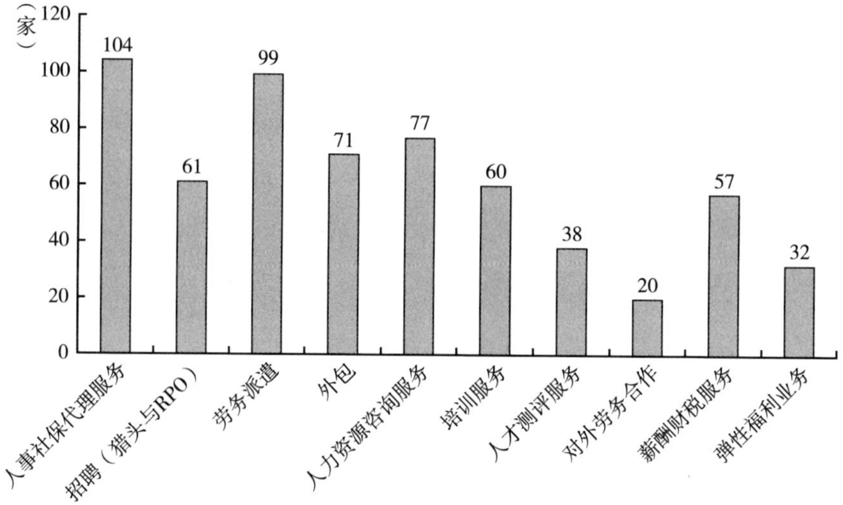

图1 2018年开展各类业务的会员单位数量

（一）人事社保代理服务

2018年，参加调查统计的会员单位为9909719名员工提供了人事社保代理服务，服务人数同比平均增长10.8%。

2018 年，受到社保征收机制改革带来的政策不确定性预期的影响，会员单位的传统业务——人事社保代理在总体保持平稳的同时，增长幅度进一步下降。

表 1　2016～2018 年社保代理业务的增长率变化情况

单位：家，%

年份	人事社保代理人数下降的会员单位数量	人事社保代理服务人数平均增长率
2016	15	17.79
2017	13	12.84
2018	17	10.80

当前，各地人社部门对人力资源服务机构是否可以开展社保代理服务的相关政策尺度不一。有些省份允许人力资源服务机构开展社保代理服务，有些省份则相反，更多的省份是默许开展这项业务。近日，北京市出台了一条新政策，新企业登记社保参保可网上通办，通过跨部门信息共享，北京市企业及员工参保登记实现“全程网上办”，社保经办机构也不再收取相关纸介材料，全面取消纸介社会保险缴费协议，改为网上办理参保登记时同步签订电子协议。这条政策的实施将进一步压缩人力资源服务机构社保代理业务的操作空间。

在政策预期不确定以及社保代理业务增值空间有限的情况下，一些会员单位采取措施，主动“瘦身”。通过减少“大库”参保员工存量以及业务转型等方式降低人事社保代理业务所占比重，转而拓展增值空间更大的薪酬财税外包服务。

（二）招聘

2018 年，参加调查统计的会员单位通过猎头与 RPO 等招聘服务，实现成功上岗的员工人数为 156578 人，同比平均增长 17.86%。

目前，人力资源服务机构提供的招聘业务可分为高端人才寻访（猎头）

和招聘流程外包（Recruitment Process Outsourcing，RPO）两类。二者的业务模式基本相似，但在目标人群上略有区别。猎头服务主要是指猎头顾问应客户要求，寻找相对高端的经营管理人才或专业技术人才，这项工作要求猎头顾问必须非常熟悉中高端人才所处的专业领域，这样才能高效和有针对性地搜寻人才；而RPO服务主要是指招聘顾问应客户要求，寻找相对中低端的各类人才。在很多情况下，RPO服务所涉及的是人员流动较快的岗位，人员招聘也具有项目化、批量化的特点。

多年来，招聘业务对于那些以人力资源外包服务为主营业务的人力资源服务机构来讲，一直是相对薄弱的业务板块，很重要的原因在于招聘服务在业务规模以及可形成长期、持续性收入方面的不稳定性。

近年来，招聘服务市场非常活跃，一方面是由于经济的发展和产业结构的调整，人才流动加快，更重要的原因在于劳动力市场供需两端的结构性矛盾。作为最能实现人岗匹配职能的产品，当前，招聘业务在人力资源服务产品链条当中发挥的重要作用越来越得到会员单位的重视。值得注意的是，目前，在A股和港股上市的两家国内人力资源服务机构均以招聘服务为主要业务板块，这也表明了资本市场对人力资源服务核心功能的定位。在业务实践中，招聘业务是多项人力资源服务的龙头，招聘能力的表现对劳务派遣、外包等灵活用工业务的开展至关重要。2018年，一些会员单位恢复或新建了招聘团队，开展招聘业务的会员单位数量连续三年实现增长。

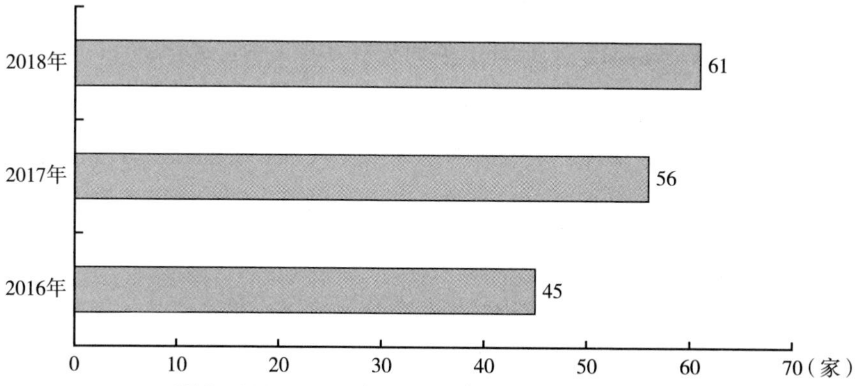

图2　2016～2018年开展招聘业务的会员单位数量

（三）劳务派遣

2018 年，参加调查统计的会员单位向用工单位提供派遣员工的总数为 750117 人，同比平均增长 0.85%。

受到 2014 年 3 月实施的《劳务派遣暂行规定》的影响，在政策窗口期内，自 2015 年开始，会员单位劳务派遣员工人数的平均增长率连续三年是负数，但变化幅度总体趋于平稳。2018 年，会员单位劳务派遣员工人数的平均增长率实现正向转变。数据显示，一些会员单位的劳务派遣业务无论是员工数量还是收入规模均有了较大程度的增加。

从全球职介行业的营业情况来看，劳务派遣是满足客户各类灵活用工需求最有效的解决方案。2017 年，劳务派遣收入仍然是世界各国职介服务行业的主要收入。据统计，全球民间职介行业的营业收入是 4570 亿欧元，其中，大部分收入还是来源于劳务派遣，超过 3700 亿欧元。[①] 从国内人力资源服务市场来看，2018 年，全国各类人力资源服务机构共有派遣人员 1078 万人，同比增长 20.78%。

上述趋势表明，当前，劳务派遣正在从此前基于绕过编制限制或降低人工成本为主因的用工方式向以客户需求为导向、构建各类专业人才蓄水池、满足客户各类灵活用工需求的市场化用工方式转变。

（四）外包

2018 年，参加调查统计的会员单位中共有 71 家开展了不同类型的外包业务，在岗人员 1784412 人，同比平均增长 19.36%；外包业务实现收入 3225872.81 万元，同比平均增长 38.11%。

在外包业务方面，经历了劳务派遣用工受政策影响被动转型外包的红利期后，会员单位在外包业务方面的增长率逐渐放缓，但总体仍保持平稳。相对劳务派遣业务而言，外包业务对流程管理提出了更高的要求。可以预见，专业化和精细化将是会员单位外包业务未来的发展之路。

---

① World Employment Confederation（世界就业联盟）：《2018 年度经济报告》。

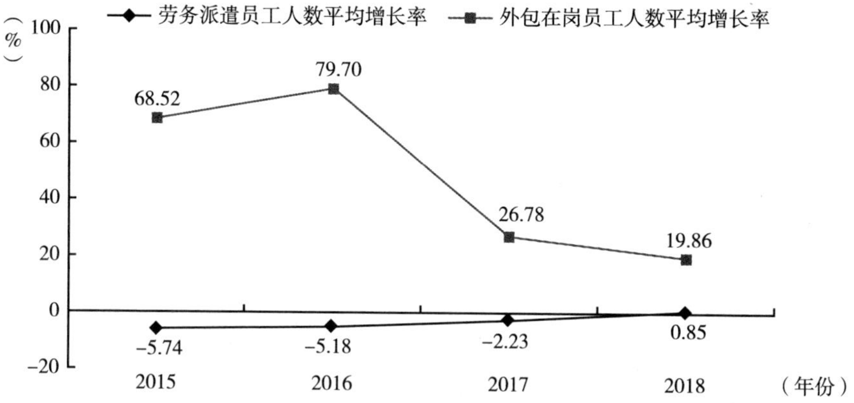

图3　会员单位劳务派遣人员、外包业务在岗人员平均增长率

（五）薪酬财税服务和弹性福利业务

2018年，参加调查统计的会员单位中共有57家开展了薪酬财税类外包业务，实现营业收入33143万元，同比平均增长34.9%。

2018年，参加调查统计的会员单位中共有32家会员单位开展了弹性福利业务，实现营业收入34308万元，同比平均增长21.4%。

作为人力资源服务业的重要细分领域，近年来，薪酬与福利外包细分市场增长较快，成为行业发展的重要增长极。薪酬财税外包服务是指客户将员工薪酬数据收集、薪酬计算、薪酬报表生成、报税以及其他合规性工作进行外包，从而降低薪酬处理的整体工作成本，提高薪酬处理的安全性、及时性、准确性。2018年，社保征收机制改革和新修订的个人所得税法的实施都为人力资源服务机构拓展薪酬财税服务提供了内在动力。

弹性福利业务是指客户将员工的福利保障计划外包给其他企业进行管理。完善的员工福利计划，是企业吸引并留住人才的重要手段。对员工而言，拥有周到全面的福利保障规划，可让自己全心工作、享受生活。人力资源服务机构开展弹性福利业务的重要基础是拥有大量的基础客户，即使用各种人力资源服务的员工个体。依靠互联网技术、平台化商业模式和批量的客户群体，人力资源服务机构可以以优惠的价格购买获得相应的福利产品。

与传统业务相比，上述新业务增值空间更大，受政策变化影响也较小。数据显示，会员单位在上述业务领域均有较高的增长率。当然，上述业务的开展对会员单位具有相关技能的专业人才队伍建设也提出了更高要求。

（六）其他

2018 年，参加调查统计的会员单位共提供人力资源咨询服务 7018 次；举办各类培训 1921 场；为 46892 名各类人员提供了测评服务；对外输出劳务人员 21859 人。

与前述各类人力资源服务相比，咨询、培训、测评类服务形成业务收入的能力低、业务规模有限，更多的是起到对人力资源服务机构主营业务的支撑和配套作用。对外劳务合作业务要求人力资源服务机构必须具备开展相关业务的资质（资质的审批机关不是各地的人社部门，而是各地的商委）。由于近年来国内出国劳务人员工资要求的不断提高，人力资源服务机构对外劳务合作业务的规模不断下降，输出人员的类型结构也从初级体力劳动者向中级技术类人员转变。

三　关于人力资源服务业发展的建议与思考

（一）梳理和优化有关“社会保险代理服务”的政策规定，让“社会保险代理服务”这一成熟的服务模式更好地服务于企业和劳动者个人

社保代理服务是指人力资源服务机构按照国家有关政策法规要求，接受单位或个人委托，在其服务项目范围内，为个人或单位缴纳养老保险、生育保险、医疗保险、失业保险及工伤保险等社会保险费用。

人力资源服务机构大规模开展社保代理业务始于 2000 年前后。近年来，随着一些企业经营规模扩大，走向跨区域发展，业务覆盖城市逐渐增多，企业更加需要专业化的社会保险服务。对于企业来讲，选择人力资源服务机构社保代理服务的原因除了提高工作效率、压缩企业内部人事管理部门的人员

成本以外，更重要的是，各地有关社保政策方面的规定不尽相同、社保缴纳计算复杂，且经常变更，企业处理这些方面的工作费时费力。因此，企业需要专业的社会保险服务机构处理各地参保、员工手续和理赔等问题，以保障其社保管理服务的依法合规。

多年以来，社保代理业务在促进人才合理流动、依法保护劳动者（特别是中小型企业以及灵活就业人员）社保权益以及保障社保资金稳定收缴方面发挥了积极的作用，社保代理业务已经成为人力资源服务行业运行多年的一个成熟产品。与此同时，社保代理服务也一直是人力资源机构的最重要业务。综合外服协会历年来开展的会员单位经营状况调查统计，人事社保代理业务的经营收入占到了会员单位整体收入的70%以上。

在社保征收机制改革以后，社会保险将统一由税务部门征收。当前，各地对社会保险代理服务的政策不尽相同，有的地方出台政策可以代理社保服务，有的地方则不允许开展社保代理服务。而在实际业务操作过程中，会员单位反映最多的问题是，人力资源服务机构和其代理社保服务的员工之间并不是真正的劳动关系，但是，人力资源服务机构在社保部门办理相关社保理赔手续时，被要求必须提供与企业之间的代理服务协议以及人力资源服务机构与代理服务员工之间的“劳动合同”，因而出现了人力资源服务机构理赔困难的情况。为了解决这一问题，一些地区的人力资源服务机构不得不临时编制一份“劳动合同”，这样的做法虽然有时能够得到默许，但只是一种无奈的变通行为，亟待行业主管部门统一制定相关的政策予以规范。

鉴于社保代理业务的形成与发展现状，建议有关部门，从实际出发，梳理有关“社会保险代理服务”的实践与政策发展，审慎制定有关措施，建立并完善相关联系协同机制，为人力资源服务机构开展社保代理业务提供对接与联系的渠道，使这项服务得以持续有序发展，更好地服务于企业和劳动者个人。

（二）为客户“赋能”将成为人力资源服务机构转型与发展的路径

自1979年到2019年，经历了四十年的发展，我国人力资源服务业逐步形成了当前以人事社保代理服务一业为主，劳务派遣、招聘、外包、咨询等多业态并存的业务格局。从人力资源服务的演变过程来看，为客户提供与人事管理相关的事务型服务是人力资源服务机构的核心职能，特别是人事社保代理服务，其主要的工作内容可以描述为为员工办理各种手续。

党的十九大报告指出，要“着力加快建设实体经济、科技创新、现代金融、人力资源协同发展的产业体系”，要“在中高端消费、创新引领、绿色低碳、共享经济、现代供应链、人力资本服务等领域培育新增长点、形成新动能”。从人力资源向人力资本转变既对人力资源服务从业者提出了更高的要求，也为人力资源服务机构的发展和转型指明了方向。

所谓人力资本，是指凝聚在包括企业管理人员、技术人员在内的全体员工身上的知识、技能及其所表现出来的能力。对于企业发展来讲，这种能力是生产增长的主要因素，如同其他资本一样，具有经济价值。从个体角度看，人力资本指个人所拥有的具有经济价值的知识、技能、能力和健康等因素之和。随着劳动力市场的结构特点以及人们就业观念的转变，在新时代通过人力资源管理，最大限度地提升或优化企业的人力资本价值，已成为企业经营者十分关注的问题。

当前乃至今后，人力资源服务要突破以往事务型服务的思维模式，从事务型服务过渡到资源型服务，最终发展到价值型服务。围绕人力资本，为企业创造价值，赋能客户，成为与客户一同创造价值的伙伴角色，将是未来人力资源服务机构实现转型和发展的重要路径。

人力资源服务机构如何为客户赋能？笔者认为，通过直观描述，可以理解为人力资源服务机构围绕企业客户在人才的“选、聘、用、育、留、再安置”全流程管理方面的要求或深耕于其中的某个环节，打造服务产品，提供专业服务。通过让人的才能在生产经营中发挥作用，提高劳动生产率，实现更大的利润，在这个过程中将人力资源转换为人力资本，进而实现提高或优化企业人力资本价值的战略目标。

他山之石，可以攻玉。环顾全球职介行业的发展状况，近年来，以劳务派遣为代表的灵活用工已经成为各国职介服务机构最重要、最稳定的业务。

很多发达国家的职介服务机构从企业员工的选拔、招聘、录用、在岗培训、调配、转职服务等全流程环节介入客户企业的经营管理中，帮助企业建设合理、高效的员工队伍。一些国家的职介机构每年都留用、储备相当规模的培训基金，用于帮助员工提高自身的技能。近年来，我国苏州工业园区的一些人力资源服务机构已经因循这样的发展路径，取得了良好的经济效益。

人力资源服务的转型之路不可能一蹴而就，需要经历一段较长的时期。转型过程也不会一帆风顺，它考验着人力资源服务机构经营管理者的决心、勇气和能力，更重要的是对人力资源服务从业者的知识水平、业务技能和理论修养提出了更高要求。但是，这条路又必须走下去，因为，在优化营商环境、去中介化以及信息交换高度发达的大环境下，人力资源服务业必须依靠过硬的技能才能实现可持续性和高质量发展。

Abstract

The research period of the Report covers the second half of 2018 and the first half of 2019. Some of the important systems and measures were studied since the 19th CPC National Congress. The Report collects the latest research results of more than 20 experts and scholars in the field of human resources, presenting the overall development of human resources in the past year, and analyzing the challenges and tasks in the coming period. The Report consists of one general report and six specialized chapters. The general report systematically reviews the basic situation of human resources, as well as the progress of work related to talents, personnel system reform in public sector, employment and entrepreneurship, income distribution, social security, labor relations, human resource services industry, and other aspects in China since 2018. It also puts forward the challenges and tasks for human resources at present and in the near future. The six chapters include current situation of human resources, work related to talents, personnel management in the public sector, employment, entrepreneurship and labor relations, social security, and human resources services. By summarizing the basic situation, problems faced and future trend, these chapters comb and summarize the new measures, new features, and new development in certain field.

The chapter Current Situation of Human Resources mainly introduces the basic situation of human resources in China, the development of Chinese sci-tech talents and health-care talents, as well as the scientific literacy and skills of urban workers in the new era. The chapter Work Related to Talents mainly analyzes trends and characteristics of regional work related to talents in China, the reform and trend of talent evaluation system, and the development of professional qualification system. The chapter Personnel Management in the Public Sector focuses on the progress and future prospects of civil servant management reform and personnel system reform in public institutions, and the characteristics and trends of personnel system reform in state-owned enterprises. The chapter Employment, Entrepreneurship and Labor Relations mainly sorts out the employment situation, labor relations governance and the development of employment integration between urban and rural areas in China in 2018. The chapter Social Security mainly summarizes the general situation of social insurance in 2018 and the implementation and reform progress of basic pension schemes, occupational injury insurance and basic medical insurance system in China. The chapter Human Resource Services represents the current development of China's human resources service industry, the trend of human resources training services and the operation of human resources service enterprises.

Contents

Ⅰ General Report

Abstract: In 2018, the 40th anniversary of reform and opening up, great achievements have been made in human resources in China. Specifically, the overall quantity of human resources remained stable; the urbanization rate and the percentage of registered permanent urban residents are steadily rising; job opportunities have increased significantly; the talent development mechanism has been continuously deepened; the personnel system reform in public sector has been constantly improved; the employment and entrepreneurship sector has presented a stable performance with good momentum of growth; the urban and rural employment structure has been continuously refined; the tertiary industry has created the most job opportunities; wage distribution tends to be more reasonable; the social security system becomes fairer and more efficient; and the labor relations are more harmonious and stable. The report presents the new trends, new measures and new requirements for the development of China's human resources in 2018 in terms of basic situation of human resources, progress of work related to talents, personnel system reform in public sector, employment and entrepreneurship, income distribution, social security, labor relations, human resource services industry, etc. It also puts forward new challenges and requirements for human resources at present and in the near future.

Keywords: Human Resources; Work Related to Talents; Employment and Entrepreneurship; Social Security

Ⅱ Current Situation of Human Resources

Abstract: As China's economic and social development enters a new era, its population quality and urbanization have been enhanced significantly, and the human resources in China have maintained a positive momentum for growth. Other achievements include remarkable results in talent team construction, constantly rising talents on education, technology and health and continuously increasing overseas returnees. With the steady economic and social development in the new era, human resources show an overall trend of accelerating population aging, a continuous decrease of the working-age population and substantial improvement of human resource quality. Measures for effectively addressing changes in human resources include moderately extending career development channels and cycles, vigorously developing high-level talent teams, and focusing on improving the vocational education and training system.

Keywords: Human Resources; Vocational Education; Talent Team Construction

Abstract: With the continuous increase of Chinese sci-tech talents in recent years, China has ranked top one in the world in the overall quantity of human resources in science and technology and of R&D talents. Despite gradual optimization of the structure of sci-tech talents, significant improvement in personnel quality, increasingly prominent position of enterprises as the main body of innovation, and gradual improvement in the innovative ability and international influence of science and technology talents, the problem of unbalanced talent distribution across different regions still exists. In response to recent changes in the international environment and new requirements of scientific and technological development, we should formulate a prospective, complete and long-term plan and a scientific deployment for science and technology talent team construction. Only in doing so can we provide strong manpower and intellectual support for the construction of a country powerful in science and technology and competent personnel.

Keywords: Sci-Tech Talents; Development Status; Personnel Quality

B. 4 Analysis on Health-care Talent Development of China

Abstract: This paper reviews the basic situation of Chinese health-care talent team and the construction of health-care talent management system and mechanism in 2018, and analyzes the overall progress of health-care talent team construction since 2013. It then summarizes the main achievements and existing problems of the current health talent team development.

Keywords: Health-care Talent; Team Construction; Health Institution

B. 5 Analysis on Scientific Literacy and Skills of Urban Workers

Abstract: Improving the scientific literacy and skills of workers is a prerequisite for improving the development quality and building a moderately prosperous society in all respects. This paper reviews the basic situation of urban workers' scientific literacy and skills, the major measures for improving their scientific literacy and skills, as well as the new situation they are facing. On this basis, it analyzes the basic trend of improving urban workers' scientific literacy and skill level, namely, emphasizing more on high-quality employment and full employment, becoming more oriented to career development, sticking more to joint participation of various functional departments, paying more attention to institutionalization and platform construction, and enriching the content and form of scientific literacy and skills improvement.

Keywords: Urban Workers; Scientific Literacy; Skills Improvement

Ⅲ Work Related to Talents

Abstract: In recent years, regional governments have implemented the decisions of the central government to continuously deepen the reform of the talents management mechanism based on respective actual situations. Specific measures include innovating the management mechanism for recruiting and introducing talents, promoting the reform of vocational education, deepening the reform of professional titles and qualifications, delegating the autonomy in scientific research management to lower levels, implementing more open talent policies, accelerating talent service upgrading, strengthening the security for talents' settlements, and promoting legislation for talents development. Through these measures, regional talent work has reached a higher level in promoting high-quality economic and social development.

Keywords: Regional Talent Work; Management Mechanism; Reform and Innovation

B.7 Reform and Development Trend of Talent Evaluation System in China

Sun Yiping / 113

Abstract: The talent evaluation system is an important part of the talent development system and mechanism. *Opinions on Promoting the Reform of Talent Evaluation System by Classification* issued in 2018 has provided general planning for the talent evaluation system reform. Over the past year, China has made outstanding achievements in various areas of the talent evaluation system reform, namely, continuous improvement of evaluation criteria, multivariate innovation of evaluation methods, gradual perfection of the socialized evaluation mechanism, mutual recognition and innovation of regional talent evaluation systems, and gradual deepening of talent evaluation reforms in key areas, which have laid a good foundation for the deepening of the reform.

Keywords: Talent Evaluation; Evaluation System; Talent Evaluation Criteria

B.8 Reform and Development Trend of China's Professional Qualification System (2018 –2019)

Xie Jing / 124

Abstract: The reform of professional qualification system for 2018 –2019 has been implemented in a steady manner. Specific measures include improving some national professional qualification systems, upgrading the skill standards of some professions, smoothing the vocational development channels for engineering and technical talents, promoting the mutual recognition process of professional qualification, and implementing the preferential policy for professional qualification in remote areas. However, additional measures should be taken in order to address the tasks and requirements of the new situations such as emerging employment patterns and professions, deepened poverty alleviation and the reform of vocational education, together with the continuous reforms to streamline administration, delegate powers, and improve regulation and services. These measures include further improving the mechanism for dynamic adjustment of professional qualification catalog, improving the socialized certification of professional qualification, helping establish the national qualification framework, and promoting international mutual recognition of professional qualification.

Keywords: Professional Qualification System; Profession; Skill

Ⅳ Personnel Management in the Public Sector

Abstract: The goal of "training a contingent of competent and professional officials" was put forward at the 19th National Congress of the Communist Party of China. New explorations have been made in civil servants management in the new era, including strengthening the contingent's political and quality construction, implementing the reform of parallel positions and ranks, and improving the examination, appraisal and reward systems. The enforcement of the new *Civil Servant Law* will provide a more powerful and effective guarantee for training a contingent of competent and professional officials, strengthening the Party's governing capacity, and promoting the modernization of the country's governance system and governance capacity.

Keywords: Civil Servant Management; New Civil Servant Law; Contingent Training

Abstract: In the context of institutional reform, the personnel system reform in public institutions has been continuously deepened. Specific measures are as follows. The government enacted the personnel rewarding regulations for public institutions; the pilot work for management staff promotion in public institutions below the county level has started; the rules for handling appeal cases have been released; the talent evaluation system has been further optimized; employment by contract, employers' autonomy in employing staff and the staff rewarding policy have been further implemented; the educational training, the reform of professional title system, and the leadership selection and appointment have been pushed forward in a steady manner. The paper discusses the prospects of the personnel system reform in public institutions, and expects that the reforms in institutional system construction, scientific classified personnel evaluation, personnel incentives inclining to key posts, and the implementation of employers' autonomy in employing staff will be further deepened.

Keywords: Institutional Reform; Rewarding Regulations; Staff Promotion; Reform on Professional Title Classification

Abstract: In 2018, the 40th anniversary of reform and opening up, state-owned enterprises actively implemented pilot reforms according to the requirements of "1 +N" documents of the central government. As a breakthrough of the reform of state-owned enterprises, the mixed-ownership reform has been rapidly rolled out in an all-round way. Sate-owned enterprises should carry out mixed-ownership reform, and their personnel system should also be reformed. The paper discusses related measures of the personnel system reform in state-owned enterprises among various pilot reforms.

Keywords: State-owned Enterprises; Personnel System; Analysis on the Reform

V Employment, Entrepreneurship and Labor Relations

Abstract: In 2018, China's employment maintained a general stable trend, and its employment structure was further optimized. Specific measures include continuously pushing forward the work on employment, strengthening macro-control and policy support, firmly promoting employment of key groups, actively promoting entrepreneurship, continuously advancing public employment services, and implementing poverty alleviation through employment in a steady manner. According to the employment situation, we will expect in the near future unchanged great pressure on aggregate employment, prominent structural problems, constantly emerging employment patterns, obvious employment substitution effect, and increasing uncertainty of the international economic and trade situation. Therefore, it is to necessary strengthen works better in unemployment risk prevention.

Keywords: Aggregate Employment; Employment Structure; New Employment Patterns; Public Employment Services

Abstract: The employment integration between urban and rural areas is an embodiment of the spirit of the 19th National Congress of the CPC in the employment area. At present, China is witnessing year-on-year growth of urban employment, orderly development of rural labor resources, increasing assistance for vocational training, constant improvement of public employment platform service at the grass-roots level, and steady implementation of employment integration between urban and rural areas. However, there still exist some problems, including the marginalization of farmers' employment, difficulty in implementing skill training policies, and barriers of traditional institutions and social concepts and customs. In response, we should establish a labor statistics system with Chinese characteristics which considers both urban and rural features, build a training system and mechanism for lifelong education, integrate public employment service resources at all levels, balance the interests of urban and rural workers, and promote integration between urban and rural areas.

Keywords: Urban and Rural Employment; Integration Development; Skill Training; Moderate Engagement

B. 14 Analysis on the Governance of Labor Relations of China in 2018

Xiao Pengyan / 203

Abstract: China's labor relations remained stable generally in 2018. The signing rate of labor contracts reached over 90% . Despite increasing labor and personnel disputes and increasing workers involved in those disputes, the number of cases concluded, the rate of successful conciliation and cases subject to the final award were also on the rise. The labor supervision work has undergone steadily, and the work of protecting rural migrant workers' rights and interests maintained a positive trend. Local regions have also made significant progress in the governance of labor relations. In addition to steadily pushing forward labor relations management, China should pay more attention to the new features and trends of labor relations and effectively respond to the needs of labor relations mediation.

Keywords: Labor and Personnel Relations; Labor Contracts; Labor and Personnel Disputes; New Era

Ⅵ Social Security

Abstract: China continued to expand its coverage of social insurance in 2018, resulting in an increase in the accumulation of insurances and funds, continuous reduction in social security payment rate, steadily rising level of benefits, as well as more convenient and efficient handling services, and gradual improvement of the multi-level social insurance system. The report reviews the overall development of China's social insurance in 2018, summarizes the main events and major progress of the reform of social insurance systems, and on this basis, analyses the trend of China's social insurance system.

Keywords: Social Insurance; Development Reform; Insurance System

Abstract: In 2018, China's basic pension schemes system ran smoothly, characterized by the continuous expansion of insurance coverage, increasing insurance funds, and steady improvement of the level of security. A series of achievements have been made in the system reform, including further improving the payment standards and benefits adjustment system of urban and rural residents' pension schemes, and successively enacting the central adjustment fund scheme of the basic old-age insurance for enterprise employees and the comprehensive scheme for decreasing the social security payment rate. Other measures include releasing the tax preferential policies for investment of pension insurance funds, gradually standardizing the operation and management of annuity funds, launching the pilot personal tax-deferred commercial pension, and making new progress in the investment and operation of multi-pillar pension insurance.

Keywords: Basic Pension Schemes System; Central Adjustment System; Social Security Payment Rate

B. 17 Basic Situation, Reform and Trend of China's Occupational Injury Insurance System

Shen Che, *Liu Huan* / 242

Abstract: In 2018, China continued to expand its coverage of industrial injury insurance, leading to a further increase in insurance funds and burden alleviation for enterprises. Practical measures for the reform of the occupational injury insurance system include covering rural migrant workers and employees in new formats of industry in the insurance, further reducing the payment rate, enhancing legal popularization, and simplifying the identification procedures of occupational injury. As for the trend of the reform, China will continue to perfect the system of "prevention, compensation and rehabilitation", further strengthen legislation, constantly improve the management services mechanism, and strive to make up for the shortcomings of occupational injury insurance informatization.

Keywords: Occupational Injury; Trinity; Informatization

B. 18 Current Situation, Challenges and Reform Trend of China's Basic Medical Insurance System

Chen Jing / 250

Abstract: In 2018, China's basic medical insurance system ran smoothly, with steady progress being made in various reforms. Specifically, the insurance coverage remained high, the insurance fiscal balance was in good status, and the insurance benefits were improved steadily. Other measures include continuing integrating basic medical insurance of urban and rural residents, merging maternity insurance and workers' basic medical insurance, and further deepening the reform of medical insurance payment. However, the accelerating population aging will cause huge pressure on the sustainability of medical insurance funds. Moreover, the increasing number of new formats employees challenges the implementation of universal health insurance. In the future reform of the basic medical insurance system, we should further promote the coordinated development of urban and rural residents' basic medical insurance system and employees' basic medical insurance system, improve the personal accounts for workers' basic medical insurance, speed up medical insurance informatization, and build a fairer and sustainable basic medical insurance system.

Keywords: Basic Medical Insurance System; Medical Insurance Payment Method; Personal Account

Ⅶ Human Resource Services

Abstract: The paper is written based on the statistical data of China's human resources service industry in 2018. It summarizes the development of China's human resource service industry in terms of service scope, business development, number of employees and major activities, and analyzes the characteristics and prospects of the industry in light of the environmental changes in the new era.

Keywords: Human Resources; Business; Floating Population Structure

Abstract: China has maintained stable growth in the quantity and quality of human resource training services in recent years. Driven by market demands, policies and scientific and technological means, China's training services presents multiple trends, including intensifying market competition, more frequent regional exchanges, more open international exchanges, improving the degree of specialization, and emerging market segment, intellectualization-led supply transformation, and intergrowth relationship with other industries. However, the quality of China's training service supply still needs improving due to the immaturity of major providers of training services. On one hand, the government should promote the transformation and upgrading of industry enterprises through strengthening policy support and evaluation supervision. On the other hand, the training institutions should attach great importance to staff team construction, track policy changes and industry development information in a timely manner, strengthen enabling measures through science and technology, and continuously improve the specialization level.

Keywords: Training Service Supply; Human Resource; Training Market

Abstract: The paper is written based on the result of the surveys conducted by Chinese Association of Foreign Service Trades (CAFST) regarding the operating conditions of its members in 2018. It summarizes the operating conditions of human resources service enterprises in 2018 in terms of general situation and various industry segments, and on this basis analyzes some issues closely related to the development of the human resources service industry.

Keywords: CAFST; Industry Statistics; Human Resources Service Industry

皮书起源

“皮书”起源于十七、十八世纪的英国，主要指官方或社会组织正式发表的重要文件或报告，多以“白皮书”命名。在中国，“皮书”这一概念被社会广泛接受，并被成功运作、发展成为一种全新的出版形态，则源于中国社会科学院社会科学文献出版社。

皮书定义

皮书是对中国与世界发展状况和热点问题进行年度监测，以专业的角度、专家的视野和实证研究方法，针对某一领域或区域现状与发展态势展开分析和预测，具备原创性、实证性、专业性、连续性、前沿性、时效性等特点的公开出版物，由一系列权威研究报告组成。

皮书作者

皮书系列的作者以中国社会科学院、著名高校、地方社会科学院的研究人员为主，多为国内一流研究机构的权威专家学者，他们的看法和观点代表了学界对中国与世界的现实和未来最高水平的解读与分析。

皮书荣誉

皮书系列已成为社会科学文献出版社的著名图书品牌和中国社会科学院的知名学术品牌。2016 年，皮书系列正式列入“十三五”国家重点出版规划项目；2013~2019 年，重点皮书列入中国社会科学院承担的国家哲学社会科学创新工程项目;2019 年,64 种院外皮书使用“中国社会科学院创新工程学术出版项目”标识。

S 基本子库
UB DATABASE

中国社会发展数据库（下设 12 个子库）

全面整合国内外中国社会发展研究成果，汇聚独家统计数据、深度分析报告，涉及社会、人口、政治、教育、法律等 12 个领域，为了解中国社会发展动态、跟踪社会核心热点、分析社会发展趋势提供一站式资源搜索和数据分析与挖掘服务。

中国经济发展数据库（下设 12 个子库）

基于"皮书系列"中涉及中国经济发展的研究资料构建，内容涵盖宏观经济、农业经济、工业经济、产业经济等 12 个重点经济领域，为实时掌控经济运行态势、把握经济发展规律、洞察经济形势、进行经济决策提供参考和依据。

中国行业发展数据库（下设 17 个子库）

以中国国民经济行业分类为依据，覆盖金融业、旅游、医疗卫生、交通运输、能源矿产等 100 多个行业，跟踪分析国民经济相关行业市场运行状况和政策导向，汇集行业发展前沿资讯，为投资、从业及各种经济决策提供理论基础和实践指导。

中国区域发展数据库（下设 6 个子库）

对中国特定区域内的经济、社会、文化等领域现状与发展情况进行深度分析和预测，研究层级至县及县以下行政区，涉及地区、区域经济体、城市、农村等不同维度。为地方经济社会宏观态势研究、发展经验研究、案例分析提供数据服务。

中国文化传媒数据库（下设 18 个子库）

汇聚文化传媒领域专家观点、热点资讯，梳理国内外中国文化发展相关学术研究成果、一手统计数据，涵盖文化产业、新闻传播、电影娱乐、文学艺术、群众文化等 18 个重点研究领域。为文化传媒研究提供相关数据、研究报告和综合分析服务。

世界经济与国际关系数据库（下设 6 个子库）

立足"皮书系列"世界经济、国际关系相关学术资源，整合世界经济、国际政治、世界文化与科技、全球性问题、国际组织与国际法、区域研究 6 大领域研究成果，为世界经济与国际关系研究提供全方位数据分析，为决策和形势研判提供参考。